Christoph Regulski

Die Novemberrevolution

Christoph Regulski

Die November-
revolution

1918/19

marixverlag

INHALT

1. EINLEITUNG

Die Weimarer Republik ist ein Meilenstein und Wendepunkt in der deutschen Geschichte und der Ursprung unserer heutigen Demokratie. Den Boden für diese Entwicklung bereiteten die Revolution und die Ausrufung der Republik am 9. November 1918.

Beide Ereignisse gingen auf den Aufstand der Kieler Matrosen vom 30. Oktober 1918 zurück. Ursache für diese Auflehnung war der von der Seekriegsleitung erlassene Befehl, in eine militärisch sinnlose Schlacht gegen die britische Royal Navy auszulaufen. Zu diesem Zeitpunkt war nach mehr als vier Jahren Krieg die Niederlage des deutschen Kaiserreichs bereits besiegelt, diese Tatsache war den Kieler Matrosen bewusst. Sie verweigerten den Gehorsam, der Aufstand griff immer weiter um sich, wurde nicht niedergeschlagen und führte zur Revolution – gegen das Kaiserreich, die Vormacht des Militärs, gegen Hunger, extreme Arbeitsbedingungen und gegen die Bürokratie als Herrschaftsinstrument.

Zugleich schlossen führende demokratische Politiker zu Beginn der Revolution einen Waffenstillstand mit den Alliierten, der das millionenfache weltweite Blutvergießen des Ersten Weltkrieges beendete. Eine gemäßigte sozialdemokratische Regierung sorgte für geordnete Verhältnisse in der Heimat und schaffte es, ein Heer von acht Millionen Soldaten friedlich zurückzuführen und den allermeisten Kriegsteilnehmern in kurzer Zeit wieder eine zivile berufliche Perspektive zu geben. Die Verwaltung arbeitete weiterhin zuverlässig, der Wirtschaft gelang die Umstellung auf die zivile Produktion. Vor diesem Hintergrund ließ die Regierung eine moderne demokratische Verfassung ausarbeiten, die unserem heutigen Grundgesetz als Vorbild diente. Alle Macht ging nunmehr vom Volke aus, die Monarchie war nach Jahrhunderten mitunter unumschränkter Herrschaft abgeschafft.

Doch trotz dieser richtungsweisenden Beschlüsse und Ereignisse ist nicht allzu viel Positives zu lesen, wenn man einen ersten Blick auf die Literatur zur Deutschen Revolution des Jahres 1918/19 wirft. Oftmals ist die Rede von einer abgebrochenen Revolution, einer unvollendeten Revolution, einer Revolution ohne klar erkennbare Ziele oder gar von einer verratenen Revolution. Dass die aus der Revolution des 9. Novembers 1918 hervorgegangene Weimarer Republik nach etwas mehr als einem Jahrzehnt katastrophal scheiterte, verdunkelte stets den Blick auf ihren Ursprung. Waren dort nicht all die Fehler schon gemacht worden, die den Untergang der Demokratie zwangsläufig nach sich zogen?

Ganz sicher finden sich Entwicklungslinien, die zum Scheitern des Staates führten, und unbestritten sind von allen politisch Handelnden falsche Entscheidungen getroffen worden, die das innenpolitische Klima belasteten.

Und dennoch: Brachte die Revolution nicht auch bis dahin vollkommen ungeahnte Möglichkeiten mit sich, die es auszuloten galt? War ihr Scheitern tatsächlich zwangsläufig, unausweichlich? Mit der Verfassung aus dem Jahr 1919 war nach langem innenpolitischen Kampf jedenfalls eine Grundlage geschaffen, auf der sich die Demokratie festigen konnte.

In diesem Band stehen die Ereignisse der deutschen Revolution 1918/19 im Zentrum der Betrachtung. Sie erhielt schon sehr früh die Bezeichnung »Novemberrevolution«. Auch wenn mit diesem Begriff die Auswirkungen zeitlich eher begrenzt erfasst sind, hat er sich bis heute als feste Größe gehalten und wurde deshalb auch als Titel gewählt. Um zu verstehen, was sich um den 9. November 1918 ereignete, muss der Blick zurück in das Kaiserreich und auf den Ersten Weltkrieg gelenkt werden. Dort kam es zu grundlegenden Entscheidungen, die den Verlauf der Revolution maßgeblich vorherbestimmten. Vor allem lohnt sich die Beschäftigung mit der wichtigsten Partei in der deutschen Revolution, der Sozialdemokratischen Partei Deutschlands (SPD): Wie wirkte sich die politische Entwicklung der SPD seit ihrer Gründung im Jahr 1875 von einer ausgegrenzten, oppositionellen Partei zur stärksten politischen Kraft im letzten Reichstag vor dem Ersten Weltkrieg aus? War sie wirklich noch eine revolutionäre Partei, wie es in ihren Programmen stets zu lesen war?

Die Revolution brachte Deutschland den Frieden. Der in den ersten Tagen der neuen Regierung Ebert vereinbarte Waffenstillstand wäre nach geltender Übereinkunft aber eigentlich Aufgabe der unterlegenen militärischen Führung gewesen. Verbarg sich hinter dem positiven Akt des Friedensschlusses aber nicht auch eine mögliche Angriffsfläche gegen den jungen Staat? Nun war es jedenfalls von nationalistischer Seite aus leicht, die Behauptung aufzustellen, Demokraten hätten den Krieg mit einer Niederlage beendet. Ungeachtet der historischen Absurdität dieser Argumentation bleibt zu betrachten, wie sie sich langfristig auf die Innenpolitik auswirkte.

In jeder Revolution werden plötzlich neue politische und gesellschaftliche Kräfte frei, die bis dahin entweder im Verborgenen schlummerten oder bewusst unterdrückt worden waren – so auch in der Revolution von 1918/19. Welche Kräfte waren es, die in den Ereignissen der wichtigen Novembertage auf einmal sichtbar wurden und das Straßenbild, die Betriebe und die Kasernen prägten? Wie war es um deren politische Grundhaltung bestellt? Waren die Träger der Revolution wirklich ausschließlich Radikale, die alles grundlegend verändern wollten? Nutzten sie ihre tatsächliche Macht, ob bewaffnet oder qua Organisation, um dem Revolutionsverlauf ihren Stempel aufzudrücken? Damit ist aufs Engste die Frage verbunden, wie diese Kräfte, die sich in den Arbeiter- und Soldatenräten festigten, zu den sozialdemokratischen Parteien standen. Hier sind wir bereits auf der Ebene der politischen Entscheidungsträger angelangt. Ganz zentral für die Entwicklung Deutschlands waren die sozialdemokratischen Vorstellungen von einem zukünftigen Staat. Inwieweit befürworteten die beiden Parteien – die SPD hatte sich 1917 in zwei Lager gespalten – Veränderungen des staatlichen Systems? Blieben sie auch in der Revolution durch die jahrzehntelange Einbindung in das Kaiserreich zu stark an dessen Strukturen gebunden? Bis zu welchem Grad konnten sie gesellschaftliche Veränderungen gutheißen? Diese Fragen berühren ganz besonders die entscheidenden Themenblöcke Monarchie, Demokratisierung, Bürokratie und Militär. Weiterhin war die Forderung nach einer Sozialisierung oder aber Verstaatlichung der deutschen Wirtschaft ein äußerst wichtiges Anliegen der Revolution. Auf diesen Feldern wollten die radikalen Kräfte schnelle und nachhaltige Veränderungen in Gang setzen, und so ist zu untersuchen, was erreicht wurde, was erreicht werden konnte und was im November 1918 unmöglich erschien.

In den politisch unübersichtlichen Verhältnissen, die jede Revolution erst einmal nach sich zieht, ist auch für die deutsche Revolution 1918/19 zu schauen, wo die Kräfte der Kontinuität walteten. Waren sie nur in den Parteien oder auch bei den Arbeitern und ihren etablierten Vertretungen, den Gewerkschaften, anzutreffen? Standen sich innerhalb von Parteien und Arbeiterschaft gar entgegengesetzte Kräfte gegenüber, die schließlich ihre inhaltlichen Konflikte offen austrugen? Bei der Polarisierung dieser Kräfte zu Beginn des Jahres 1919 ist dann genau zu betrachten, welche Gruppe sich mit welcher Strategie und welchen Mitteln durchzusetzen versuchte. Dabei rückt die Frage nach der Gewaltanwendung in einer bis dahin friedlichen Revolution in den Vordergrund. Durch die im Januar 1919 einsetzenden bewaffneten Auseinandersetzungen entstand eine neue Situation. Gingen die regierenden Sozialdemokraten dabei zur Abwehr radikaler Forderungen eine fatale Bindung mit militärisch-reaktionären Kräften ein, weil sie deren totale Ablehnung des neuen Staates sträflich unterschätzten? Ja, mehr noch – machte die SPD damit einen ihrer Gegner auf lange Sicht erst wieder stark und ermöglichte so die Basis für demokratiefeindliche Bestrebungen?

In dieser komplexen Lage ist es besonders wichtig, eine klare Linie auszumachen. Bestand diese in dem Bemühen um eine

Demokratie, die auf einer Verfassung basierte? Und: Wurde dieses Anliegen von einer Mehrheit mitgetragen? Dabei ist zu klären, wie dieses Ziel erreicht werden sollte. Eröffnete eine demokratische Wahl zu einer Verfassunggebenden Nationalversammlung nicht auch restaurativen Kräften die Möglichkeit, Einfluss zu gewinnen? Konnte eine solche Wahl eventuell Verluste für die Sozialdemokraten beider Parteien nach sich ziehen? Stellten demnach die Regierenden die Interessen des Staates über ihre eigenen Partei- und Machtinteressen?

Aus den durchaus unterschiedlichen Entwicklungslinien zwischen Bewahrung, Demokratisierung oder Sozialisierung resultierte eine fast schon greifbare Spannung. Da die Gegensätze aber nicht zu jedem Zeitpunkt gleich stark ausgeprägt waren, kann der Revolutionsverlauf in einzelne Phasen gegliedert werden. So ist es naheliegend, eine erste, friedliche Phase der Revolution bis zu den sogenannten Weihnachtsunruhen des Jahres 1918 zu definieren. In dieser Zeit wurde über die unterschiedlichen Vorstellungen in Gesprächen, Konferenzen und Kabinettssitzungen entschieden. Als sich hier die Entwicklung hin zu einer demokratischen Verfassung abzeichnete, die weitergehende sozialistische Veränderungen nicht in vollem Umfang berücksichtigte, radikalisierten sich in einer zweiten Phase die Kräfte, die genau dafür eintraten.

In dieser zweiten, gewalttätigeren Phase kam es zu offenen Auseinandersetzungen und der Bildung lokaler sozialistischer Regierungen in Deutschland. Hier wird zu schauen sein, ob diese eine Alternative darstellten, von welchen Gruppen sie getragen wurden und welche Gegner sie hatten. Wie sah das Ergebnis dieser Revolutionsphase aus? War es ein endgültiges, oder zumindest ein so weit weichenstellendes, dass sich die Gewichte hin zu einer demokratischen Staatsform verschoben? War dann eine dritte Revolutionsphase überhaupt erforderlich oder bereits vergebliches Bemühen?

In dieser dritten Phase kam es schließlich zu dramatischen Ereignissen, die die Geschichte der jungen Demokratie maßgeblich beeinflussten. Zunächst ging diese Phase von einem militärischen Putsch von rechts aus. Meldete sich damit eine längst überwunden geglaubte Kraft dauerhaft zurück? Wie konnte diese sich so kurz nach der Revolution derart festigen und einen restaurativen Umsturz wagen? Hatte sie überhaupt Aussicht auf Erfolg? Zu den Gegnern des Putsches gehörte vor allem die demokratische Reichsregierung, die einen erfolgreichen Generalstreik ausrief. Wer befolgte diesen mit welchen Zielen? War mit der Gegnerschaft zu einem Militärputsch das Bekenntnis zur Republik verbunden? Diese Fragestellungen lenken den Blick auf die Industrieregionen Deutschlands. Im Zentrum des Geschehens stand das Ruhrgebiet, wo sich eine Rote Ruhrarmee zusammenfand, um gegen den Putsch zu kämpfen. Dabei muss aber auch gefragt werden, ob diese Kampfformation weitergehende Ziele verfolgte als die Verteidigung der Demokratie. War die Konstellation des Frühjahrs 1920 nicht die letzte Möglichkeit, das Pendel nach der linken Seite ausschlagen zu lassen und mit der zentralen Forderung nach einer Verstaatlichung des Bergbaus ernst zu machen?

In dieser von vielen, ganz unterschiedlichen Kräften geprägten Zeit werden die Hauptentwicklungslinien mit ihren jeweiligen Ergebnissen verfolgt. Parallel dazu wird zu schauen sein, welche Alternativen bestanden und welche Optionen sie beinhalteten. Nur so lassen sich Verlauf und Ergebnis der deutschen Revolution der Jahre 1918/19 und ihrer Ausläufer im Jahr 1920 würdigen, die für die Entwicklung der jungen Weimarer Republik entscheidend waren.

2. Bis zur Revolution von 1918

2.1 Die SPD im Kaiserreich

Die wichtigste politische Kraft der deutschen Revolution 1918/19 war die Sozialdemokratische Partei Deutschlands (SPD), deren Gründung auf das Jahr 1875 zurückgeht. Damals vereinigten sich in der thüringischen Residenzstadt Gotha der Allgemeine Deutsche Arbeiterverein von Ferdinand Lassalle und die Sozialdemokratische Arbeiterpartei unter der Führung August Bebels und Wilhelm Liebknechts zur Sozialistischen Arbeiterpartei Deutschlands (SAPD), die 1890 in SPD umbenannt wurde und auch heute noch so heißt. Der Ort Gotha wird später, 1917, noch einmal eine bedeutende Rolle in der Parteigeschichte spielen. Die SPD war den Gedanken und Schriften von Karl Marx und Friedrich Engels verpflichtet, die eine Überwindung des kapitalistischen Systems durch eine Revolution prophezeiten.

Diese Ideologie prägte die Partei besonders in der Zeit ihres Verbots durch das »Gesetz gegen die gemeingefährlichen Bestrebungen der Sozialdemokratie« von 1878, besser bekannt als Sozialistengesetz. Dieses Gesetz verbot die SPD und untersagte allen Mitgliedern die politische Betätigung außerhalb eines bereits errungenen Mandats. Die Sozialdemokraten waren massiven Repressalien ausgesetzt, und viele Mitglieder emigrierten. Nach Bismarcks Entlassung als Reichskanzler wurde das Gesetz im Jahr 1890 nicht verlängert, und so konnte die SPD zwölf Jahre später wieder legal in Deutschland arbeiten und zu Wahlen antreten.

In einer sich seit den 1890er-Jahren innenpolitisch stabilisierenden Lage forderte Eduard Bernstein, der 1891 noch zusammen mit Karl Kautsky das revolutionäre Erfurter Programm verfasst hatte, bald eine neue, zukunftsweisende Ausrichtung der Partei und entfernte sich von marxistischen Grundlagen. In seinem Londoner Exil hatte er gründlich die Entwicklung während der vergangenen Jahrzehnte untersucht und bescheinigte der kapitalistischen Wirtschaft eine große Wandlungsfähigkeit. Sie sei in der Lage, durch Zugeständnisse seitens der Arbeitgeber die zuvor sehr hohen Belastungen der Arbeiter zu mindern. Nach Bernstein musste es demnach auch zukünftig möglich sein, auf diesem Weg die Verhältnisse der Beschäftigten spürbar zu verbessern und somit langfristig einen gesellschaftlichen Ausgleich herbeizuführen. Dieses Konzept, 1899 erstmals formuliert, stieß auf heftigen Widerstand innerhalb der Partei und wurde auf dem Dresdner Parteitag 1903 abgelehnt. Durch die damit verbundene Abkehr von revolutionären Prinzipien bekam es die Bezeichnung »Revisionismus«. Besonders um Karl Liebknecht und Rosa Luxemburg, die einer strengen marxistischen Richtung in der Partei angehörten, fand sich eine Gruppierung, die bis in die Revolution von 1918/19 hinein die traditionelle Position vertrat.

Ein Blick auf die deutsche Innenpolitik um die Wende zum 20. Jahrhundert schien aber der Programmatik Bernsteins in der Praxis Recht zu geben. Stellte sich in einem wirtschaftlich gefestigten, hochindustrialisierten und militärisch starken Staat unter monarchischer Führung tatsächlich noch die Frage einer Revolution, zumal die Arbeiter durch sichere Arbeitsplätze und steigende Löhne ebenfalls profitierten? Gewiss, vieles lag noch im Argen, wenn man nur an die Wohnverhältnisse in den Ballungszentren denkt, an die trotz der Sozialversicherungen immer noch schwierige Lage bei Krankheit oder im Alter – aber ließen sich diese Fragen nicht doch eher durch einen Dialog lösen?

Ein Blick in das Großherzogtum Baden scheint diese Annahme zu bestätigen. In dem durch den liberalen und beliebten Großherzog Friedrich I. regierten Bundesstaat hatte sich die SPD schon vor 1900 auf eine praktische Zusammenarbeit mit den liberalen Parteien und dem katholischen Zentrum verständigt. Obwohl von der Parteizentrale kritisiert, hielten die badischen Sozialdemokraten an ihrem Kurs fest, da aus Berlin keine praktikable

Alternative aufgezeigt werden konnte. Aber auch in anderen Staaten – das Kaiserreich bestand aus 22 Bundesstaaten und den drei freien Städten Hamburg, Bremen und Lübeck sowie dem Reichsland Elsaß-Lothringen – spielte sich eine Zusammenarbeit in den jeweiligen Landesparlamenten ein. In dem kleinen Fürstentum Schwarzburg-Rudolstadt bekleidete der Sozialdemokrat Franz Winter von 1912 bis 1920 sogar das Amt des Landtagspräsidenten. Hier schien die in dem Erfurter Programm formulierte Ausrichtung nur noch als theoretische Grundlage zu bestehen. Die politische Praxis hingegen sah ganz anders aus, auch wenn die SPD sich programmatisch noch nicht dazu bekannte.

Lediglich in dem größten deutschen Staat Preußen war die SPD durch ein ungerechtes Dreiklassenwahlrecht weitgehend chancenlos. Das Wahlrecht unterteilte alle Wähler (Frauen besaßen weder das aktive noch das passive Wahlrecht) in drei Klassen, die nach dem Steueraufkommen bestimmt wurden. So konnte es in einigen Kreisen dazu kommen, dass zwei oder drei Wähler in der ersten Klasse so viele Stimmen hatten wie tausende Wähler aus der dritten Klasse. Da die erste Klasse fast ausschließlich aus Fabrikanten und Gutsbesitzern und die zweite Klasse überwiegend aus dem gut verdienenden Bürgertum bestand, fielen die Stimmen aus beiden Gruppen den liberalen oder konservativen Kandidaten zu. Die SPD als Partei der dritten Klasse war somit im preußischen Staat stark unterrepräsentiert. Das Wahlrecht für den Reichstag hingegen war liberaler. Es war ein direktes, gleiches und geheimes Wahlrecht für Männer. Auch hier blieben die Frauen außen vor.

Frauen durften erstmals nach der Novemberrevolution, bei der ersten reichsweiten Wahl zur Verfassunggebenden Nationalversammlung am 19. Januar 1919 wählen. Diese Wahl zu Beginn der Weimarer Republik war auch die erste reichsweite Wahl im Verhältniswahlrecht. Ein großer Nachteil im damaligen Wahlsystem bestand in den durch die Industrialisierung völlig veränderten Wahlkreisen. So waren für den Gewinn eines Mandats aus den Ballungszentren hunderttausende Stimmen erforderlich, während es in entlegenen Provinzen ausreichte, einige zehntausend Stimmen zu erringen. Trotzdem gelang der SPD ein enormer Aufschwung, der zwar durch einzelne Rückschläge gekennzeichnet war, aber auf lange Sicht stetig verlief. So erreichte die Partei bei den letzten Reichstagswahlen vor dem Weltkrieg im Jahr 1912 mehr als ein Drittel der Stimmen und stellte durch 110 direkt gewonnene Mandate die meisten Abgeordneten. Hier bewahrheitete sich in der politisch-parlamentarischen Praxis die Idee Bernsteins. Die SPD war zu einem innenpolitisch äußerst wichtigen Faktor geworden, an dem über kurz oder lang kein Weg vorbeiführte. Allein die Mitgliederzahl, die 1914 erstmals über einer Million lag, war herausragend. Keine andere politische Partei hatte auch nur annähernd vergleichbare Zahlen vorzuweisen.

Das Bild der Partei prägte kurz vor dem Weltkrieg vor allem ein Mann: Friedrich Ebert. Er stieg bis zum Vorsitzenden auf und führte die Partei zusammen mit Hugo Haase. Ebert war durch seine Geburt in Heidelberg Bürger des Großherzogtums Baden. Aus einfachen Verhältnissen als Sattlermeister arbeitete er sich hoch und führte, wie zuvor der berühmte, 1913 verstorbene Vorsitzende August Bebel, einen Handwerksbetrieb. In der Partei ragte Ebert vor dem Krieg in den großen Debatten nicht heraus, da seine Stärke eher auf organisatorischem Gebiet lag. Er führte die Partei in modernen Strukturen weiter und legte großen Wert auf Disziplin. Diese Eigenschaften, verbunden mit einer erheblichen Durchsetzungsfähigkeit und auch Beharrlichkeit, ließen ihn zum unumstrittenen Vorsitzenden der Partei und maßgebenden Politiker der Revolutionszeit werden.

Hugo Haase war von seiner Persönlichkeit her das Gegenteil von Ebert. Er war studierter Jurist, ein kluger Kopf, blieb aber stets der abwägende Charakter; Entschlüsse fielen ihm schwer. In der Partei wurde es für ihn zusehends schwieriger, seine im klassisch sozialdemokratischen Denken verhafteten Prinzipien durchzusetzen. Besonders der 4. August 1914 war für Hugo Haase ein schwarzer Tag. In der Probeabstimmung konnte er

sich mit der von ihm befürworteten Ablehnung der Kriegskredite nicht durchsetzen. Dennoch fiel ihm die Aufgabe zu,
am nächsten Tag die Zustimmung seiner Partei zu eben diesen
Krediten zu verlesen. Die weitere Entfremdung im Rahmen
der Burgfriedenspolitik (dem Verzicht auf innenpolitische
Auseinandersetzungen während der Kriegszeit) ließ eine
Trennung zwischen Ebert und Haase fast schon zwangsläufig
werden. Im April 1917 wurde Hugo Haase Vorsitzender der
sich abspaltenden USPD. Rund eineinhalb Jahre später aber
gab es ein Wiedersehen zwischen Haase und Ebert auf höchster
politischer Ebene in der Revolution. Die alte Machtfrage stellte
sich erneut.

Ein weiterer Mann darf nicht unerwähnt bleiben: Gustav
Noske. Er nahm sowohl in der innerparteilichen Ausrichtung der
SPD vor dem Weltkrieg, in entscheidenden Situationen während
des Krieges und des Ausbruchs der Revolution als auch – und
dadurch ist er durchaus noch im deutschen Bewusstsein
gegenwärtig – in der Revolutionszeit selbst zentrale Positionen
ein. Geboren 1868 in Brandenburg an der Havel entstammte er
kleinen Verhältnissen und lernte als Sohn eines Webers die Nöte
der einfachen Menschen kennen. Er selbst arbeitete in Fabriken,
bildete sich aber fort. So gelang es ihm, die journalistische
Laufbahn einzuschlagen. Gustav Noske trat 1884 in die SPD ein
und wurde 1892 Vorsitzender der Partei in seiner Heimatstadt.
Seine ersten, viel beachteten politischen Schritte unternahm er
als junger Reichstagsabgeordneter im Jahr 1907. Noske trat für
die Wehrhaftigkeit des Deutschen Reiches in einem Verteidi-
gungskrieg ein und durchbrach das ungeschriebene Dogma der
Partei, das Militär nicht zu unterstützen – nach den berühmten
Worten August Bebels: »Diesem System keinen Mann und keinen
Groschen.« Der Abgeordnete erwarb über seine Partei hinaus
schnell den Ruf eines Militärfachmanns, den er während des
Weltkrieges festigte. Den revoltierenden Matrosen der Hochseeflotte stand er im Sommer 1917 durch seine Verteidigung der
Wehrkraft aber schon zu weit rechts, als dass sie ihn um seine

Unterstützung hätten bitten wollen. Doch als im November 1918 endgültig der revolutionäre Funke zündete, sandte die SPD im Auftrag des Rats der Volksbeauftragten Noske nach Kiel, um die Lage zu beruhigen. Es gelang ihm, in Kiel selbst für Ordnung zu sorgen, aber der sich ausbreitenden Revolution konnte er nicht mehr Einhalt gebieten. In der Regierung Ebert und später Scheidemann war er Experte für Wehrfragen und entschied sich, die aus seiner Sicht große linke Bedrohung der jungen Republik durch massiven Gewalteinsatz zu bekämpfen. Bis heute ist die Bezeichnung »Bluthund der Revolution« mit seinem Namen verbunden.

Bei der Kriegskreditbewilligung durch den Reichstag am 4. August 1914 zeigte sich die Bedeutung der Partei. Nur durch die Zustimmung der SPD konnte eine innere Einigung erzielt werden und das Reich geschlossen in den Krieg ziehen. Dafür erhielt sie höchste Anerkennung vom Monarchen Kaiser Wilhelm II. Der Preis dafür war aber hoch. Die Zusammenarbeit mit der Reichsleitung stieß bei einem nicht unerheblichen Teil der Arbeiter auf scharfe Kritik. Da sie den Worten der Politiker, für Sozialisierung und für Frieden einzustehen, glaubten, war für viele der Umschwung der SPD umso bitterer.

Am Beispiel einer Bremer Arbeiterfamilie lässt sich das gut zeigen. Als Robert Pöhland eingezogen wurde, schrieben sich die Eheleute beinahe täglich und tauschten ihre Erfahrungen an der Front und in der Heimat aus. Der vollständig erhaltene Briefwechsel der Eheleute Pöhland war von der Enttäuschung über die SPD geprägt, und so neigten beide dann auch der sich immer mehr herausbildenden Strömung der linken Sozialdemokratie in Bremen zu. So ging es vielen Arbeitern, die sich angesichts der Not in der Heimat besonders nach 1916 radikalisierten.

Die Versorgungslage in diesem »Steckrübenwinter« war schlimm. Zum einen bauten die Bauern durch falsche Anreize viel zu viele Rüben an, und durch die große Feuchtigkeit des Frühjahrs und Sommers verfaulten die wenigen gepflanzten

Kartoffeln schon in der Erde. Die rationierte Zuteilung sank auf etwas mehr als 1000 Kalorien täglich, wahrlich zu wenig zum Leben, aber zu viel zum Sterben. Der einzige Ausweg bestand im illegalen »Hamstern«. Jedes Wochenende fuhren tausende Bürger aufs Land und versuchten, ihre letzten Wertsachen gegen Lebensmittel einzutauschen. Diese Form der Wirtschaft florierte, zumal der Staat durch fehlende Polizeikräfte kaum in der Lage war, dem illegalen Handel Einhalt zu gebieten. Es ist nicht zu hoch gegriffen, den Umfang des Schleichhandels bei 40 % des Gesamthandelsvolumens anzusetzen. Die Folgen waren für die ärmeren Menschen fatal. Ihnen wurden die legal zugeteilten Lebensmittel entzogen, da sie für die Gemeinden einfach nicht mehr verfügbar waren. Zum anderen litten wirklich reiche Menschen keine Not. Während mehr als eine dreiviertel Million Menschen verhungerten, finden sich in den Haushaltsbüchern Wohlhabender Einkäufe wie Butter, Eier, Käse, Schinken, Schweine- und Rindfleisch bis hin zu Schokolade und Orangen. Das machte die Notleidenden wütend und untergrub maßgeblich die staatliche Autorität. Von der sehr engen Zusammenarbeit der SPD mit der Reichsregierung im Rahmen des Burgfriedens profitierte die USPD. Die wenigen Nachwahlen zum Reichstag während des Krieges brachten ihren Kandidaten häufig ein Mandat ein. Noch deutlicher zeigte sich die Kräfteverschiebung bei den großen Januarstreiks 1918. Ausgangspunkt war die schlechte Ernährungslage der Arbeiter. Auch wenn es Zulagen für schwer Arbeitende gab, reichten sie bei Weitem nicht aus.

Während Hunger ein ständiger Begleiter in den Betrieben blieb, kam in diesen Januarstreiks zum ersten Mal eine politische Note hinzu. Die sich schnell gründenden Streikkomitees forderten Frieden und Demokratie. Sie hatten das Vertrauen zur SPD längst verloren und wandten sich an die USPD. Die Streikbewegung griff in fast allen Industriezentren des Reiches um sich und erfasste mehrere hunderttausend Arbeiter. Durch Zugeständnisse in Fragen der Arbeitszeiten und der Vergütung sowie der Versorgung konnte schließlich der Streik beigelegt werden. Die Stellvertretenden Generalkommandos ließen die Arbeiter aber auch wissen, dass sie bei einer Fortführung des Streiks militärisch durchgreifen würden. Durch die Arbeitsniederlegung in der kriegswichtigen Industrie war die Waffen- und Munitionsherstellung für die Front gefährdet.

Politische Zugeständnisse machte die Regierung nicht. So blieben die großen Hindernisse für ein demokratisches Deutschland bestehen. Die Reichsverfassung bestimmte, dass die Regierung durch den Deutschen Kaiser ernannt wurde. Sie war nur ihm und nicht dem Parlament gegenüber verantwortlich. Diese Hürden konnten durch die politische Entwicklung bis 1917 zum Teil überwunden werden, als Sozialdemokraten hohe Regierungsämter erhielten und der Kaiser in seiner Osterbotschaft verkündete, das Wahlrecht in Preußen nach Kriegsende zu ändern. Im Jahr 1918 war die SPD unter Reichskanzler Prinz Max von Baden tatsächlich erstmals in der Regierungsverantwortung und stellte mehrere Staatssekretäre, die die Funktion heutiger Minister wahrnahmen.

Diese Entwicklung trugen nicht alle Sozialdemokraten mit. Nach der Weigerung Karl Liebknechts, der zweiten Kriegskreditvorlage im Dezember 1914 zuzustimmen, formierte sich um ihn der innerparteiliche Widerstand, der über die Abspaltung der Unabhängigen Sozialdemokratie 1917 bis hin zur Gründung der Kommunistischen Partei im Dezember 1918 führte. Diese Positionierung einer Parteiminderheit prägte die Ausrichtung und den Verlauf der deutschen Revolution von 1918/19 ganz entscheidend mit.

2.2 Abspaltung der USPD

Bereits zu Kriegsbeginn bestanden in der SPD zwei unterschiedliche politische Lager, die sich immer weiter voneinander entfernten. Die Mehrheit der Partei ging mit der Regierung durch die Burgfriedenspolitik eine Zusammenarbeit ein, wodurch alle bestehenden Konflikte erst einmal ruhten. Eine Minderheit unter dem Parteivorsitzenden Hugo Haase und dem Abgeordneten Karl Liebknecht sah dies skeptisch. Bereits vor der ersten Kriegskreditbewilligung im Reichstag votierten 17 Abgeordnete in einer internen Abstimmung dagegen. Da in dieser Frage Fraktionszwang herrschte, erfolgte das Ja der SPD im Reichstag trotzdem einstimmig. Mit diesem Votum war zwar die innenpolitische Linie der Partei auf Verständigung und Ausgleich ausgerichtet, alle internationalen Bestrebungen der europäischen Sozialisten erwiesen sich aber als Illusion. Die Beschlüsse der Kongresse aus den Jahren 1907, 1910 und 1912, die eine europäische Solidarität beschworen und einen Krieg verhindern sollten, waren mit einem Schlag hinfällig. Doch gerade Liebknecht wollte das so nicht hinnehmen. Er hielt seine Kontakte mit belgischen und niederländischen Sozialisten aufrecht und berichtete den Freunden über die Empörung der deutschen Linken. Am 21. September 1914 kündigte er an, zukünftige Kriegskredite nicht mehr bewilligen zu wollen. Im Herbst 1914 positionierte sich die Linke der SPD des Wahlkreises Niederbarnim noch ganz im Verborgenen. In dieser ländlich geprägten Umgebung konnte sie ungestört vom Berliner Parteibetrieb umfangreiches Referentenmaterial für sozialistische Vertrauensleute erarbeiten und begründete damit praktisch den späteren Spartakusbund, der in der Revolution noch eine ganz besondere Rolle einnehmen wird. Vor diesem Hintergrund verfasste Karl Liebknecht seine Novemberthesen zu einem friedlichen Sozialismus, mit denen er seine Ablehnung weiterer Kriegskredite vorbereitete.

Am 2. Dezember war es dann so weit. Der Abgeordnete Liebknecht stimmte als einziger mit Nein und zeigte öffentlich, dass er kein weiteres Geld für die Fortführung des Krieges genehmigen wollte. Die Reaktion war scharf. Es folgte eine Welle der Empörung; Eduard David, Fraktionsvorstand der SPD und Mitglied des Reichstags, wollte ihn umgehend aus der Fraktion ausschließen. Anfang des Jahres 1915 folgten dann schnell Schritte gegen den Abweichler, sowohl von der eigenen Partei als auch von der Regierung. Die SPD beschloss am 2. Februar ein Votum gegen die Positionen Liebknechts, der Staat reagierte mit einer Einberufung des Abgeordneten ins Heer als Armierungssoldat. In dieser Funktion musste Liebknecht militärische Bauarbeiten verrichten, hatte aber als gewählter Abgeordneter weiterhin das Recht, an den Reichstagssitzungen teilzunehmen.

Zudem traf es auch Rosa Luxemburg, die eine Haftstrafe verbüßte. Sie hatte in einer öffentlichen Rede in Frankfurt-Bockenheim 1913 ausgeschlossen, dass deutsche Arbeiter auf französische schießen könnten. Diese Äußerung zog im Februar 1914 die Verurteilung zu einer Strafe von 14 Monaten Gefängnis nach sich. Die Haftstrafe musste sie im Februar 1915 antreten und war somit als äußerst scharfsichtige und brillante Autorin im politischen Tagesgeschäft auf lange Zeit nicht mehr zu vernehmen, da sie nach dem Schutzhaftgesetz auch weiterhin inhaftiert blieb. Rosa Luxemburg war, anders als Karl Liebknecht, auch vom parlamentarischen Leben ausgeschlossen, da sie als Frau kein Mandat bekleiden durfte.

Doch trotz der durchgreifenden Maßnahmen konnte der Widerstand gegen den Burgfrieden nicht vollkommen unterdrückt werden. Sozialisten trafen sich auch weiterhin ohne Kenntnis der Parteiführung und arbeiteten daran, das eingeführte Vertrauensmännersystem weiter auszubauen. Durch dieses System konnten sie sich gedanklich austauschen und schnell auf Veränderungen reagieren. Als aus diesen Bestrebungen eine Zeitschrift mit dem Titel *Internationale* hervorging, bezeichnete sich die politische Gruppierung um Liebknecht und Luxemburg nach dieser Veröffentlichung. Für David war damit

Karl Liebknecht

Rosa Luxemburg

eine Grenze überschritten. Er rief zum öffentlichen Bruch mit dem Abtrünnigen in seiner Fraktion auf. Doch Liebknecht ließ sich davon wenig beeindrucken. Er stimmte am 20. März erneut gegen die Kriegskredite und war nun nicht mehr allein. Otto Rühle verweigerte ebenfalls die Zustimmung, und auch 30 weitere Sozialdemokraten waren mit der Kriegspolitik nicht mehr einverstanden. Sie verließen vor der Abstimmung den Plenarsaal und entzogen sich einem Votum. Die Kriegskreditgegner waren 1915 überwiegend publizistisch aktiv. So schrieb Liebknecht das Flugblatt *Der Feind steht im eigenen Land,* und Luxemburg verfasste unter dem Pseudonym »Junius« während ihrer Inhaftierung die Broschüre *Die Krise der Sozialdemokratie.* Als Ergebnis dieser Arbeit entstand ein Brief an den Parteivorstand der SPD vom 9. Juni 1915, der zu einer Beendigung des Burgfriedens aufforderte und von 1000 Sozialdemokraten unterschrieben wurde. Auf der internationalen sozialistischen Konferenz in Zimmerwald bei Bern, die vom 5. bis zum 8. September 1915 dauerte, fassten die Teilnehmer hingegen einen wichtigen Beschluss im Sinne der deutschen Mehrheitssozialdemokraten. Sie sprachen sich gegen ein revolutionäres Vorgehen aus, um die politische Macht auf »evolutionärem« Weg übernehmen zu können.

Vor dieser zunehmend polarisierenden Entwicklung wuchs allerdings innerhalb der SPD der Widerstand gegen die Kriegskredite. Am 21. Dezember 1915 stimmten bereits 20 Abgeordnete dagegen, 22 verließen wieder vor der Abstimmung das Parlament. Im ersten Vierteljahr 1916 spitzten sich die Ereignisse weiter zu und stellten die Weichen endgültig auf eine Parteispaltung.

Liebknecht wurde am 12. Januar aus der Reichstagsfraktion ausgeschlossen, Otto Rühle erklärte sich solidarisch und verließ die Fraktion. Am 27. Januar 1916 erschien die erste Nummer der Zeitschrift *Spartakus.* Sie wurde namensgebend für die Gruppe der linken Sozialdemokraten. Als am 24. März 1916 erneut 18 Abgeordnete gegen die Kriegskredite stimmten, handelte der SPD-Vorstand. Alle Abweichler wurden nunmehr aus der Fraktion ausgeschlossen. Diese gründeten daraufhin am 30. März die »Sozialdemokratische Arbeitsgemeinschaft« (SAG) unter der Leitung Hugo Haases und des Anfang 1915 aus dem Fraktionsvorstand ausgetretenen Georg Ledebour. Otto Rühle und Karl Liebknecht blieben der SAG fern und besaßen den Status fraktionsloser Abgeordneter. Für Liebknecht hatte zu diesem Zeitpunkt ein schneller Friedensschluss oberste Priorität. Er entschloss sich – der Gefahr durchaus bewusst – an einer verbotenen Feier zum 1. Mai 1916 am Potsdamer Platz in Berlin teilzunehmen und in der Uniform des Armierungs-soldaten die Hauptrede zu halten. Sie gipfelte in dem Appell: »Nieder mit dem Krieg! Nieder mit der Regierung!« Liebknecht wurde umgehend verhaftet und schnell abgeurteilt. Das Urteil der ersten Instanz von zwei Jahren, sechs Monaten und sechs Tagen Zuchthaus wurde in zweiter Instanz gar auf vier Jahre und einen Monat Zuchthaus verschärft. Die Inhaftierung Liebknechts und die rücksichtslose Fortführung des Krieges trugen maßgeblich zu einer Verbitterung linker Politiker und Arbeiter bei.

Als sich oppositionelle Sozialdemokraten aus ganz Deutsch-land vom 6. bis zum 8. April 1917 in Gotha, der Stadt des Ver-einigungsparteitages von 1875, trafen, kam es zur Gründung einer neuen Partei, die sich »Unabhängige Sozialdemokratische Partei Deutschlands« (USPD) nannte. An der Versammlung nahmen 124 Delegierte aus 91 Wahlkreisorganisationen und 15 Reichstagsabgeordnete teil. Auch die Spartakusgruppe war an der Gründung beteiligt, ohne aber ihr revolutionäres Programm durchsetzen zu können.

Durch die Spaltung der Sozialdemokratie 1917 waren bereits wichtige Weichen für die Revolution des Novembers 1918 gestellt worden. Die SPD unter ihrem Vorsitzenden Friedrich Ebert arbeitete weiterhin eng mit der Regierung zusammen. Sie vertrat bis zum Ende des Ersten Weltkrieges die Burgfriedenspolitik und versuchte 1918/19, die revolutionären Bestrebungen zu lenken. Die Partei verfolgte eine kontinuierliche Entwicklung von einem parlamentarischen Kaiserreich, wie es im Oktober 1918 bestand, hin zu einer Demokratie ohne revolutionäre Brüche. Die Spartakusgruppe musste Ende 1918 erkennen, dass sich auch die USPD und die Mehrheit der Arbeiter- und Soldatenräte in diese Richtung entwickelten, und zog daraus ihre Konsequenzen. Sie gründete am 30. Dezember 1918 die »Kommunistische Partei Deutschlands« und schuf damit die politische Grundlage für einen revolutionären Kampf. Es sollte sich zeigen, dass dieser Schritt zu spät erfolgte, um den Verlauf der Revolution noch nachhaltig beeinflussen zu können.

2.2.1 Russische Revolutionen 1917

Zwei russische Revolutionen im Jahr 1917 hatten sowohl auf die Sozialdemokratie als auch auf die bürgerlichen Kräfte in Deutschland starke Auswirkungen. Zum großen Schrecken der kaiserlichen Regierung und des konservativen Bürgertums war nach der ersten Revolution vom Februar 1917 der unumschränkte Herrscher Zar Nikolaus II. von der hungernden Bevölkerung gestürzt worden. Die SPD musste sich in dieser Lage die Frage stellen, ob ihr regierungsfreundlicher Kurs noch zeitgemäß war. Mit dem Ende des Zarismus war der Partei ein wichtiges Argument genommen, das sie seit 1914 stets bemüht hatte. Der allseits respektierte Vorsitzende August Bebel hatte vor dem Ersten Weltkrieg erklärt, er selbst würde die Waffe gegen das zaristische Russland ergreifen.

Noch gravierender waren aber die Auswirkungen der zweiten bolschewistischen Revolution im Oktober 1917. Die neue Regierung unter Lenin beendete den Krieg und setzte den Umbau des Staates nach ihren kommunistischen Vorstellungen um. Auch wenn die staatlichen Verhältnisse in Russland und Deutschland in den Jahren 1917 und 1918 nicht zu vergleichen waren, bestand in bürgerlichen Kreisen bis weit in die SPD hinein die Furcht vor einem revolutionären Staatsumbau. Diese Angst war aber weitgehend unbegründet, da außer wenigen tausend

Mitgliedern der späteren KPD kaum Arbeiter das sowjetische Konzept übernehmen wollten.

Die welthistorischen Ereignisse der russischen Revolutionen von 1917 seien zum weiteren Verständnis kurz dargestellt. In einer militärisch ungünstigen Lage wurde der Wunsch nach Frieden und Brot in der russischen Bevölkerung immer lauter. Spontan versammelten sich Demonstranten in der Hauptstadt St. Petersburg. Da die Garden bis auf eine Ausnahme nicht bereit waren, auf das Volk zu schießen, nahmen Hunderttausende an den Kundgebungen teil. Als der Zar abdankte und sein Bruder Michael die Krone nicht annehmen wollte, war die jahrhundertelange Zarenherrschaft in Russland beendet. Der neuen bürgerlichen Regierung unter Fürst Lwow standen sofort die Räte der St. Petersburger Arbeiter und Soldaten als zweite politische Kraft zur Seite. Der mittlerweile dank deutscher Hilfe in St. Petersburg eingetroffene Wladimir Iljitsch Lenin, eigentlich Wladimir Iljitsch Uljanow, übernahm die Führung der revolutionären Bewegung und legte in seinen Aprilthesen die Grundlagen für ein sozialistisches Russland dar. Der Versuch, die Macht bereits im Juli 1917 zu übernehmen, scheiterte; Lenin musste fliehen.

Die provisorische Regierung unter dem neuen Ministerpräsidenten Kerenski beging im Folgenden den entscheidenden Fehler, den Krieg gegen den Willen der Bevölkerung weiterzuführen. Da es ihr aber nicht gelang, die Lebensmittelversorgung zu verbessern, sah sie sich im September 1917 mit dem Putsch des zarentreuen Generals Kornilow konfrontiert. Nur mithilfe der Arbeiter, und hier insbesondere der Eisenbahner, konnte der Umsturz abgewendet werden. Beinahe gleichzeitig gelang es den Bolschewisten unter Lenin, die Mehrheit im Sowjet, dem St. Petersburger Rat, zu erlangen. Das war die Grundlage für die umwälzende Oktoberrevolution.

Leo Bronstein, genannt Trotzki, bereitete den Umsturz militärisch vor. Er begann mit dem Sturm auf das Winterpalais, in dem die Regierung tagte. Beinahe ohne Gegenwehr konnten die meisten Minister verhaftet werden, Kerenski gelang die Flucht. Der bolschewistisch dominierte Rat der Volkskommissare übernahm die Macht und setzte seine Vorhaben sofort in die Tat um. Er verkündete den Frieden ohne Annexionen, enteignete die Grundbesitzer und Banken, schaffte die Pressefreiheit ab und trennte Staat und Kirche. Um ihre Macht gegen reaktionäre Kräfte abzusichern, gründeten die Bolschewiki die berüchtigte Tscheka unter Felix Edmundowitsch Dserschinski. Aus ihr ging die mächtige politische Polizei der Sowjetunion hervor. Das Parlament wurde aufgelöst, die Macht lag bei den bolschewistisch kontrollierten Räten. Doch diese neue Staatsmacht sah sich beharrlichen Angriffen zaristischer Generale ausgesetzt. In einem grausamen Bürgerkrieg, der von 1918 bis 1921 tobte und ungefähr genauso vielen Russen das Leben kostete wie der Weltkrieg, konnten sich die Kommunisten behaupten. Das Land lag aber wirtschaftlich vollkommen am Boden.

Für die deutsche Revolution hatten die Ereignisse in Russland gravierende psychologische Folgen. Revolution wurde mit Chaos, Willkür und Gewalt gleichgesetzt, dem Umsturz aller bestehenden Werte und Ordnungen. Insbesondere war es für fast alle Deutschen undenkbar, ein kommunistisches Wirtschaftssystem einzuführen, die Betriebe zu verstaatlichen und den Boden zu enteignen. Ebenso gefürchtet war ein Bürgerkrieg. All diese Ängste, ob begründet oder nicht, prägten in weiten Bevölkerungskreisen die Vorstellungen von einer Revolution. Sie erklären zu einem großen Teil die Einstellung gegen ein Rätesystem und die Abneigung der Regierung Ebert gegen eine wirtschaftliche und soziale Umgestaltung ebenso wie das grausame Verhalten der Freikorps und späteren Reichswehr gegen Spartakusanhänger und demonstrierende Arbeiter.

2.3 Unruhen in der Hochseeflotte 1917

Um den Verlauf der Revolution 1918 umfassend würdigen zu können, ist ein genauer Blick auf die Unruhen des Jahres 1917 in der deutschen Marine erforderlich. Dadurch erst wird verständlich, warum der Funke zur Revolution von den Schiffen ausging. Gleichzeitig kann durch die Haltung der politischen Parteien in dieser Krise gezeigt werden, wie wenig revolutionär die SPD und auch die USPD während des Weltkrieges waren. Es ist nicht zu viel gesagt, dass aus den Ereignissen der Marineunruhen des Sommers 1917 der Verlauf der Revolution des Jahres 1918 bereits abzulesen war.

Was war passiert? Die von Großadmiral und Marinestaatssekretär Alfred von Tirpitz aufgebaute deutsche Flotte lag seit Kriegsbeginn untätig im Hafen. Der Kriegsplan der kaiserlichen Marine bestand aus einer großen Schlacht vor Helgoland gegen die weltweit mächtigste Flotte der Briten. Dieses Vorhaben ging aber nicht auf, da die englische Seite gar nicht daran dachte, sich dieser Schlacht und den damit verbundenen Risiken zu stellen. Stattdessen beschloss die britische Admiralität, Deutschland durch eine Fernblockade an der Kanalküste und rund um Schottland hermetisch abzuriegeln. Diese berüchtigte Seeblockade, die Deutschland zu keiner Zeit durchbrechen konnte, schnitt das Land von Rohstoff- und Nahrungsmittelimporten beinahe vollständig ab. Die deutsche Flotte konnte nur einzelne Nadelstiche gegen die beherrschende feindliche Flotte setzen und blieb sonst meistens in ihren Heimathäfen. Das hatte massive Auswirkungen auf die Moral in der Marine. Aufgrund des gedrängten Zusammenlebens an Bord empfanden die Matrosen das anmaßende Verhalten ihrer Vorgesetzten und die sehr ungleiche Verpflegung auf den Schiffen zunehmend als Provokation.

Die Spannungen nahmen bis zum Frühjahr 1917 stetig zu, einzig die große Skagerrak-Schlacht um den 1. Juni 1916 brachte eine gewisse Erleichterung, da durch das gute Zusammenspiel von Mannschaften und Offizieren ein Sieg errungen und gefeiert werden konnte. Doch nach der glänzenden Bewährung in der Schlacht empfanden die tapferen Matrosen die herabwürdigende Behandlung, die bis zu körperlichen Züchtigungen reichte, als doppelt bitter. Es formierte sich erstmals Widerstand. Durch die russische Februarrevolution und den damit verbundenen Sturz des Zaren fassten die Matrosen Mut, sich gegen die ihnen widerfahrene Behandlung zu wehren. Zuerst protestierten sie gegen ihre miserable Verpflegung, während den Offizieren täglich Menüs mit erlesenen Speisen vorgesetzt wurden.

Durch die von dem neuen Marinestaatssekretär Eduard von Capelle 1917 als Reaktion auf die Proteste genehmigten Menage-kommissionen durften gewählte Vertreter der Matrosen ganz offiziell die Versorgung auf den Schiffen kontrollieren. Daneben nahmen sie aber auch noch eine andere Funktion wahr: Sie wurden zu Ansprechpartnern in politischen Fragen und hier ganz besonders bei dem Wunsch nach Frieden. In der Flotte bildeten sich Schwerpunkte auf den einzelnen Schiffen heraus. Besonders aktiv war die Mannschaft auf der »Prinzregent Luitpold« und auf dem Flaggschiff »Friedrich der Große«, wo der junge Matrose Max Reichpietsch sehr aktiv für die eben gegründete USPD agitierte. Reichpietsch sammelte Unterschriften für einen sofortigen, einvernehmlichen Frieden und den Beitritt zur USPD. Er übernahm es, während seines Heimaturlaubs mehrmals mit führenden USPD-Politikern wie Wilhelm Dittmann und Georg Ledebour in Berlin zu sprechen. Als die Unterschriftenlisten den Politikern übergeben wurden, mahnten diese aber zu äußerster Vorsicht, da den Matrosen sehr schnell harte Strafen drohten. In Zusammenarbeit mit den Mannschaften anderer Schiffe gelangten die Matrosen zu der Einsicht, dass Unterschriften allein nicht reichten, um den Frieden zu erlangen. In vielen Diskussionen verständigten sie sich auf ein abgestimmtes Vorgehen, um geschlossen den Gehorsam zu verweigern und somit ein Zeichen für das Heer zu setzen und zu zeigen, dass die Matrosen nicht mehr kämpfen wollten. Dabei sollte ausdrücklich auf Gewalt verzichtet werden. Nachdem diese Abmachungen getroffen waren, gingen am 2. August 1917 spontan hunderte Matrosen von Bord der »Prinzregent Luitpold«; durch diesen Ausmarsch wurde die gesamte Bewegung aufgedeckt. Auslöser dafür war die Dienstverweigerung einiger Matrosen am Tag zuvor, die damit gegen zusätzliches Exerzieren protestieren wollten und daraufhin verhaftet wurden. Dies empörte die Besatzung des Schiffes so sehr, dass es zum großen Ausmarsch kam. Die rund 600 Matrosen verließen das in Wilhelmshaven liegende Schiff und gingen in das benachbarte Rüstersiel, um sich erneut über die politische Lage auszutauschen. Von da aus traten sie geordnet den Rückweg auf ihr Schiff an. Trotz dieses offensichtlichen Ungehorsams achteten sie streng darauf, dass wichtige Funktionen des Schiffes in Betrieb blieben und die Kriegsbereitschaft nicht gefährdet war. Als die Matrosen zurückgekehrt waren, passierte erst einmal nichts, das Schiff verließ den Hafen und kehrte zwei Tage später zurück. In der Marineleitung schöpften die Admirale Verdacht, dass sich hinter diesem großen, wohlgeordneten Ausmarsch mehr verbergen könnte als eine spontane Tat. Sie ließen die zurückgekehrte »Prinzregent Luitpold« gründlich durchsuchen und fanden bei den Matrosen belastendes Material über die Unterschriftensammlung für die USPD.

Schnell folgten die ersten Verhaftungen, und es zeigte sich, dass die Marineleitung hart durchgreifen würde. Die Festgenommenen waren Schlafentzug bei stundenlangen Verhören ausgesetzt, die Untersuchungsrichter drohten ihnen mehrmals mit der Todesstrafe. Anwaltlichen Beistand gab es nicht. So sagten einzelne Matrosen über ihre Bewegung aus, während andere, wie Albin Köbis, schwiegen. Es gelang den Untersuchungsrichtern, eine umfassende Anklage aufzubauen, die schwerste Strafen für die Hauptangeklagten vorsah. In dem zügig anberaumten Prozess standen den Matrosen kurzfristig eingesetzte Anwälte zur Seite, denen aber viel zu wenig Zeit gelassen wurde, um sich in den Fall einzuarbeiten. Somit hatten die Ankläger leichtes Spiel, den Beschuldigten einen Umsturz in der Hochseeflotte zur Last zu legen. Sie forderten für fünf Matrosen wegen eines vollendeten militärischen Aufstands die Todesstrafe, die Richter stimmten zu.

Als den juristischen Sachverständigen der Reichsmarine das Urteil vorlag, waren sie entsetzt. Wie konnte auf vollendeten Aufstand erkannt werden, wenn gar kein Aufstand ausgebrochen war? Die Entfernung vom Schiff und die zügige Rückkehr rechtfertigten niemals ein Todesurteil wegen vollendeter Aufstandserregung, die sich mit Gewalt gegen die Vorgesetzten hätte richten müssen. Der Marinejustiziar Dr. Felisch und der oberste juristische Sachverständige der Marine de Bary rieten dem Chef der Hochseeflotte Admiral Scheer dringend davon ab, die Todesurteile zu bestätigen und vollstrecken zu lassen.

Doch der Appell an die Vernunft hatte keine Aussicht darauf, gehört zu werden, da Admiral Scheer schon während des Prozesses die Todesurteile erwartete und eine Hinrichtung im weit von den Schiffen entfernten Köln vorbereiten ließ. Der Chef der Hochseeflotte wandelte zwar drei Todesurteile in langjährige Zuchthausstrafen um, bestätigte aber die Todesstrafe für Max Reichpietsch und Albin Köbis. Reichpietsch wurden seine Kontakte zu den Berliner Politikern der USPD zum Verhängnis, Albin Köbis büßte für seine aufrechte Haltung während des Prozesses, als er sich weigerte zu lügen und das Gericht angriff: »Diese Bande ist es nicht wert, dass ich sie belüge!« Der ebenfalls zum Tode verurteilte Matrose Hans Beckers, dem wir durch seine Schilderung der Ereignisse eine einzigartige Quelle verdanken, verfasste ein schmeichlerisches Gnadengesuch an Admiral Scheer, in dem, wie er selbst sagte, das einzig Richtige seine Unterschrift war.

Die bestellten und vorbereiteten Todesurteile wurden am 5. September 1917 in Wahn bei Köln durch Erschießen vollstreckt. Wenige Tage später informierten die Kommandanten der Schiffe die Besatzungen über die Hinrichtungen. Die Reaktion bei den meisten war Wut, Ohnmacht und Fassungslosigkeit. Selbst gemäßigtere Offiziere waren über die Erschießung entsetzt. Auch wenn es trotz einiger weiterer kleiner Vorkommnisse in der

Hochseeflotte scheinbar ruhig zuging, blieben die Hinrichtungen von Max Reichpietsch und Albin Köbis als grausame Justizmorde unvergessen. Sie waren jedem Matrosen gegenwärtig. Mit Sicherheit würde aus dieser unterdrückten Wut bei einer erneut zugespitzten Situation energisches Handeln resultieren. Diese Lage trat Ende Oktober/Anfang November 1918 ein, als die Flotte zu einem letzten sinnlosen Gefecht gegen England auslaufen sollte. Und sie führte zur Revolution.

Durch die Vorgänge des Sommers 1917 wird verständlich, dass sich genügend Ärger, Verzweiflung und auch Hass in der Hochseeflotte aufgestaut hatten, um einen revolutionären Funken zu zünden. Gleichzeitig hatten die Vorgänge auch eine große politische Dimension, die ein helles Licht auf die Einstellung der Parteien zu den revolutionären Vorkommnissen wirft. Besonders ablehnend gegenüber Gehorsamsverweigerungen und politischen Schritten durch die Matrosen zeigte sich der SPD-Vorsitzende Friedrich Ebert. Als die Absichten in der Flotte aufdeckt worden waren, informierte Staatssekretär von Capelle Ebert persönlich über die Ereignisse. In dem erhaltenen Protokoll missbilligte Ebert die Vorkommnisse aufs Schärfste und sprach von Landesverrat. Seine Position deckte sich mit der des zuständigen Staatssekretärs und der Admirale. Wie weit Sozialdemokratie und militärische Leitung bereits übereinstimmten, ging aus der Warnung Eberts an den Staatssekretär hervor, ihm seien Hinweise auf politische Streiks zugetragen worden. Derartige Informationen waren in der Regierung hoch willkommen und veranlassten die Stellvertretenden Generalkommandos, die die exekutive Gewalt im Krieg ausübten, zu sofortigen Gegenmaßnahmen. Wenngleich sich Ebert gegen das Vorgehen der Matrosen aussprach und es scharf tadelte, versuchte er dennoch, Todesurteile und deren Vollstreckung zu verhindern. Der erst seit Kurzem amtierende Reichskanzler Georg Michaelis lud die Vorsitzenden der Reichstagsparteien zu einer Besprechung ein, verzichtete aber auf eine Beteiligung der Unabhängigen Sozialdemokraten. Mit Ausnahme der Konservativen sprachen sich alle Parlamentarier gegen Todesstrafen aus, doch ihre Meinung hatte nur sehr begrenzten Einfluss auf die tatsächliche Entscheidungsfindung.

Aus den Besprechungen geht eindeutig hervor, dass die SPD, vertreten durch ihren Vorsitzenden Ebert, Befehlsverweigerungen oder gar revolutionäre Bestrebungen bestraft sehen wollte, wenngleich sie Todesurteile ablehnte.

Wichtig ist weiterhin die Rolle der USPD. Sie nahm von den Matrosen Unterschriften für den Eintritt in ihre Partei und für einen sofortigen annexionslosen Frieden entgegen und riet bereits bei diesem Vorhaben zu größtmöglicher Vorsicht. Dittmann und Ledebour wurden nicht von den Plänen der Matrosen zu einer Gehorsamsverweigerung in Kenntnis gesetzt. Dennoch unterstellte die Regierung den Abgeordneten eine Mitwisserschaft und versuchte, sie ihnen durch gerichtliches Vorgehen nachzuweisen. Nach langen, erfolglosen Bemühungen unter hohem politischen Druck musste die Justiz bescheinigen, dass keinerlei Beweise für ein gemeinsames Handeln mit den Matrosen gegen die USPD vorgebracht werden konnten. Eine solche Verbindung bestand nicht, die USPD – und hier vor allem der erfahrene Wilhelm Dittmann – warnte bereits vor Unterschriftensammlungen. Wäre der Partei von einer beabsichtigten Gehorsamsverweigerung im Vorfeld berichtet worden, hätte sie mit größter Wahrscheinlichkeit alles unternommen, die Matrosen davon abzuhalten. Die USPD hatte also zu keinem Zeitpunkt Einfluss auf die Geschehnisse in der Hochseeflotte genommen und stand revolutionären Schritten ebenfalls ablehnend gegenüber. Betrachtet man die Positionen von SPD und USPD zu Auflehnungen gegen die bestehende Ordnung, so lassen sich deutliche Gemeinsamkeiten erkennen. Beide Parteien lehnten im Sommer 1917 und in der Revolution 1918 gewaltsame Veränderungen ab. Das unterschied sie vom Spartakusbund, der 1917 in der USPD organisiert war und der Partei den scharfen Vorwurf machte, mögliche revolutionäre Entwicklungen nicht aktiv gefördert zu haben. Auf diesen sehr unterschiedlichen Grundlagen war in der Revolution 1918 keine Zusammenarbeit zwischen Spartakus und USPD mehr denkbar. Eine neue Partei, die KPD, entstand.

2.4 Voraussetzungen des Waffenstillstands 1918

Die Geschichte des Waffenstillstandsgesuchs beginnt mit der deutschen Offensive auf dem französischen Kriegsschauplatz am 21. März 1918. Das Unternehmen »Michael« war der letzte große Schlag des deutschen Heeres gegen die Alliierten. Nach dem Frieden von Brest-Litowsk und dem Ende des Krieges an der Ostfront konnte die Oberste Heeresleitung (OHL) ihre militärischen Kräfte in Frankreich konzentrieren. Auch wenn ein erheblicher Teil des Ostheeres in Russland und der Ukraine blieb, um das eroberte Gebiet zu sichern, und durch den Friedensschluss längst nicht mehr alle Einheiten bereit waren, mit ganzer Kraft anzugreifen und ihr Leben einzusetzen, konnten immerhin noch 3,5 Millionen Soldaten im Westen aufgeboten werden. Mit einem letzten großen Kraftakt sollte das gelingen, was 1914 nicht möglich gewesen war: die feindlichen Linien an entscheidenden Stellen zu durchbrechen und somit den Weg nach Paris frei zu machen. Hinter diesem Plan stand eindeutig das Konzept Erich Ludendorffs, den Krieg militärisch siegreich zu beenden.

Doch sein Wille zur finalen Entscheidung trübte den Blick auf die Wirklichkeit. Das deutsche Heer stand einer immer noch entschlossenen Verteidigung von Franzosen und Engländern gegenüber, die ihrerseits schon zahlreiche Versuche unternommen hatten, die deutsche Front zu durchbrechen. Es zeigte sich in diesem modernen industriellen Krieg, dass die Verteidigung, nicht zuletzt durch das Maschinengewehr, stets im Vorteil war und Vorstöße meist mit großen Verlusten für die Angreifer zurückschlug.

War eine deutsche Offensive also durch die überlegene Verteidigung von Anfang an schwierig, wollte Ludendorff außerdem noch immer nicht das militärische Potential der 1917 in den Krieg eingetretenen Vereinigten Staaten erkennen. Als das Deutsche Reich durch die Erklärung des uneingeschränkten U-Bootkrieges einen Kriegseintritt der USA sehr wahrscheinlich machte, höhnte die militärische Führung im Reichstag, die Wirkung der Amerikaner auf den Schlachtfeldern sei gleich null. Ludendorff blickte nur verächtlich auf die in Europa noch nie militärisch aktiv gewordenen amerikanischen Soldaten. Eine grobe Fehleinschätzung. Entgegen den Erwartungen gelang es den USA, bis zum Herbst des Jahres 1918 zwei Millionen junger, ausgeruhter und kampfbereiter Soldaten nach Frankreich zu befördern, ohne dass ein U-Boot sie daran hätte hindern können. Als im Sommer 1918 die alliierte Gegenoffensive begann, nahmen daran bereits 600 000 Amerikaner teil. Besonders hilfreich war die hervorragende militärische Ausstattung. Da die Vereinigten Staaten wie im Frieden produzieren konnten, gelang es ihnen, eine erstklassige Truppe auf den Kontinent zu schicken. Der alliierte Verbund von europäischen Soldaten, die seit fast vier Jahren kampferprobt waren, und den zahlreichen bestens ausgerüsteten und kriegsbereiten Amerikanern gewann durch sein Übergewicht die nun einsetzenden Entscheidungsschlachten.

Anfangs lief die deutsche Offensive jedoch ganz nach Plan, und die alliierten Verbände wichen vor dem Angriff zurück. Damit konnten die deutschen Truppen einen Raumgewinn verzeichnen wie seit dem Vormarsch des Sommers 1914 nicht mehr. Sie stießen Richtung Paris vor und überschritten südöstlich der Hauptstadt erneut die Marne. Drei neue, gigantische Kanonen der »Wilhelm-Klasse« beschossen Paris gar aus einer Entfernung von 120 Kilometern. Eine technische Spitzenleistung, die aber keinen militärischen Sinn mehr machte. Denn nach dieser ersten, mächtigen Angriffswelle war die deutsche Kraft erschöpft. Ludendorff setzte alle Hoffnung auf den ersten Schlag, Reserven waren nicht vorhanden. So stand das deutsche Heer abgeschnitten von den eigenen Nachschublinien völlig erschöpft an einer weit vorgeschobenen Front.

Die Generale der alliierten Verbündeten setzten erfolgreich auf die gleiche Taktik wie 1914, allerdings diesmal in großer Siegeszuversicht, da sie um ihre materielle Überlegenheit wussten. Sie gingen Schritt für Schritt zur Gegenoffensive über und konnten relativ mühelos vorstoßen. Das lag auch an der völligen Erschöpfung der deutschen Soldaten und ihrer Desillusionierung. Diese stießen bei ihren Vormärschen oftmals auf die Depots ihrer Gegner und mussten sehen, welch riesiger Vorrat an Material und Waffen dort lagerte. Es wurde schnell klar, dass dagegen ein weiteres Verteidigen oder Aufbäumen sinnlos war. In der Tat kam der gegnerische Vorstoß schnell voran, unterstützt durch die neue Panzerwaffe, nach ihrer Tarnbezeichnung noch »Tank« genannt. Der schwarze Tag des deutschen Heeres, der 8. August 1918, brachte die endgültige Niederlage: Es gelang dem Gegner erstmals, die deutsche Front auf großer Breite bei Amiens zu durchbrechen. Zwar sammelte sich das deutsche Heer wieder und nahm den Kampf in der Verteidigung wieder auf, doch war die Moral der Truppe in Teilen gebrochen. Die Desertion von Hunderttausenden und die Weigerung Zehntausender, in die Kampfabschnitte zu gehen, erschwerte die deutsche Position zusätzlich.

In dieser bereits entschiedenen Situation erkannte auch die OHL die militärische Niederlage. Sie schien am 27. September 1918 sogar unmittelbar bevorzustehen, als eine wichtige Verteidigungsposition, die »Hindenburglinie«, durchbrochen wurde. Die OHL, und hier ganz besonders Ludendorff, reagierte panisch. Sie forderte einen Waffenstillstand binnen 24 Stunden, da sie eine militärische Katastrophe voraussah. Nun war es für Ludendorff persönlich aber unmöglich, diese Niederlage auch vor der deutschen Öffentlichkeit zu verantworten. Sein eigenes militärisches Scheitern wollte er auf andere abwälzen. Dafür kamen nur die zivilen politischen Instanzen infrage, mithin also die Regierung und der Reichstag. So bestand Ludendorffs Plan, die weitere Existenz der Armee zu sichern, darin, das Waffenstillstandsgesuch politisch und nicht militärisch zu begründen. Das gelang, indem das Gesuch mit einem Friedensangebot verknüpft und von den Parteien des Reichstags vorgetragen wurde, die spätestens nach ihrer Friedensresolution im Sommer 1917 öffentlich für den Frieden eintraten. Das erforderte aber auch, dass die Parteien der Reichstagsmehrheit in die Regierung eintraten, was wiederum einen Umbau der Verfassung voraussetzte, eine »Revolution von oben«.

Erstaunlich geräuschlos nahmen die Beteiligten den Entschluss der OHL hin. Der Staatssekretär des Äußeren von Hintze fügte sich entsprechend der Vorstellung Ludendorffs, für Reichskanzler Graf von Hertling bot der Beschluss den willkommenen Anlass zurückzutreten. Zum einen machte ihm sein hohes Alter – er war schon weit in den Siebzigerjahren seines Lebens – sehr zu schaffen, und zum anderen war er als treuer Anhänger der Monarchie nicht dazu bereit, Deutschland auf eine parlamentarische Grundlage zu stellen. Wilhelm II. schien sich ohne Weiteres in das Unabwendbare zu fügen. Er stimmte den Plänen zu, die die Macht des Kaisers stark beschnitten, da die Reichsleitung zukünftig dem Parlament verantwortlich war und nicht mehr direkt von ihm ernannt wurde. Vielleicht war der Monarch über diesen Schritt auch insgeheim erleichtert. Er selbst spielte in dem bereits über vier Jahre dauernden Krieg eine immer unwichtigere Rolle, und seine Autorität hatte stark gelitten. Mit einer weniger wichtigen politischen Funktion in einem parlamentarischen System hätte Wilhelm II. gut leben können, wenn ihm repräsentative Aufgaben als Staatsoberhaupt geblieben wären.

Allerdings war der Kaiser eine sehr sprunghafte Persönlichkeit, die in dem einen Augenblick das Erforderliche klar einsah und in dem anderen Moment wieder in unhaltbare Positionen und Schwärmereien zurückfiel. Genau das passierte leider in den letzten Tagen seiner Regierung, als Wilhelm II. im Kreis seiner adeligen Generalstabsoffiziere Verfassungsänderungen nicht beachtete und militärische Befehle erteilte, die das revolutionäre Klima während der Kieler Ereignisse

Anfang November 1918 weiter befeuerten. Eine konstitutionelle Monarchie unter Kaiser Wilhelm II. war somit alles andere als eine einfache Option. Allerdings blieb sie eine kurzfristige Übergangserscheinung. Auch wenn sich die Reichstagsparteien auf diese Staatsform verständigten, machte die Bevölkerung in der Revolution deutlich, dass sie davon gar nichts hielt. Der Kaiser hatte im Weltkrieg zu sehr an Ansehen verloren, um dem Deutschen Reich weiter vorstehen zu können.

2.5 Die Regierung des Prinzen Max von Baden

Mit der Waffenstillstandsforderung standen zwei Probleme unmittelbar im Raum. Zum Ersten musste ein neuer Reichskanzler ernannt werden, zweitens war es nach Ludendorffs Konzept erforderlich, die führenden Parteien des Reichstags in die Regierung einzubinden. Der erste Punkt scheint aus heutiger Perspektive ein schnell zu lösendes Problem zu sein, war aber in der Endphase des Kaiserreichs ein äußerst heikles Unterfangen. Ein kurzer Blick auf die Reichskanzler während des Weltkrieges verdeutlicht die Schwierigkeiten.

Theobald von Bethmann Hollweg, der das Amt seit 1909 innehatte, war ein äußerst umsichtiger Kanzler, der den Versuch unternahm, seine Politik auf verschiedene Reichstagsmehrheiten zu gründen, und sich schrittweise auch der Sozialdemokratie annäherte. Wegen seines Widerstands gegen den uneingeschränkten U-Bootkrieg und seines Einsatzes für einen maßvollen Friedensschluss ohne ausufernde Annexionspläne geriet er zusehends in die Kritik nationalistischer Verbände und der OHL. Unter diesen Daueranfeindungen litt schließlich auch seine Unterstützung im Reichstag, sodass Bethmann Hollweg am 13. Juli 1917 zurücktrat. Erstaunlicherweise gab es zwar eine groß angelegte Bewegung gegen den Kanzler, aber keiner der daran Beteiligten machte sich Gedanken, wer denn auf Bethmann Hollweg folgen sollte.

Aus dieser Not heraus berief Kaiser Wilhelm II. mit Billigung der OHL den Preußischen Staatskommissar für Volksernährung Georg Michaelis in das höchste politische Amt. Michaelis war ein ausgezeichneter Verwaltungsfachmann und bewahrte das Volk durch seine umsichtige Brotgetreidebewirtschaftung vor der allergrößten Not, doch war er politisch völlig unerfahren. Das sollte ihm zum Verhängnis werden, da er keine Vertrauensbasis zu den Mehrheitsparteien des Reichstags aufbauen konnte. Als er schließlich im Oktober 1917 nach den Vorkommnissen in der Flotte die USPD im Reichstag beschuldigte, »außerhalb des Rechts« zu stehen, brach ein Sturm der Entrüstung los. Michaelis musste nach etwas mehr als drei Monaten sein Amt wieder abgeben.

Erneut stellte sich die Frage, wer nun folgen sollte, und es wirft ein bezeichnendes Licht auf die kaiserliche Personalpolitik seit der Jahrhundertwende, dass in ganz Preußen kein Mann von Format zur Verfügung stand, der dieses Amt mit Autorität ausfüllen konnte. Schlimmer konnte das Ergebnis höfischer Günstlingspolitik nicht offenbar werden. Ein Ausweg blieb nur die Berufung des bayerischen Ministerpräsidenten Graf Hertling. Hertling stand treu zur Monarchie und verfolgte einen politisch liberalen Kurs. Allerdings war er schon jenseits des 70. Lebensjahres und nach eigenen Angaben recht ruhebedürftig. Keine guten Voraussetzungen, das Reichskanzleramt während eines Weltkrieges zu übernehmen. Dass Graf Hertling dennoch bis zum Oktober 1918 Reichskanzler blieb, lag in erster Linie daran, dass die OHL weite Teile der Politik bestimmte und der Reichskanzler wenig tatenfreudig zustimmte. Doch mit der Forderung der OHL nach einer umfassenden Parlamentarisierung, wie sie Graf Hertling seit 18 Monaten gegen eine Reichstagsmehrheit zu verhindern suchte, war seine Zeit abgelaufen. Ein neuer Kanzler musste her.

Abermals fiel die Wahl auf einen Nicht-Preußen. Mit Prinz Max übernahm der Thronfolger des Großherzogtums Baden das Reichskanzleramt. Max von Baden galt als liberal, und es war ihm durchaus zuzutrauen, eine verlässliche Zusammenarbeit auch mit den Sozialdemokraten zu erreichen. Aber Prinz Max hatte größte Bedenken, das Waffenstillstandsgesuch schnellstmöglich herauszugeben, da er die Folgen dieses Schrittes gar nicht absehen konnte. Ebenfalls war die SPD gegen Kriegsende sehr skeptisch, was die Beteiligung an einer Regierung anbelangte. Zwar stand sie mit den liberalen Parteien für eine Demokratisierung des Reiches ein, doch erschien dieser Schritt so kurz vor der Niederlage sehr gewagt. Philipp Scheidemann brachte es auf den Punkt: Er wollte nicht in ein »bankrottes Unternehmen« einsteigen. Der Kaiser konnte Prinz Max, einen nahen Verwandten, davon überzeugen, das Amt in dieser schwierigen Lage zu übernehmen. Friedrich Ebert überwand die innerparteiliche Ablehnung gegen eine Regierungsbeteiligung und setzte sich mit dem Argument durch, die SPD könne sich in dieser entscheidenden Zeit nicht verweigern. Das war für ihn eine »verdammte Pflicht und Schuldigkeit«. Ebert selbst trat nicht in die neue Regierung ein, aber der Kaiser ernannte Philipp Scheidemann und Gustav Bauer zu Staatssekretären. Während Scheidemann Staatssekretär ohne Aufgabenbereich wurde, stand Bauer dem wichtigen Reichsarbeitsamt vor. Letzterer übernahm auch später in der Weimarer Republik Ministerämter und führte Regierungen als Reichskanzler an.

Damit ging Ludendorffs Konzept voll auf. Die neue Regierung unter Beteiligung der Sozialdemokraten verfasste das Waffenstillstandsgesuch, nicht die OHL. Damit war die entscheidende Grundlage für die spätere »Dolchstoßlegende« geschaffen, der zufolge Deutschland den Krieg nicht auf dem Schlachtfeld, sondern durch den »Dolchstoß« aus der Heimat verloren habe.

Am 4. Oktober 1918 sandte die neue Regierung dem amerikanischen Präsidenten Wilson das Waffenstillstandsgesuch. Die Hoffnungen auf einen schnellen Frieden waren aber bald verflogen. In drei Antwortnoten präzisierte der Präsident nach Rücksprache mit den Alliierten die Vorbedingungen. Sie betrafen die vollständige Räumung des belgischen Staatsgebiets, die Beendigung des U-Bootkrieges sowie die Abdankung des Kaisers als Symbol des deutschen Militarismus. Unterdessen spielte General Ludendorff eine wenig ruhmreiche Rolle, als er für die Beendigung des Notenwechsels mit den Vereinigten Staaten eintrat und weiterkämpfen wollte. Nach seinem Kalkül sollte die parlamentarische Regierung, die um Frieden bat, sich mit diesem Schritt belasten und dann, unter für ihn günstigen Umständen, leichter gestürzt werden können.

Aber die Rechnung ging diesmal nicht auf, der Frieden musste her. Die einzige Konsequenz aus Ludendorffs Vorstoß war seine Entlassung durch Kaiser Wilhelm II. Generalfeldmarschall von Hindenburg, sein Vorgesetzter und enger Vertrauter, verblieb im Amt, was ihm Ludendorff nie verzieh. Der Waffenstillstand selbst ließ aber noch mehrere Wochen auf sich warten, was auch an den alliierten Forderungen nach einem demokratischen Deutschland lag.

Und in der Tat gelangen hier in der letzten Oktoberwoche gravierende Fortschritte. Durch die Verfassungsänderungen vom 28. Oktober wurde das Kaiserreich ein parlamentarisch regierter Staat. Die Regierung des Deutschen Reiches einschließlich des Reichskanzlers war vom Vertrauen des Parlaments abhängig und somit der bisherigen alleinigen Zuständigkeit des Kaisers entzogen. Der Kaiser büßte zudem seine militärische Befehlsgewalt weitgehend ein. Die Verantwortung über Krieg und Frieden lag nunmehr ebenfalls beim Reichstag. Dem Monarchen kam in der zukünftigen Staatskonzeption eine überwiegend symbolische Funktion zu, ähnlich dem britischen Vorbild einer konstitutionellen Monarchie. Die führenden Sozialdemokraten um Friedrich Ebert sahen sich damit am Ziel ihrer Wünsche, da sie seit Beginn des Krieges eine Mitarbeit in Staat und Regierung anstrebten.

Bereits mit der Osterbotschaft des Kaisers aus dem Jahr 1917 war ein erstes wichtiges Ziel erreicht: Das überholte preußische Dreiklassenwahlrecht sollte nach dem Krieg abgeschafft werden. Damit leitete der Staat Preußen Veränderungen seiner staatlichen Strukturen ein, die die SPD bis dato von der Machtbeteiligung ausschlossen. Das neue Wahlrecht sollte ein gleiches und geheimes Männerwahlrecht werden. In Verbund mit den Reichsreformen vom 28. Oktober 1918 führte an der SPD als größter Partei des Kaiserreichs kein Weg mehr vorbei. Aus sozialdemokratischer Sicht konnte der Kaiser weiter im Amt bleiben, da er nicht mehr regierte. Bemerkenswerterweise gab es auch in der Spätphase des Kaiserreichs keine Stimmen oder Entwürfe, die Monarchie abzuschaffen. Die bundesstaatliche Konzeption unter monarchischer Führung blieb ebenfalls bestehen. Tiefgreifende Veränderungen in Bürokratie und Militär waren nicht vorgesehen – zwei Aspekte, denen in der Revolution noch eine große Bedeutung zukam. Friedrich Ebert sah sich am Ziel. Mehr wollte er gar nicht erreichen.

Am Vorabend des 9. Novembers sagte Ebert zu dem noch amtierenden Reichskanzler Prinz Max, er »hasse die Revolution wie die Sünde«. Diese Worte sind grundlegend für das Verständnis aller kommenden Entscheidungen Eberts in der Revolutionszeit. Doch die staatlichen Umwälzungen in der letzten Oktoberwoche gingen in der deutschen Öffentlichkeit weitgehend unter. Das lag zum einen daran, dass mit der Spanischen Grippe eine Lungenerkrankung um sich griff, die unter der durch Hunger geschwächten Bevölkerung ungebremst wütete und in Deutschland um die 250 000 Tote forderte. Noch wichtiger waren aber der bevorstehende Waffenstillstand und somit das Ende des Krieges im 51. Monat. Bis dahin dauerte es aber noch.

Erst am 5. November erklärten sich die Alliierten durch eine Note des amerikanischen Staatssekretärs Lansing bereit, den Waffenstillstand zu beschließen. Es klang aber bereits an, dass Deutschland für die entstandenen Schäden, die die zivile Bevölkerung auf alliierter Seite erlitten hatte, aufzukommen habe. Dem bekannten und stets sehr eifrigen Zentrumspolitiker Matthias Erzberger fiel die schwierige Aufgabe zu, der deutschen Waffenstillstandsdelegation vorzustehen. Mit den Reichsreformen vom 28. Oktober 1918 und der am 9. November 1918 verkündeten Abdankung des Kaisers, die im folgenden Kapitel auch wegen der innenpolitischen Bedeutung noch genauer geschildert wird, war dann ein Waffenstillstand möglich. Die Bedingungen waren viel härter als erwartet. Deutschland musste binnen weniger Wochen alle besetzten Gebiete räumen, die Friedensverträge mit Russland und Rumänien, die Deutschland große Eroberungen sicherten, wurden für ungültig erklärt. Weiterhin war vorgesehen, dass Deutschland alle U-Boote sowie Kriegsmaterial und zivile Güter in großem Umfang abgeben musste. Besonders schmerzhaft war die Räumung des gesamten linken Rheingebietes und die Einrichtung einer Pufferzone von zehn Kilometern auf der rechten Rheinseite. Erzberger gelang es in Gesprächen mit Marschall Foch, die ursprünglich noch härteren Forderungen abzumildern, doch an der Unterzeichnung führte kein Weg vorbei. Am Morgen des 11. Novembers 1918 setzten Matthias Erzberger und Ferdinand Foch in einem Eisenbahnwaggon im Wald von Compiègne nördlich von Paris ihre Unterschriften unter den Vertrag. So schwiegen die Waffen seit dem 11. November um 11 Uhr französischer und um 12 Uhr deutscher Zeit – Deutschland hatte 1916 die Sommerzeit eingeführt.

2.6   Abdankung des Kaisers

Seit Beginn des Novembers 1918 hatte sich die militärische Lage weiter verschlechtert: Die deutsche Armee, schwer bedrängt von mittlerweile übermächtigen Gegnern, wich in einem reinen Defensivkampf beständig zurück. Durch das Waffenstillstandsgesuch war deutlich geworden, dass Deutschland am Ende seiner Kräfte war. Im Innern waren die Sozialdemokraten in die Regierung des Prinzen Max von Baden eingetreten, die nunmehr dem Parlament gegenüber verantwortlich war. Der Kaiser bekleidete verfassungsgemäß nur noch eine repräsentative Stellung als Staatsoberhaupt. Deutschland hatte sich zu einer konstitutionellen Monarchie entwickelt, mit der sich die SPD sehr gut arrangieren konnte.

Es gab aber ein ganz entscheidendes Problem. Durch die 14 Punkte des amerikanischen Präsidenten Wilson vom Januar 1918 klang bereits an, dass Deutschland zu einer demokratischen Staatsform finden müsse. Im Notenwechsel vom Oktober und November 1918 stellte sich klar heraus, dass die Alliierten nicht mit jenen Männern über Waffenstillstand und Frieden verhandeln wollten, die den Militarismus verkörperten und den Weltkrieg mit verantworteten. Somit war der deutsche Kaiser sehr schnell zu einem Friedenshindernis geworden. Sein Rückhalt in der Bevölkerung war ohnehin schon stark geschwunden, auch in weiten Teilen des Heeres war die Unterstützung für den Monarchen alles andere als rückhaltlos. Der Konsens Anfang November 1918 war ganz eindeutig, dass Wilhelm II. gehen müsse, falls er dem Frieden im Weg stehe.

Der Kaiser selbst war, wie so oft in seiner Regierungszeit, unentschlossen und sprunghaft. Auf der einen Seite war er von seiner Rolle als Monarch vollkommen durchdrungen, sah sich als Garant für den Fortbestand des Staates und hielt eine Abdankung für unmöglich. Auf der anderen Seite konnte er die sich stark ändernde Stimmung in der Bevölkerung nicht übersehen. Die Menschen wollten nach mehr als vier Jahren Krieg endlich Frieden. Ein neuer Kriegswinter erschien ihnen als eine Katastrophe. In dieser aufgeladenen Atmosphäre beschloss der Kaiser, am 29. Oktober sein Berliner Stadtschloss zu verlassen und in das belgische Spa zur Obersten Heeresleitung zu fahren. Dort verflogen die Zweifel an seiner Regentschaft schnell. Im Kreise der höchsten Offiziere fand Wilhelm II. schon bald wieder zu seinem bekannten Selbstbewusstsein zurück und nahm eine kämpferische Position für seinen Thron ein. In Berlin entwickelten sich die Dinge dagegen zuungunsten des Kaisers. Während unter den Politikern Unverständnis und Verwunderung über die Abfahrt des Kaisers nach Belgien herrschte, wuchs die Forderung nach einer Abdankung innerhalb der Bevölkerung täglich.

Am 7. November 1918 brachten es Ebert und Scheidemann in einem Gespräch mit dem Reichskanzler auf den Punkt: Wenn der Kaiser nicht sofort gehe, stehe die Revolution bevor. Sie selbst könnten dafür keine Verantwortung übernehmen und würden am folgenden Tag, dem 8. November, umgehend das Kabinett verlassen, falls der Kaiser noch im Amt sei.

Die Sozialdemokraten sahen es nunmehr nach den Erfahrungen in Russland als ihre wichtigste Aufgabe an, Deutschland vor dem Bolschewismus zu beschützen. Der Reichskanzler stimmte dieser Ansicht zu und telefonierte mit dem Kaiser. Prinz Max erklärte dem Monarchen am 8. November eindeutig, er müsse umgehend dem Thron entsagen. So diene der Kaiser noch dem Vaterland und verhindere Schlimmeres. Wilhelm II. widersprach dem Reichskanzler auf das Schärfste. Er wies alle Rücktrittsforderungen als Monarch von Gottes Gnaden brüsk ab. Ja mehr noch. Der Kaiser ging in die Offensive und kündigte an, an der Spitze des zurückkehrenden Heeres gegen alle Umstürzler kämpfen zu wollen. Spätestens jetzt war allen Verantwortlichen in Berlin klar geworden, dass Wilhelm II. an der Grenze zur Unzurechnungsfähigkeit stand und es tatsächlich auf ein Blutbad in Deutschland hätte ankommen lassen.

Es ist ein Verdienst der Kommandeure des deutschen Feldheeres, dass es nicht so weit gekommen ist. Um sein Vorhaben tatsächlich durchführen zu können, hätte es einer zuverlässigen Armee bedurft. Um diese Frage zu klären, trafen am 9. November 1918, dem Tag darauf, 39 Frontoffiziere in Spa ein. Das Ergebnis einer Befragung war für den Monarchen niederschmetternd. Nur ein einziger Offizier vertrat die Ansicht, dass seine Truppen dem Kaiser zur Wiederherstellung seiner Regierung in die Heimat folgen würden. Immerhin 23 Kommandeure beantworteten die Frage glatt mit »Nein«, während 15 Offiziere sich nicht eindeutig festlegen wollten. Auf die Frage, ob die Truppen auch mit der Waffe gegen die sich ausbreitende revolutionäre Bewegung kämpfen würden, war kein einziges »Ja« zu vernehmen. Nun galt es, aus der Befragung die zwingenden Schlüsse zu ziehen. In einer

Besprechung des Kaisers mit der OHL erklärte von Hindenburg die ausweglose Lage. Die Truppen stünden nicht mehr hinter dem Monarchen. Als General von der Schulenburg als letzten Ausweg zur Rettung der Monarchie vorschlug, ausgewählte Kampfeinheiten zuerst in die westdeutschen Städte zu schicken, griff General Groener durch. Er erteilte allen Rettungsversuchen eine klare Absage, das Heer stehe nicht mehr hinter dem Kaiser.

Wilhelm II. war auch nach der Besprechung nicht zu einer Abdankung zu bewegen. Er wollte bei seinem Heer bleiben und meinte wohl damit bei seiner Obersten Heeresleitung. Jetzt musste Generalfeldmarschall von Hindenburg dem Kaiser in aller Deutlichkeit sagen, dass nur noch eine realistische Möglichkeit bestand: Der Kaiser müsse sich von den Truppen, die nicht mehr hinter ihm stünden, trennen und den Weg in das holländische Exil antreten. Aus Berlin kamen Nachrichten über revolutionäre Ereignisse. Soldaten und Arbeiter marschierten gemeinsam auf die Stadt zu, jeglicher Widerstand sei zwecklos, selbst die treuen Naumburger Jäger weigerten sich zu schießen und trügen bereits rote Bänder! Max von Baden forderte ultimativ die Abdankung des Kaisers, um die Ordnung in der Hauptstadt aufrechterhalten zu können. Aus Spa kam die Antwort, der Kaiser gedenke zwar als Monarch des Reiches abzudanken, wolle aber König von Preußen bleiben. Als jedoch auch diese Zusage nicht fristgerecht in Berlin eintraf, blieb dem Reichskanzler nur eine einzige Möglichkeit: Um der Absetzung des Kaisers durch das Volk zuvorzukommen, beschloss er nach kurzer Rücksprache mit dem Reichsgerichtspräsidenten Walter Simons, die Abdankung des Kaiser eigenmächtig bekanntzugeben.

Um 12 Uhr mittags wurde die offizielle Mitteilung verbreitet: »Der Kaiser und König hat sich entschlossen, dem Throne zu entsagen.« Um dem Land eine neue staatliche Ordnung geben zu können, entschloss sich Philipp Scheidemann zu einem mutigen Schritt. Er rief um zwei Uhr von einem Fenster des Reichstags aus: »Der Kaiser hat abgedankt! Das Volk hat auf der ganzen

Linie gesiegt! Die Monarchie ist zusammengebrochen! Es lebe die Deutsche Republik!« Die Republik brauchte jemanden, der die politische Verantwortung innehatte. Am späten Nachmittag des 9. Novembers 1918 übergab Reichskanzler Prinz Max von Baden die Geschäfte an Friedrich Ebert. Damit war Deutschland von einer Monarchie zur Republik geworden. Die Umwandlung der staatlichen Verhältnisse verlief bemerkenswert friedlich. Es floss kaum Blut, nur wenige Schüsse fielen zur Verteidigung des überlebten Alten.

3. Die erste Revolutionsphase

3.1 Revolutionsbeginn in Kiel

Wieder befinden wir uns bei der deutschen Hochseeflotte. Ein Jahr ist seit der blutigen Niederwerfung der geplanten Gehorsamsverweigerung vergangen, die vollstreckten Todesurteile gegen Max Reichpietsch und Albin Köbis haben Narben bei den Matrosen hinterlassen. Militärisch ist seitdem so gut wie nichts passiert – hier trifft das Zitat der wertvollen Untersuchung von Nicolas Wolz über die Flotten des Ersten Weltkrieges voll zu: »Und wir verrosten im Hafen!« Die Gründe sind banal. Es fehlte der Hochseeflotte neben einem Operationsplan ganz einfach an Kohlen für längere Fahrten. Ersatzteile für reparaturbedürftige Schiffe waren ebenfalls kaum noch vorhanden, die deutsche Mangelwirtschaft war am Ende ihrer Leistungsfähigkeit. Und dann sahen sich die Matrosen kurz vor Kriegsende der Gefahr ausgesetzt, in eine sinnlose, letzte Schlacht gegen die überlegene englische Flotte auszulaufen, die ihnen den sicheren Tod bringen würde. Damit war nach allem, was sich zuvor ereignet hatte, die Bereitschaft zum Gehorsam gebrochen. Dass sich die Offiziere dann auch noch mit disziplinarischen Strafen behaupten wollten, führte zur Revolution.

Die letzte Phase des Weltkriegs begann am 8. August 1918. Nach dem »schwarzen Tag« des deutschen Feldheeres war klar geworden, dass der Krieg nicht mehr gewonnen werden konnte. General Ludendorff verlangte Frieden binnen 24 Stunden. Als eine Konsequenz stellte das Kaiserreich den uneingeschränkten U-Bootkrieg ein. Um dem Ganzen etwas Positives abgewinnen zu können, verkündete Admiral Scheer die nunmehr wiedergewonnene operative Freiheit der Flotte. Diese nutzte Scheer in Verbindung mit Konteradmiral von Trotha in der neu geschaffenen Seekriegsleitung zu einem ganz eigenen Konzept, das nicht mehr der Wirklichkeit verpflichtet war. Einzig auf Ehre und Ansehen der deutschen Seeoffiziere gebaut, sollte ein »Todeskampf« gewagt werden. Flottenchef Admiral von Hipper billigte das Vorhaben und befürwortete den Plan Scheers, die Schlacht im Ärmelkanal zu suchen. Die politische Führung in Berlin unter Reichskanzler Max von Baden wusste nichts von diesem Vorhaben. Sie war im Oktober 1918 damit beschäftigt, die Waffenstillstandsbedingungen mit Präsident Wilson zu erörtern, und konnte eine militärische Großoffensive zur See überhaupt nicht tolerieren. Das war der Seekriegsleitung durchaus bewusst, und so schmiedete sie ihre Pläne im Verborgenen – verborgen auch vor ihrem obersten Kriegsherrn Kaiser Wilhelm II. Am 16. Oktober war das Konzept fertig. In Wilhelmshaven lagen nunmehr drei Geschwader mit 60 000 Mann Besatzung. Am 29. Oktober erfolgte der Befehl, in See zu stechen.

So weit die Pläne der Admiralität. Ganz anders beurteilten die Matrosen das Vorhaben. Sie wussten nach der Skagerrak-Schlacht 1916 nur zu gut, was Krieg zur See tatsächlich bedeutete. Die abgebrochene Schlacht hatte mehrere Tausend deutsche Matrosen das Leben gekostet, ein Kampf bis zum Äußersten wäre noch um ein Vielfaches verlustreicher gewesen. Deshalb gab es schon vor dem Auslaufen Stimmen unter den Soldaten, die durch eine diesmal erfolgreiche Gehorsamsverweigerung allen militärischen Ambitionen ein Ende bereiten wollten. Die Kommandanten wussten um die Haltung der Matrosen und versuchten, das Auslaufen in Feindesrichtung zunächst als Übung zu tarnen. Doch die erfahrene Mannschaft erkannte an bestimmten Anzeichen, dass es ernst werden sollte: Offiziere ließen ihre privaten Gegenstände von Bord bringen und schrieben Abschiedsbriefe. Die hintersten Schornsteine der Kriegsschiffe wurden als Zeichen für den Gefechtseinsatz rot angestrichen. Zudem waren Ende Oktober 1918 auf einmal genügend Kohlen vorhanden. Die Heizer reagierten schnell und löschten die Feuer in den Kesseln. Zusätzlich beschädigten Matrosen ihre eigenen Schiffe. Der Angriffsplan war somit nicht mehr realisierbar. Jetzt ging es den Kommandanten nur noch darum, die Matrosen zu bestrafen. Die Admiralität drohte sogar mit der Versenkung einzelner Schiffe, sollten sich die aufbegehrenden Matrosen nicht

Karl Artelt (Erster von links) mit Kameraden der 1.
Torpedo-Division in Kiel-Wik, September 1914

umgehend ergeben. So richteten Torpedoboote ihre Kanonen auf die »Thüringen«. Da die Mannschaft das bevorstehende Kriegsende erleben wollte, fügte sie sich der Gewalt.

In den nächsten Tagen trug die Admiralität ungewollt ganz entscheidend dazu bei, einer Revolution den Boden zu bereiten. Das besonders renitente III. Geschwader dampfte durch den Kaiser-Wilhelm-Kanal (den heutigen Nord-Ostsee-Kanal) nach Kiel. Auf dem Weg ließ der Geschwader-Kommandant, Vizeadmiral Hugo Kraft, 47 Matrosen der »Markgraf« festnehmen. Kraft war der Meinung, der Kommandant des Schiffes sei zu nachgiebig mit seinen Matrosen umgegangen, indem er die Sache einstweilen auf sich beruhen ließ. Kraft griff hart durch und trug maßgeblich zu einer unnötigen Verschärfung der Lage bei.

In Kiel selbst wusste der Gouverneur des Kriegshafens, Vizeadmiral Wilhelm Souchon, nicht, was da auf ihn zukam. Die Stadt war durch die zahlreichen Rüstungs- und Hafenarbeiter sowie die Truppen der Landmarine sehr belebt. Es herrschte angesichts des bevorstehenden Kriegswinters eine gereizte Stimmung. Fraglich blieb, ob die in Kiel vorhandenen Sicherheitskräfte einem Aufstand gewachsen sein würden. Diese Befürchtungen waren in der Tat berechtigt. Die Matrosen des Geschwaders versammelten sich in Kiel umgehend im Gewerkschaftshaus und berieten über ihr weiteres Vorgehen. An erster Stelle stand für sie die Befreiung der festgenommenen Kameraden. Am 2. November wuchs die Zahl der nunmehr öffentlich demonstrierenden Matrosen, die zunehmend von Arbeitern begleitet wurden, erheblich an. Die Landmarine griff nicht gegen ihre Kameraden ein und missachtete eindeutig die erteilten Befehle. Bei einer Versammlung unter freiem Himmel hielt ein Mitarbeiter der Torpedowerkstatt in Friedrichsort die Hauptrede. Sein Name, Karl Artelt, sollte im weiteren Verlauf der Ereignisse noch eine wichtige Rolle spielen. Artelt bezog bei seinem ersten öffentlichen Auftritt direkt politische Positionen, indem er den sofortigen Frieden und die »Vernichtung« des

Der Matrosenaufstand in Kiel

Militarismus forderte. Nach der Kundgebung kam es zu einem Gedankenaustausch Artelts mit Vertretern der USPD in Kiel. Alte Kontakte, wie sie seit dem Sommer 1917 bestanden, wurden wieder aktiviert.

Schnell kam es zu ersten Aktionen. Durch Handzettel waren die meisten Matrosen über eine geplante Demonstration am kommenden Morgen, dem 3. November 1918, unterrichtet. Dieses Datum ist der eigentliche Beginn der deutschen Revolution des Jahres 1918. Die Marineleitung in Kiel war sich an diesem Tag unsicher, wie sie weiter vorgehen sollte. Admiral Souchon bekleidete seinen Posten erst seit drei Tagen und verfügte deshalb nicht über solide Erfahrung im Umgang mit Krisensituationen. Er pendelte zwischen Milde und hartem Durchgreifen. An diesem 3. November versammelten sich auf dem großen Exerzierplatz auf der Waldwiese mehr als 5000 Menschen. Neben den Matrosen waren sehr viele Zivilisten, auch Frauen, unter den Teilnehmern. Die Hauptforderung bestand nach wie vor in der Befreiung der verhafteten Matrosen, aber auch in Aktionen gegen die verhassten Offiziere.

Nun kam es zu dem entscheidenden Schritt, der den kommenden Aufstand von dem geplanten des Sommers 1917 unterschied. Die Matrosen bewaffneten sich. Ungehindert konnten sie aus einer nahe gelegenen Kaserne Waffen und Munition in beliebiger Menge mitnehmen. In sehr gereizter Stimmung zog der Demonstrationszug, immer noch mit vielen Zivilisten, zur Arrestanstalt in der Feldstraße. Als die Menge die ersten Absperrungen vor dem Gefängnis erreichte, wurde sie wahllos von einer Einheit kaisertreuer Matrosen unter der Führung des Leutnants Steinhäuser beschossen. Die furchtbare Bilanz: Sieben Menschen starben, 29 wurden zum Teil schwer verwundet. In völliger Verkennung der Gesamtlage dachten die Offiziere, nunmehr wieder »Ruhe und Ordnung« geschaffen zu haben. Tatsächlich aber bereiteten sie der Revolution den Boden.

In der Nacht zum 4. November bildeten sich auf den Schiffen die ersten Soldatenräte; die Lage blieb angespannt und undurchsichtig. Entscheidend für die kommenden Ereignisse war die Reaktion der in Kiel stationierten Marineeinheiten wie die der 1. Torpedo-Division und der Werftarbeiter. Sie schlossen sich den Matrosen des III. Geschwaders an. Die von Deckoffizieren befehligten Wachmannschaften erklärten, keine Gewalt gegen bewaffnete Matrosen anwenden zu wollen. Admiral Souchon verhielt sich umsichtig. Ein nochmaliges, noch schlimmeres Blutvergießen als am Vortag war für ihn inakzeptabel. Er erklärte sich zu Verhandlungen mit den Matrosen bereit und empfing zwei Delegationen, eine geleitet von Karl Artelt, eine zweite geführt von Kieler Sozialdemokraten der SPD und der USPD. Die Zugeständnisse waren ein voller Erfolg für die Matrosen. Als wichtigstes Ziel konnten sie die Freilassung der Gefangenen durchsetzen. Die Matrosen zogen erneut friedlich zur Arrestanstalt. Damit war für alle deutlich geworden, dass die Matrosen gesiegt hatten. Sie befreiten ihre

Gefangenen und hatten ganz offensichtlich die bewaffnete Macht in ihren Händen.

Doch blieb die entscheidende Frage, wie es nun weitergehen sollte. An diesem Tag trafen gegen Abend Gustav Noske und Conrad Haußmann aus Berlin ein. Die erfahrenen Parlamentarier, von Admiral Souchon nach Kiel gerufen, wurden am Bahnhof bereits erwartet und von den Soldaten mit Jubel begrüßt. Noske galt vom ersten Augenblick an als ihr Sprecher. Das ist umso bemerkenswerter, als die Matrosen im Sommer 1917 nur Kontakte zu Unabhängigen Sozialdemokraten unterhielten und es in ihren Besprechungen ausdrücklich ablehnten, mit Gustav Noske als dem Marinespezialisten der SPD überhaupt Kontakt aufzunehmen, da er ihnen viel zu weit im Lager der Regierung stand.

In Gesprächen mit Souchon riet Noske von Gewalt ab und forderte eine generelle Amnestie für alle Festgenommenen. Das Preußische Kriegsministerium und das Reichsmarineamt hingegen erwogen Maßnahmen gegen die Demonstrierenden, obwohl das Kabinett unter Reichskanzler Max von Baden dies untersagte. Hier zeigt sich, wie weit das Kaiserreich bereits innerlich zerfallen war. Offiziere handelten nach eigenem Belieben, der Kaiser gab seine Genehmigung, gewaltsam gegen den Aufstand vorzugehen, obwohl nach der Verfassungsänderung vom Oktober 1918 der Reichskanzler hätte zustimmen müssen. Vor dem Hintergrund des ebenfalls eigenmächtig geplanten letzten Flottenvorstoßes gegen England offenbart sich der unhaltbare Zustand des Kaiserreichs in seinen letzten Tagen. Die Ereignisse belegen klar die begrenzte Perspektive der deutschen konstitutionellen Monarchie während des Krieges. Kaiser Wilhelm II. war nicht bereit, die Verfassungsänderung vom 28. Oktober 1918 tatsächlich zu akzeptieren. Seine Flucht nach Belgien einen Tag später, am 29. Oktober, verdeutlicht bereits, dass das Modell in der Praxis gescheitert war, zumal sich der Monarch im Hauptquartier der OHL anscheinend überhaupt nicht um die neue verfassungsmäßige Ordnung kümmerte und weiter im

Bewusstsein seiner alten Rechte handelte. Das Bild des untergehenden Kaiserreichs wird durch Zustände im Heimatheer bestätigt. Von ganz wenigen Ausnahmen abgesehen, fanden sich zu einer Niederwerfung der Matrosenbewegung längst keine Soldaten mehr bereit. Sie verweigerten den Gehorsam.

Gustav Noske überblickte als erfahrener Politiker die Gesamtlage. Durch das ihm entgegengebrachte Vertrauen und die anscheinende Ziellosigkeit der Bewegung konnte er sich an die Spitze der Kieler Matrosen setzen. Am Abend des 4. Novembers bildeten die Matrosen einen Soldatenrat für die gesamte Garnison und verfassten einen 14 Punkte umfassenden Plan. Weitreichende politische Forderungen, wie noch zuvor von den USPD-Politikern vor Ort vertreten, fanden keine Aufnahme. In derselben Nacht formierte sich der Kieler Arbeiterrat, getragen von Sozialdemokraten beider Parteien. Am 5. November stand Noske an der Spitze des Soldatenrats, seine Durchsetzungskraft und politische Erfahrung waren ein enormer Vorteil gegenüber den weitestgehend unerfahrenen Matrosen. Er besetzte den Matrosenrat neu und beließ nur noch Karl Artelt als bereits etablierten Vertreter in dem Gremium. Noske gelang es maßgeblich, die Verhältnisse zu beruhigen, und er genoss den Respekt von Matrosen und Offizieren. Am 7. November übernahm er das Amt des Gouverneurs von Admiral Souchon, Lothar Popp von der USPD trat an seine Stelle als Vorsitzender des Soldatenrats. Gustav Noske hatte in der Kieler Krise das Bestmögliche für die Regierung Max von Baden erreicht. Es gab nach seinem Eintreffen kein Blutvergießen mehr, die Garnison hörte auf seine Anordnungen, die Matrosen folgten ihm. Noske hatte unter Aufbietung enormer physischer Anstrengung (die Verpflegung war auch für Abgeordnete miserabel, in den entscheidenden Tagen fand er kaum Schlaf) und geschickter Verhandlungstaktik Großes geleistet. Das liberale Auftreten Noskes während der Kieler Unruhen unterschied sich somit gravierend von seinem späteren brutalen Durchgreifen im Januar 1919.

Gustav Noske spricht am 05.11.1918 zu den
U-Boot-Mannschaften in Kiel.

Es schien, als sei die Gesamtlage unter Kontrolle. Doch
das war nur scheinbar so, da es auch Noske nicht gelang, die
Bewegung auf Kiel zu begrenzen. Der Aufstand hatte eine
Signalwirkung für ganz Deutschland. Kieler Matrosen zogen
von ihrer Garnison zunächst in benachbarte Städte aus. Bei
ihrer Ankunft bildeten sich sofort Arbeiter- und Soldatenräte als
Zeichen des erfolgreichen Aufstandes und als Signal einer neuen
Macht im Staat. Die einzelnen Stationen sind bemerkenswert.
Am 5. November war die von Kiel ausgehende Bewegung in
den kleinen Städten Lübede und Brunsbüttelkoog erfolgreich,
am folgenden Tag übernahmen Matrosen die Macht in der Mil-
lionenstadt Hamburg und in den großen Städten Bremen und

Wilhelmshaven. Damit war der Siegeszug der Matrosen und der von ihnen ausgehenden Rätebewegung nicht mehr zu stoppen. Am 7. November folgten Oldenburg sowie die Städte Köln und Hannover. Am selben Tag ereignete sich im Königreich Bayern der erste Staatsumsturz. Dort entstand eine Republik, und der bayerische König verlor als Erster im Kaiserreich seinen Thron. Einen Tag später waren rote Fahnen im gesamten Ruhrgebiet und den westdeutschen Städten zu sehen. An diesem 8. November wurden mit Leipzig und Magdeburg zwei weitere Großstädte von einem Rat kontrolliert. Am folgenden Tag entschied sich in Berlin das Schicksal der von Kiel ausgehenden Bewegung. Auch dort fiel das Alte und Morsche beinahe ohne Widerstand in sich zusammen. Aus den Protesten der Matrosen wurde eine Revolte, die in eine Revolution mündete. Die ganz entscheidende Frage war aber in den Tagen um den 9. November: Was sollte die Revolution konkret neu gestalten? Und, ebenso wichtig: Auf welchem Weg konnten die Ziele erreicht werden? Mit der Frage des Revolutionskonzeptes zwischen Demokratie und Rätesystem befasst sich deshalb das folgende Kapitel.

3.2   Das Rätesystem

In Kiel bildeten sich bereits in den ersten Novembertagen 1918 Soldatenräte. Sie waren zusammen mit den Arbeiterräten eine tragende Säule der revolutionierenden Menschen aus den Reihen von Militär und Arbeiterschaft. Arbeiterräte lassen sich bereits während der ersten größeren Streiks im Sommer des Jahres 1916 nachweisen. Sie entstanden, da die Gewerkschaften nach einer Übereinkunft mit den Arbeitgebern vom 2. August 1914 auf Streiks während des Krieges verzichteten. Dieser Übereinkunft fügten sich die Arbeiter beinahe zwei Jahre lang, verfolgten dann aber ihre Interessen losgelöst von den etablierten Gewerkschaften. Anlass für den Streik und die Aktivität der Räte war die Verurteilung Karl Liebknechts zu mehreren Jahren Zuchthaus.

In Berlin brach aus Protest gegen das harte Urteil am 28. Juni 1916 ein großer Streik aus, an dem sich rund 55 000 Metallarbeiter beteiligten. Er war gut organisiert von einer kleinen Gruppe innerhalb des Deutschen Metallarbeiter-Verbandes: den Revolutionären Obleuten. Diesen fortschrittlich-sozialistischen Verbund führte der Dreher Richard Müller. Durch seine verbindliche und gleichzeitig auch diplomatische Art konnte er das Vertrauen der Kollegen in den Betrieben gewinnen und Einfluss auf ihre Meinungsbildung ausüben. Die Revolutionären Obleute bildeten somit die Keimzelle der deutschen Arbeiterräte. Die Form organisierter Gruppen nahmen die Räte nach einem reichsweiten Streik gegen die Lebensmittelversorgung bereits im Frühjahr 1916 an. Erstmals verbanden die Arbeiter wirtschaftliche mit politischen Forderungen, als sie einen Frieden ohne Annexionen und die Freilassung politischer Häftlinge forderten. Die Streikenden in Leipzig beschlossen, zusammen mit der USPD einen Arbeiterrat zu gründen, um ihre Interessen besser durchsetzen zu können. Damit war der Auftakt zu einer umfassenden Bildung der Arbeiterräte gemacht.

Das Ergebnis zeigte sich in seiner ganzen Bedeutung im Januar 1918, als in Berlin hunderttausende Rüstungsarbeiter für Frieden, politische Beteiligung und ausreichende Ernährung streikten. Konsequenterweise fand der Streik ohne jegliche Beteiligung der Gewerkschaften statt. Sozialdemokratische Vertreter wurden nur nach heftigem Streit in eine elfköpfige Streikleitung berufen. Erst die massive Gewaltandrohung des Militärs ließ die Arbeiter wieder zur Arbeit zurückkehren. Die Arbeiterräte erkannten die tatsächlichen Kräfteverhältnisse und verzichteten auf ein Blutbad. Auch wenn der Januarstreik nicht den erhofften Erfolg brachte, bereitete er eindeutig das Rätesystem vor. Den Beginn des Streiks initiierten die Obleute, indem sie ihren Vertrauten die Arbeitsniederlegung nahelegten. Diese folgten, und mit ihnen trat die Gesamtbelegschaft in den Streik ein. Alle Streikenden wählten nunmehr ihre Vertreter, die wiederum aus den Revolutionären Obleuten bestanden. Nach diesem Muster sind zahlreiche Arbeiterräte in der Revolution gebildet worden. Seit dem Sommer 1918 stand den Arbeitern mit Ernst Däumig ein Intellektueller zur Seite, den sie akzeptierten und dessen Rat sie befolgten. Das Ziel der Revolutionären Obleute war die sozialistische Republik. Die Berliner Führung trat dabei zusehends für ein reines Rätesystem ein. Däumig verteidigte während der Revolution beides mit größter Überzeugung auf dem Reichsrätekongress, unterlag aber der Mehrheitssozialdemokratie.

Zwei zentrale Fragen stehen bei der Betrachtung des Rätesystems im Vordergrund. Erstens: Was sind die wesentlichen Merkmale einer Räteherrschaft? Das wichtigste Kennzeichen eines Rätesystems ist die Abkehr von der kapitalistischen Wirtschaft. Ihr wird eine sozialistische Ordnung entgegengestellt. Daher ist auch eine sozialistische Verfassung erforderlich, die nicht mit einer parlamentarisch-bürgerlichen Demokratie in Einklang gebracht werden kann. Das Rätesystem in seiner vollendeten Ausprägung strebt die Herrschaft der arbeitenden Klassen an. Aus diesem Grund sind Parteien nicht mehr nötig. Ganz wichtig ist die Bekämpfung der bestehenden Bürokratie als Herrschaftsinstrument der bis zur Revolution herrschenden gesellschaftlichen Klassen. Bloße Zugeständnisse »von oben« entsprechen nicht dem Rätegedanken, da sie an den bestehenden Verhältnissen nichts ändern.

Und zweitens: Wie unterscheidet sich ein Rätesystem von einer Demokratie?

Die entscheidenden Punkte werden hier kurz gegenübergestellt. Die Grundlage eines Rätemodells bilden kleine Einheiten in den Betrieben oder anderen gesellschaftlichen Einrichtungen. In einer öffentlichen Diskussion kommt es schließlich zu einer kollektiv einheitlichen Willensbildung. Dem steht in einer parlamentarischen Demokratie der einzelne Bürger gegenüber, der sich seine Meinung bildet und durch eine freie Wahl seine Vertreter bestimmt. Den Parteien kommt dabei eine große Bedeutung zu. Das Ganze ist pluralistisch ausgerichtet. Im Rätesystem gibt es keine Parteien oder Verbände. Alle öffentlichen Ämter werden durch Wahlen besetzt. Die einzelnen lokalen Räte wählen wiederum übergeordnete Räte, es entsteht somit eine Rätepyramide bis hin zum obersten Rätekongress. Das Mandat in einem Rat ist imperativ, dem Beschluss muss Folge geleistet werden. Der Einzelne kann jederzeit von seinem Mandat entbunden werden, eine Ämterrotation sorgt für die Beteiligung vieler Menschen am politischen Entscheidungsprozess. Dem steht ein freies Mandat des Parlamentariers gegenüber, der in der Theorie seinem Gewissen, praktisch aber der Fraktionsdisziplin unterworfen sein kann. In diesem System besteht eine klare Teilung der gesetzgebenden, ausführenden und richterlichen Gewalt. Diese Gewaltenteilung ist nach einer Aufhebung der Klassen im Rätesystem unnötig. Hier kann die gesamte Macht in einer Einheit, dem Rat, gebündelt sein. Dem theoretischen Modell der Räteherrschaft liegt auch ein neues Menschenbild zugrunde. Das Mitglied der Rätegesellschaft denkt und handelt in hohem Maße sozial gerecht und lehnt persönliche Macht ab. Der Mensch kann aufgrund seiner theoretischen und praktischen Kenntnisse verschiedene Funktionen ausfüllen. Im demokratischen Modell herrscht dagegen die Erkenntnis vor, dass nicht jeder Mensch alles gut machen kann. Es gibt eine Vielzahl von Begabungen und Ideen in der Gesellschaft, deren Klassenstruktur stark ausgeprägt ist.

Ein ganz entscheidender Punkt ist dabei aber noch nicht erläutert. In einer neu zu gestaltenden Gesellschaft muss das Verhältnis der Rätebewegung zu den sozialistischen oder kommunistischen Parteien geklärt werden. In der deutschen Revolution des Jahres 1918/19 vertraten USPD und KPD den Rätegedanken. In der politischen Praxis waren die Parteien aber nicht bereit, sich den Rätevorstellungen entsprechend aufzulösen und gänzlich in einem Rätesystem aufzugehen. Die Kommunisten wollten die Räte in erster Linie als Mittel zur Machteroberung benutzen. Sie akzeptierten deshalb nur Räte, die sich ausdrücklich zu kommunistischen Überzeugungen bekannten. Das lässt sich an der Haltung des Bremer

Kommunisten Johann Knief belegen. Als aus den Wahlen zum Bremer Arbeiterrat Sozialdemokratie und Kommunisten nebst Unabhängigen fast gleich stark hervorgingen, forderte er den Rauswurf der SPD-Vertreter als »Arbeiterverräter«.

Wenn schon die sozialistischen Parteien USPD und KPD große Probleme hatten, sich dem Rätesystem zu unterwerfen, so gilt das umso mehr für die bis zur Revolution staatstragenden Parteien einschließlich der SPD. Dreh- und Angelpunkt eines praktischen Rätesystems blieben die Sozialisierung der Produktionsmittel und die Abkehr vom kapitalistischen Prinzip. In der Revolution des Jahres 1918/19 war von Anfang an klar, dass sich alle bürgerlichen Parteien und auch die SPD dem widersetzen würden. Dieser Widerstand fiel umso leichter, als sich die spontan gebildeten Arbeiterräte oftmals mit weitaus weniger umwälzenden Zielen beschäftigten. Das entwickelte Rätemodell bezieht sich in seiner theoretischen Ausprägung auf Räte in einer sozialistisch zu gestaltenden Gesellschaft. Für die deutschen Arbeiter- und Soldatenräte kann diese Bestrebung zu einem guten Teil verneint werden. Sie gehörten oftmals noch der traditionellen Sozialdemokratie an und sahen in der staatlichen Umwälzung kein erstrebenswertes Ziel. Vieles spricht dafür, dass die soziale Struktur der deutschen Arbeiter in den Betrieben in den letzten Kriegsmonaten aus älteren, erfahrenen, familiär gebundenen Männern bestand, da die jüngeren Jahrgänge ganz überwiegend an der Front waren. Ernst Niekisch bestätigt diese Annahme in seinen Erinnerungen. Als am 8. November 1918 in Bayern Räte gebildet wurden, zogen viele Sozialdemokraten und Gewerkschafter es vor, erst einmal abzuwarten – und das waren nach Niekisch Männer, die »im Geruche von ›Revolutionären‹ standen«.

Das Gleiche kann für das Heimatheer gelten. Soldaten, die für den Frontdienst in Frage kamen, waren beinahe allesamt im Kampfgebiet. Zurück in der Heimat blieben als garnisonsdienstfähig eingestufte Männer, die entweder Kriegsverletzungen erlitten hatten oder bereits älter waren. Auch bei ihnen dürfte der Hang zu umwälzenden Taten gering ausgeprägt gewesen sein. Während der Revolution überwachten sie oftmals die lokale Bürokratie, die sie keineswegs beseitigen wollten. Um die tägliche Versorgung der Bevölkerung sicherzustellen, bedurfte es weiterhin einer eingespielten Organisation und einer erfahrenen Leitung. So beließ der Arbeiter- und Soldatenrat in Frankfurt am Main 1918 die Verwaltung in ihrer bestehenden Form. Oberbürgermeister Georg Voigt versah sein Amt wie zuvor. Die Räte standen den behördlichen Einrichtungen zur Seite, kontrollierten sie bisweilen und ordneten an, dass den Erlassen der Bürokratie Folge zu leisten sei. Diese Beobachtung trifft auf die allermeisten Regionen und Städte zu. So erließ der Arbeiterrat in Duderstadt im Nordharz die Anweisung, bei Lebensmittelfragen zuerst die Behörden zu kontaktieren und sich nur bei begründeten Beschwerden an den Rat zu wenden.

Ernst Däumig bilanzierte auf dem USPD-Parteitag im März 1919 zu Recht: »Was wir bisher in Deutschland an Arbeiterräten gehabt haben, war nur eine ganz kümmerliche und improvisierte Erscheinung.« Gemessen an den theoretischen Überlegungen eines Rätesystems trifft diese Feststellung absolut zu. Das bedeutet aber auch, dass aus den bis dato bestehenden Arbeiterräten keine Impulse zu einer Veränderung der Besitzverhältnisse in den Betrieben ausgingen. Und in der Tat scheint es Arbeitern in den Zeiten äußerster politischer und wirtschaftlicher Unsicherheiten wohl in erster Linie darum gegangen zu sein, die eigene Arbeit zu behalten und die Arbeitsbedingungen zu verbessern. Genau diesen Ansatz griffen die arg geschwächten Gewerkschaften am 15. November 1918 durch ihr Bündnis mit dem Industriellen Hugo Stinnes auf.

3.3 Novemberrevolution in Berlin

Die Ereignisse des 9. und 10. Novembers 1918 sind für die deutsche Geschichte von enormer Bedeutung. Beide Tage werden aber kaum entsprechend gewürdigt und haben auch keinen festen Platz im Geschichtsbewusstsein. Dabei verlief besonders der 10. November dramatisch und führte zu einer direkten Konfrontation zweier Entwürfe über die Zukunft Deutschlands. Dem Konzept einer demokratischen Entwicklung auf der Basis des Bestehenden standen die Entwürfe der Spartakusgruppe und der Berliner Revolutionären Obleute gegenüber, Eingriffe in die Besitzverhältnisse vorzunehmen und eine sozialistische Realität durch die Revolution zu schaffen.

Doch der Reihe nach! Am Morgen des 9. Novembers 1918 traten die Sozialdemokraten wie angekündigt nach einer Fristverlängerung aus dem Kabinett Max von Badens aus. Sie sahen einen Bürgerkrieg voraus, für den sie keine Verantwortung tragen wollten. Nach der vom Reichskanzler eigenmächtig verkündeten Abdankung des Kaisers war umsichtiges Handeln erforderlich. Philipp Scheidemann rief am 9. November gegen zwei Uhr nachmittags die Deutsche Republik aus. Einleitend stellte Scheidemann fest, das Alte sei in sich zusammengebrochen, der Militarismus sei erledigt. Die Hohenzollern hätten abgedankt, Friedrich Ebert übernehme das Reichskanzleramt. In dieser historischen Stunde werde eine neue Regierung aus den sozialistischen Parteien gegründet werden. Angesichts der Bedeutung dieses Schritts müsse alles unterbleiben, was einen Schatten auf die Ereignisse werfen könne. Ruhe und Ordnung seien unbedingt das Gebot der Stunde. Mit dieser Proklamation war das Kaiserreich Geschichte.

Allerdings musste sich Philipp Scheidemann anschließend von seinem Parteivorsitzenden Ebert harsche Kritik gefallen lassen. Ebert warf ihm vor, die zu wählende Nationalversammlung werde über Monarchie oder Demokratie entscheiden, nicht der Abgeordnete Scheidemann. Allerdings handelte es sich um einen entscheidenden Schritt in einem historischen Moment, der die Grundlage für einen vorerst friedlichen Verlauf der Revolution bildete. Indem Scheidemann den Sieg der Revolution über den verhassten Militarismus verkündete, schaffte er erst die Rahmenbedingungen, in denen politische Entscheidungen sachlich getroffen werden konnten. Die Proklamation war umso wichtiger, als rund zwei Stunden später der wohl stärkste Widersacher der SPD, Karl Liebknecht, vom Berliner Stadtschloss aus die »freie sozialistische Republik Deutschland« ausrief. Dieser Ort hat eine besondere symbolische Bedeutung: Hier musste 1848 König Friedrich Wilhelm IV. vor den Toten der Märzrevolution sein Haupt entblößen. Als zentraler Herrschaftssitz verkörperte das Schloss die Tradition der Hohenzollern in Preußen bis zum Ende des Weltkrieges. Deshalb rief Liebknecht den Massen zu, dass niemals wieder ein Hohenzoller diesen Platz betreten werde. Stattdessen bestehe jetzt die sozialistische Republik. Die Herrschaft des Kapitalismus sei gebrochen, doch bedürfe es großer Anstrengungen, das Errungene zu sichern. Ein Soldat rief Liebknecht nach diesen Worten zum ersten Präsidenten aus. Liebknecht reagierte abwartend verhalten mit den Worten: »So weit sind wir noch nicht.«

In dieser dramatischen Situation des 9. Novembers, als die Republik bereits von zwei verschiedenen politischen Repräsentanten ausgerufen worden war, übernahm Friedrich Ebert gegen 17 Uhr die Reichskanzlerschaft. Ebert bot dem Prinzen Max umgehend nach seiner Ernennung das Amt eines »Reichsverwesers«, also eines Verwalters der Krone, an. Damit wäre ein monarchisches Element mit in die neue Republik hineingekommen, das so zu keinem Zeitpunkt innerhalb der SPD abgesprochen war. Prinz Max erkannte die Unmöglichkeit, in einer Revolution kaiserliche Rechte zu wahren, und verzichtete. Diese Episode verdeutlicht besonders stark die Bindung Eberts an das bis dahin Bestehende. Der neue Reichskanzler war und blieb bestrebt, möglichst viel von der alten Ordnung mit in die ausgerufene Republik zu übernehmen. Das vorrangige Ziel des

Augenblicks bestand darin, Chaos und Blutvergießen unter allen Umständen zu verhindern. Dazu bedurfte es eines geordneten bürokratischen Apparates, der seine Arbeit fortführte. Ebert rief die Beamten des Kaiserreichs dazu auf, ihren Dienst wie gewohnt auch in der Republik zu versehen. Er setzte am Abend des 9. Novembers 1918 eindeutig auf Kontinuität.

Auf der anderen Seite war die erfreulicherweise weitestgehend friedlich verlaufende Revolution ein ganz eminenter militärischer und politischer Faktor. Die bewaffneten Soldaten unter den roten Fahnen verkörperten die einzige bestehende Gewalt in Berlin, da der Oberbefehlshaber in den Marken bereits gegen Mittag ein Schießverbot erließ und auch der Berliner Polizeipräsident von Oppen jeden Gedanken an Widerstand unterließ und das Amt an den Unabhängigen Sozialdemokraten Emil Eichhorn übergab. Lediglich durch den Widerstand einzelner Offiziere kam es am Marstall und im Bereich der Universität zu Gefechten, durch die 15 Revolutionäre ihr Leben verloren. Die in Berlin stehenden Soldaten sympathisierten zu einem überwiegenden Teil mit der SPD unter Friedrich Ebert und bestanden auf einer gemeinsamen Regierung von USPD und SPD. Sie waren somit eine politische Kraft ersten Ranges und verhinderten eine radikalere USPD-Alleinregierung.

Um seine Kanzlerschaft auf eine politisch tragbare Grundlage stellen zu können, musste Friedrich Ebert ganz schnell eine Verständigung mit der USPD herbeiführen. Das entscheidende politische Gremium nach den revolutionären Ereignissen des 9. Novembers sollte der Rat der Volksbeauftragten werden, der praktisch die gemeinsame Regierung zwischen SPD und USPD verkörperte. Ebert war auch bereit, mit Karl Liebknecht zusammenzuarbeiten. Hier offenbarte sich zum ersten Mal die nicht unumstrittene Haltung einer generellen Opposition bei den radikalen Linken. Liebknecht weigerte sich, nach allen seinen gewiss schlimmen Erfahrungen in der SPD, mit den Sozialdemokraten an einem Tisch zu sitzen, die für ihn eine sehr große Mitschuld am Weltkrieg trugen. Indem er aber die Zusammenarbeit ablehnte,

verzichtete er darauf, in ganz zentraler Position zu einem historischen Zeitpunkt gleichberechtigt mit Ebert im Rat der Volksbeauftragten Einfluss zu nehmen. Für ihn trat dann Emil Barth von
den Berliner Revolutionären Obleuten neben Hugo Haase und
Wilhelm Dittmann in den Rat ein. Für die SPD waren Friedrich
Ebert, Otto Landsberg und Philipp Scheidemann in dem höchsten
Gremium des Reiches vertreten. Da sich Haase und Ebert den
Vorsitz teilten, bestand, vielleicht eine Ironie der Geschichte, die
gleiche Situation wie im Jahr 1914, als beide Politiker den Partei-
vorsitz der SPD gleichberechtigt innehatten. Die Erfahrungen in
der entscheidenden Frage der Kriegskreditbewilligung vom Juli
1914 hatten gezeigt, dass es Ebert recht mühelos gelang, Haase
zu überspielen und seine Vorstellungen in die politische Praxis
umzusetzen. Sollte sich die Geschichte hier etwa wiederholen?

Am Abend des 9. Novembers 1918 gegen halb neun äußerte
sich der SPD-Parteivorstand zu den Forderungen der USPD für
eine Regierungsbeteiligung, um die Grundlagen einer künftigen
Zusammenarbeit ausloten zu können. Einig war man sich mit der
USPD über die soziale republikanische Staatsform. Nach Ansicht
der SPD musste darüber aber eine konstituierende Versammlung
endgültig befinden. Dann folgte der erste große Dissens, als die
USPD die Bedingung stellte, die gesamte Staatsmacht solle von
Vertrauensmännern der Arbeiter und Soldaten ausgehen, die
von der werktätigen Bevölkerung und den Soldaten gewählt
würden. Die SPD antwortete darauf, sie könne der Forderung
nicht zustimmen, wenn sie auf »die Diktatur eines Teils einer
Klasse« hinauslaufe. Darin sah die SPD die befürchtete Diktatur
des Proletariats, sie selbst konnte sich 1918 keine Herrschaft einer
einzelnen Klasse vorstellen und wollte die Demokratie auf die
Mehrheit im Volk gründen. Auch die Funktion des Rats der
Volksbeauftragten wäre damit in Frage gestellt. Hier beharrte
die SPD auf ihrer Position und lehnte auch den Ausschluss aller
bürgerlichen Kräfte aus der Regierung ab. Deren Fachkompetenz
sei unersetzlich und gerade für die Ernährung der Bevölkerung
von größter Bedeutung. Einig war man sich, dass diese Minister

nur als Gehilfen des eigentlichen, sozialistischen Kabinetts gelten sollten. Ebert trug den Unabhängigen eine paritätische Regierungsbeteiligung an. In dem Rat der Volksbeauftragten sollten je drei Sozialdemokraten und drei Unabhängige vertreten sein, den Vorsitz führten gleichberechtigt je ein Vertreter aus den beiden beteiligten Parteien.

Die Antwort der USPD kam am folgenden Tag, dem so folgenreichen 10. November. Prinzipiell stimmte die USPD einer Regierungsbeteiligung zu. Damit hatte Deutschland wieder ein funktionsfähiges Kabinett, das unter ganz neuen, revolutionären Verhältnissen gebildet wurde. Die USPD stellte in ihrem Schreiben Bedingungen, die von der SPD widerspruchslos angenommen wurden. Friedrich Eberts zentrales Anliegen, Ruhe und Ordnung bei funktionierenden staatlichen Strukturen zu bewahren, machte eine gemeinsame Regierungsbildung unbedingt erforderlich. Deshalb akzeptierte die SPD die Forderung der USPD, dass das neue Kabinett nur aus gleichberechtigten Sozialdemokraten bestehen dürfe, die ihr Amt als Volkskommissare versahen. Die Fachminister durften auch aus bürgerlichen Kreisen kommen. Ihnen sollten aber zwei Sozialdemokraten, je einer von der SPD und einer von der USPD, zu Seite gestellt werden. Die SPD akzeptierte den Vorschlag der USPD, eine Vollversammlung der bestehenden (!) Arbeiter- und Soldatenräte einzuberufen, die dann gleichsam als ein Parlament die politische Gewalt ausüben sollte. Damit näherten sich die Unabhängigen der SPD an und verzichteten auf die Diktatur des Proletariats. Die SPD hatte in ihrem Schreiben an die USPD vom Vortag eine Entwicklung radikaler Kräfte befürchtet, die sie nicht mehr hätte kontrollieren können. Nun hingegen konnte die SPD einer Vollversammlung der Räte einigermaßen entspannt entgegensehen, da sie dort offensichtlich auf eine Mehrheit sozialdemokratischer Delegierter zählen konnte. Und in der Tat war diese Hoffnung berechtigt, da viele Arbeiter- und Soldatenräte zur SPD tendierten oder als Unabhängige eher dem gemäßigten Flügel angehörten. Dies war umso wichtiger, als die Arbeiter- und Soldatenräte als Träger der staatlichen Macht auch von der SPD anerkannt wurden. Da die SPD den Forderungen der USPD vorbehaltlos zustimmte, trat sie mit der USPD und deren Delegierten Haase, Dittmann und Barth in eine gemeinsame Regierung ein.

Durch diese Verständigung war die Hoffnung der äußersten Linken um die Berliner Revolutionären Obleute und die Spartakusgruppe auf eine Diktatur des Proletariats und die gesellschaftliche Umverteilung bereits am 10. November 1918 illusorisch geworden. Bemerkenswert ist bei diesem Vorgang, dass die Revolutionären Obleute von den Ereignissen gänzlich überrascht wurden. Das ist umso beachtlicher, als sie bereits für Anfang November einen Generalstreik hatten ausrufen und somit das morsche Kaiserreich stürzen wollen. So früh die Obleute mit revolutionären Vorbereitungen beschäftigt gewesen waren, waren sie in der dann tatsächlich ausgebrochenen Revolution nicht handlungsfähig! Um dennoch entscheidenden Einfluss auf die Ereignisse nehmen zu können, beriefen die Revolutionären Obleute zusammen mit der USPD die Vollversammlung der Berliner Arbeiter- und Soldatenräte für den Nachmittag des 10. Novembers ein. In dieser Versammlung sollte die neue Regierung bestätigt werden. Die Delegierten für diese Vollversammlung mussten aber erst noch am Morgen und Mittag gewählt werden, und hier erlebten Emil Barth und Richard Müller eine böse Überraschung. Entgegen ihren Erwartungen wurden nur wenige revolutionäre Arbeiter gewählt.

Aber auch die SPD war nicht untätig. Im Gegenteil – sie entfaltete durch Otto Wels in der Nacht zum 10. November eine umfassende Agitation in den Kasernen, um möglichst viele Delegierte für die SPD gewinnen zu können. Die Parteizeitung *Vorwärts* verbreitete in ihrer Morgenausgabe die überaus populäre Forderung »Kein Bruderkampf!« und propagierte somit die von vielen Arbeitern herbeigesehnte Einheit der Sozialdemokratie. Die Vollversammlung von rund 3000 Delegierten im Berliner Zirkus Busch am späten Nachmittag des 10. Novembers war ein voller Erfolg für die SPD, da die radikalen Kräfte eindeutig in der Minderheit waren. Friedrich Ebert referierte in der zukunftsweisenden Versammlung über die Bildung des Rats der Volksbeauftragten und erhielt weitgehende Zustimmung der Delegierten. Als nach ihm Karl Liebknecht sprach und die Politik Eberts scharf angriff, ereignete sich Dramatisches. Liebknecht, der 1916 öffentlich zum Frieden aufgerufen hatte und somit zum populärsten Politiker für viele Arbeiter und Soldaten während des Krieges aufgestiegen war, wurde von den Vertretern der Soldaten scharf angegriffen. Zunächst freundlich mit Beifall begrüßt, folgten seine Worte: »Ich muß Wasser in den Wein eurer Begeisterung schütten. Die Gegenrevolution ist bereits auf dem Marsche, sie ist bereits in Aktion! Sie ist bereits unter uns!« Für ihn waren die Mehrheits-Sozialdemokraten diejenigen, die gestern noch gegen die Revolution waren und heute aus taktischen Gründen mit ihr gingen. Seine Rede unterbrachen die Soldaten mit dem Ruf nach »Einheit«, der Tumult steigerte sich.

Es stand also gar nicht gut um die Bestrebungen der Revolutionären Obleute und der Spartakusgruppe. Um der ungünstig verlaufenden Versammlung noch eine andere Wendung zu geben, forderte Emil Barth die Wahl eines Aktionsausschusses. Für diesen neuen Ausschuss, dem die politische Gewalt obliegen sollte, hatte er bereits fertige Listen mit den Namen von revolutionär eingestellten Vertrauensleuten vorbereitet. Hinter diesem Vorstoß stand ein klares Kalkül: Die Revolutionären Obleute wussten bereits gegen Mittag des 10. Novembers, dass sie bei den Wahlen zur Vollversammlung unterlegen waren. Mit einem Aktionsausschuss als überraschendem Element wollten sie deshalb ein von ihnen kontrolliertes Gremium schaffen, das über dem Rat der Volksbeauftragten stehen sollte.

Ebert erkannte das Vorhaben umgehend und reagierte. Der Sozialdemokrat hielt einen solchen Ausschuss für überflüssig, sollte er aber dennoch gewählt werden, so müsste er paritätisch aus SPD- und USPD-Vertretern bestehen. Die Stimmung wurde immer explosiver, die vertretenen Soldaten forderten eindeutig einen paritätischen Ausschuss, sonst würden sie die

Regierung allein ohne die Revolutionären Obleute stellen. Im Ergebnis entstand ein paritätisch besetztes Aktionskomitee des Arbeiterrats mit je sieben SPD- und USPD-Delegierten, das Aktionskomitee der Soldaten bestand aus 14 überwiegend parteilosen Delegierten, die mehrheitlich aber zur SPD neigten. Diese beiden Aktionskomitees bildeten dann den »Vollzugsrat des Arbeiter- und Soldatenrates Großberlin«, der am 11. November unter dem Vorsitz von Richard Müller, dem Vertreter der Revolutionären Obleute, erstmals zusammentrat. Am Ende dieser für den weiteren Verlauf der Revolution entscheidenden Sitzung bestätigten die Abgeordneten den Rat der Volksbeauftragten als das politisch handelnde Regierungsgremium.

In der turbulenten Versammlung im Zirkus Busch wählten die Delegierten Deutschlands Regierung in der Form des Rats der Volksbeauftragten, der von dem Berliner Vollzugsrat überwacht werden sollte. Friedrich Ebert war nicht mehr Reichskanzler, sondern praktisch oberster Volksbeauftragter. Er trug somit einen Titel der Revolution, wo er sich doch als Bewahrer des politisch reformierten Kaiserreichs sah. Dennoch war die Versammlung ein großer politischer Erfolg gegen die Revolutionären Obleute. Durch die Zusammensetzung des obersten Kontrollgremiums mit mehrheitlich sozialdemokratisch gesinnten Delegierten konnte die SPD ihre führende Position innerhalb des Rats der Volksbeauftragten geltend machen, zumal Friedrich Ebert de facto den gesamten Staatsapparat unter sich hatte. Die Existenz des Vollzugsrats sowie der in ganz Deutschland bestehenden Arbeiter- und Soldatenräte war keine Gefahr für die SPD. Sie standen mehrheitlich und loyal hinter der Partei. In ihrem Selbstverständnis sahen sich die Räte ganz überwiegend als eine revolutionäre Übergangserscheinung. Sie wollten die weiterhin arbeitenden Behörden kontrollieren und nicht selbst Macht ausüben. Diese Funktion sollten sie bis zur Wahl eines neuen Parlamentes ausüben.

Die dramatischen Tage des 9. und 10. Novembers leiteten eine Entwicklung ein, die den Verlauf der Revolution in den kommenden Monaten bestimmen sollte. Ebert gelang es als paritätischem Vorsitzenden des Rats der Volksbeauftragten, eine größtmögliche Kontinuität innerhalb der Revolution zu wahren. Nach der verkündeten Abdankung des Kaisers hatte es für ihn oberste Priorität, über einen funktionierenden Staatsapparat zu verfügen. Als zweites wesentliches Element benötigte er dafür die Zustimmung der revolutionären Arbeiter und Soldaten. Diese erhielt er eindrucksvoll in der historischen Vollversammlung des 10. Novembers. Das höchste zu bildende Kontrollgremium, dessen Aufgaben recht unbestimmt blieben, stimmte mit der SPD überein. Damit waren weitergehende Revolutionsbestrebungen der Spartakusgruppe und der Berliner Revolutionären Obleute vorerst gescheitert. Die Mehrheit der Arbeiter und Soldaten stellte sich hinter die SPD. Das ist in beiden Fällen bemerkenswert, da während des Weltkriegs die Soldaten in Liebknecht eine Identifikationsfigur für den dringend gewünschten Frieden sahen und die Arbeiter spätestens seit den großen Berliner Januarstreiks des Jahres 1918 nur noch mit Vertretern der USPD sprechen wollten. In dem Moment aber, als die Revolution ausbrach, der Kaiser gegangen und der Waffenstillstand so gut wie unterschrieben war, wendeten sich Arbeiter und Soldaten wieder der SPD als führender Kraft in der Revolution zu. Die zentrale Forderung »Einheit« hatte sich als ausschlaggebende Losung erwiesen.

Mit dieser Entwicklung war aber auch eine andere Kraft sehr zufrieden, die im weiteren Verlauf der Revolution noch eine ganz entscheidende Rolle spielen sollte. Die OHL nahm noch am Abend des so wichtigen 10. Novembers Kontakt mit Friedrich Ebert auf. Sie telefonierte über eine nicht überwachte Sonderleitung zwischen Reichskanzleramt und OHL-Zentrale und bot Friedrich Ebert ihre Unterstützung an. Freilich hatte das für den Moment, ebenso wie die zugesagte Hilfe für die Regierung durch den preußischen Kriegsminister Heinrich Schëuch, noch keine direkten Auswirkungen. Allerdings bestand seit diesem Abend eine generelle Übereinstimmung zwischen Friedrich Ebert und Wilhelm Groener von der Obersten Heeresleitung, die noch ganz konkrete Formen annehmen sollte.

Philipp Scheidemann ruft von einem Fenster des Reichstages aus die deutsche Republik aus. (Nachgestellte Aufnahme vom 10.11.1918)

3.4 Der Rat der Volksbeauftragten

Der Rat der Volksbeauftragten trat am 10. November erstmals zusammen und musste in der revolutionär aufgeladenen Situation zügig handeln. Die zukünftige Arbeit des Gremiums basierte auf mehreren Faktoren. Die Ausrufung der Republik durch Philipp Scheidemann am 9. November sowie der weitgehende Erfolg Friedrich Eberts am folgenden Tag auf der Vollversammlung der Berliner Arbeiter- und Soldatenräte waren von grundlegender Bedeutung. Als Ebert am Abend des 10. Novembers zudem eine erste Übereinkunft mit General Wilhelm Groener über die Unterstützung des Militärs für die neue Regierung erzielte, war wiederum eine zukunftsweisende Entscheidung für den weiteren Verlauf der Revolution getroffen worden.

So fielen seit dem 11. November 1919, dem Tag des Waffenstillstandes, die alltäglichen Regierungsgeschäfte an. Drei Punkte waren entscheidend: Vorbereitung der Nationalversammlung, Sicherung der Ernährung und Übergang in die Friedenswirtschaft. Um diese Aufgaben bewältigen zu können, bestand weiterhin die föderale Struktur des Reiches, der Bundesrat behielt seine Verwaltungsbefugnis. Somit konnten Beschlüsse der Berliner Regierung durch die Einzelstaaten auch zukünftig umgesetzt werden.

Eine ganz bedeutende Aufgabe fiel aber nicht in den Handlungsbereich der neuen Reichsregierung: der bevorstehende Friedensschluss. Die ehemaligen Kriegsgegner zogen es vor, die Friedensbedingungen unter sich auszuhandeln und Deutschland ultimativ vorzulegen. Das war äußerst bedauerlich, da sich in Gesprächen mit der nunmehr revolutionär und später, nach der Wahl zur Verfassunggebenden Nationalversammlung am 19. Januar 1919, auch demokratisch legitimierten Regierung die Möglichkeit zu einem eingehenden Gedankenaustausch hätte ergeben können. Vielleicht wäre der recht harte Frieden gemildert worden, wenn die Alliierten erkannt hätten, dass die gewollte Bestrafung des kaiserlichen Deutschlands mit voller Wucht die junge Demokratie traf und ihr eine sehr schwere Bürde auferlegte.

Aber es war auch sonst noch reichlich Arbeit für den Rat der Volksbeauftragten zu erledigen. Da das Gremium der sechs sozialdemokratischen Politiker Ebert, Scheidemann, Landsberg, Haase, Dittmann und Barth die gesamten, im Detail äußerst komplexen und anspruchsvollen Arbeiten gar nicht allein erledigen konnte, war es auf Fachminister angewiesen. In der klaren Erkenntnis, aus den eigenen Reihen nicht genügend Fachleute zur Verfügung zu haben, übernahmen bürgerliche Staatssekretäre auch weiterhin ihre gewohnten Aufgaben. So war der preußische Kriegsminister Schëuch auch zukünftig für das Militär und Wilhelm Solf für die auswärtigen Angelegenheiten zuständig. Das Reichsamt des Innern übernahm der Berliner Staatsrechtler Hugo Preuß. Ihm oblag auch die äußerst wichtige Aufgabe, einen Verfassungsentwurf zu erarbeiten. In der zwischen den sozialdemokratischen Parteien vereinbarten Konzeption standen den jeweiligen Fachministern Vertreter von SPD und USPD zu Seite, um sie bei ihrer Arbeit zu kontrollieren.

Das war das gleiche Prinzip, das die Arbeiter- und Soldatenräte bei der täglichen Arbeit anwandten. Auch sie beließen die Kenner der Fachmaterie in ihren Ämtern und übten eine Kontrolle aus oder wurden nur bei begründeten Beschwerden tätig. Durch die fachliche Unterstützung konnte die neue Reichsleitung somit auf einer soliden Grundlage arbeiten. Die vorgesehenen Kontrollen, die de facto aber allzu oft nur theoretischer Natur waren, erübrigten sich gänzlich bei den sozialdemokratischen Staatssekretären, die bereits Erfahrung in der Regierungsarbeit vorweisen konnten oder äußerst qualifiziert für ihre Aufgaben waren. So übernahm August Müller von der SPD das Wirtschaftsressort, der unabhängige Sozialdemokrat Emanuel Wurm war für das Reichsernährungsamt zuständig. Wurm war erfolgreicher Chemiker und politisch in der SPD beheimatet. Zusammen mit Karl Kautsky arbeitete er an theoretischen sozialdemokratischen Veröffentlichungen wie *Die neue Zeit*. Im Streit über die Kriegskreditbewilligung seiner Partei ging er schließlich 1917 in die neu gegründete USPD. Mit

Wurm stand dem Reichsernährungsamt ein äußerst intelligenter, verantwortungsbewusster Reichstagsabgeordneter vor. Aber auch Müller war einer der profiliertesten Sozialdemokraten mit Regierungserfahrung. Er wurde noch zu Kriegszeiten 1917 Unterstaatssekretär im Kriegsernährungsamt.

Eine vordringliche Aufgabe der Reichsleitung bestand in der geordneten Demobilisierung des deutschen Feldheeres, das sich binnen 30 Tagen aus den besetzten Gebieten zurückziehen musste. Diese Aufgabe löste die neue Regierung souverän, was aber auch der fachlich guten Zusammenarbeit zwischen den Generalen Groener und Schëuch zu verdanken war. So gelang es tatsächlich, die rund acht Millionen Soldaten in die Heimat zu führen und, was eine vielleicht noch gewichtigere Leistung ist, wieder in die Wirtschaft zu integrieren. Zwar gab es im Februar 1919 noch rund 1,1 Millionen Arbeitslose, damals als Erwerbslose bezeichnet, doch war die Zahl stark rückläufig. Hier war der Rat der Volksbeauftragten klug genug, die Experten, in erster Linie Arbeitgeber und Gewerkschaften, arbeiten zu lassen und sich selbst zurückzuhalten.

Weniger glücklich verlief die Zusammenarbeit mit Wilhelm Solf. Er ignorierte den für auswärtige Fragen zuständigen Delegierten des Rats Hugo Haase und weigerte sich sogar, diesem die Hand zu geben, da Haase angeblich von Zahlungen der Sowjetregierung an die USPD gewusst habe. Aber auch mit dem ihm direkt zur Seite gestellten Karl Kautsky wollte sich Solf nicht recht anfreunden. Kautsky bekam nur vereinzelte, aus dem Zusammenhang gerissene Dokumente zu sehen, die es ihm nicht erlaubten, einen Überblick über das zu gewinnen, was Wilhelm Solf von seinem Schreibtisch aus so unternahm. Dazu gehörte beispielsweise eine Anfrage an die Alliierten, ob sie bereit wären, bei einer linksradikalen Entwicklung in Deutschland einzuschreiten. Man kann mit gutem Recht sagen, dass die Berufung Wilhelm Solfs in sein Amt unter den gegebenen Verhältnissen ein Fehler war.

Wesentlich besser verlief die Zusammenarbeit mit Oberstleutnant Joseph Koeth, der für die wirtschaftliche Demobilisierung zuständig war. Dieser Aufgabe kam eine ganz zentrale Bedeutung zu. Die Ende 1918 beinahe vollständig auf Kriegsproduktion ausgerichtete deutsche Wirtschaft musste wieder auf die Herstellung ziviler Güter umgestellt werden. Vom Funktionieren der Wirtschaft hing es ganz entscheidend ab, ob die Menschen in den Betrieben ihre Arbeit behielten und die aus dem Krieg zurückkehrenden Soldaten ihre alte Beschäftigung wieder ausüben konnten. Die Arbeit Koeths, die heute weitgehend in Vergessenheit geraten ist, bildete die Basis für eine weiter friedlich verlaufende Revolution und die grundlegende Verständigung zwischen Arbeitgebern und Arbeitnehmern im Stinnes-Legien-Abkommen vom 15. November 1918. Diese richtungsweisende Übereinkunft, die der Revolution viel von ihrem wirtschaftspolitischen Potential nahm, wird in einem eigenen Kapitel noch eingehend untersucht.

Zur Umsetzung einer erfolgreichen Politik war die Mitarbeit der unteren Verwaltungsorgane zwingend erforderlich. Bereits am 9. November 1918 rief Friedrich Ebert die Beamten auf, weiter für das Deutsche Reich, wie die Republik auch zukünftig hieß, zu arbeiten. Auf regionaler Ebene war die Regierung auf die zumeist hoch konservativen preußischen Landräte angewiesen. Bis auf ganz wenige Ausnahmen funktionierte auch hier die tägliche Arbeit unproblematisch. Es war insgesamt eine bis in die kleineren Verwaltungseinheiten weitgehend reibungsfrei verlaufende Revolution gewesen.

Allerdings blieb in dieser zweifellos notwendigen Kooperation eine zentrale Revolutionsforderung außen vor: Die Beseitigung der autoritären Bürokratie war ein zentrales Anliegen, da sie dem Bürger die kaiserliche Macht beinahe jeden Tag vor Augen führte. Die Verwaltung war, ebenso wie das Militär, direkt dem Monarchen unterstellt und unterlag keinerlei politischer Kontrolle. Dabei bestand eine ganz wichtige Verbindung dieser beiden kaiserlichen Hoheitsbereiche. Unteroffiziere bekleideten nach zwölf Dienstjahren und einem Ausscheiden aus der Armee Funktionen in der Bürokratie. Sie trugen den durch und durch preußischen Geist von der Kaserne ins Rathaus. Als Unteroffiziere waren sie es gewohnt, Befehlen ihrer Offiziere blind zu gehorchen, und erwarteten ihrerseits wiederum den gleichen Gehorsam. So trug die staatliche Verwaltung einen großen Teil zur Militarisierung der Gesellschaft bei, arbeitete aber auf der anderen Seite sehr effektiv und zuverlässig. Es war trotz aller durchaus berechtigten Bedenken für den Rat der Volksbeauftragten keine Frage: er glaubte auf die Bürokratie zurückgreifen zu müssen, obwohl deren Vertreter der Revolution und der jungen Demokratie zumindest skeptisch gegenüberstanden.

Ein weiterer existenzieller Aspekt, der nur mit einem eingespielten bürokratischen Apparat gelöst werden konnte, war die Versorgung der Bevölkerung. Seit dem berüchtigten »Steckrübenwinter« von 1916/17 war die Versorgung schlecht bis zuweilen katastrophal. Die Zahl der Hungertoten stieg seit dieser Zeit auf jährlich mehrere hunderttausend Menschen. Der Waffenstillstand änderte an dieser schlimmen Situation erst einmal nichts, da die Alliierten sich weiterhin weigerten, die höchst wirkungsvolle Blockade Deutschlands aufzuheben oder selbst Nahrungsmittel zu schicken. So starben auch noch im ersten Friedenswinter viele zehntausend Menschen an Unterernährung. Hier musste Staatssekretär Wurm schnell Abhilfe schaffen.

Damit sind die wichtigsten Aufgaben der neuen Regierung umrissen. Ihre Lösung erforderte viel Umsicht und Engagement, denn von dem Erfolg hingen die Akzeptanz der neuen Regierung und der friedliche Verlauf der Revolution ab. Aus diesem Grund weigerten sich Friedrich Ebert und auch die anderen Mitglieder des Rats der Volksbeauftragten, staats- oder gesellschaftsumwälzende Maßnahmen zu ergreifen, deren Erfolg äußerst fraglich war. Das Selbstverständnis des Rats war in erster Linie von der Notwendigkeit geprägt, das Erbe des jüngst zusammengebrochenen Kaiserreichs anzutreten, praktisch dessen Konkursverwalter zu sein. Das war von vornherein eine undankbare Aufgabe, die den gestalterischen Spielraum stark einschränkte. Der Rat der Volksbeauftragten verstand sich deshalb auch als Übergangserscheinung,

Vertreter des Arbeiter- und Soldatenrats vor
der Garde-Ulanen-Kaserne in Berlin

bis eine neue Regierung von der Bevölkerung gewählt sein würde
und auf demokratischer Grundlage arbeiten könnte. In diesem
Spannungsfeld begrenzter Möglichkeiten muss die durchaus
erfolgreiche Regierungsarbeit des Rats gewürdigt werden.

3.4.1 Die Sozialisierungsfrage

Durch viele existenziell wichtige Aufgaben stark beansprucht,
war der Rat der Volksbeauftragten kaum in der Lage, Zukunfts-
entwürfe auf ihre Plausibilität hin zu prüfen oder gar umzusetzen. Am liebsten hätte sich Friedrich Ebert mit solchen Fragen

gar nicht auseinandergesetzt und hoffte, sich auch nach den Wahlen zur Verfassunggebenden Nationalversammlung damit nicht beschäftigen zu müssen. Die zentrale Revolutionsforderung einer Sozialisierung der wirtschaftlichen Besitzverhältnisse hingegen konnte er nicht ignorieren.

Das ging schon allein deshalb nicht, weil während des Krieges mehr als 200 zentrale Reichsstellen geschaffen worden waren, die unter staatlicher Aufsicht so gut wie alle Rohstoffe und Lebensmittel verwalteten. Die wichtigsten Behörden des Deutschen Reiches in der wirtschaftlichen Verwaltung waren das Kriegsernährungsamt, das Reichswirtschaftsamt und die Zentral-Einkaufsgemeinschaft. Hier bündelte der Staat die Vergabe von Rohstoffen zur Weiterverarbeitung. Die ganz entscheidende Frage war nach dem Waffenstillstand, ob diese von vielen als »Kriegssozialismus« bezeichnete Wirtschaft weiter ausgebaut werden und schlussendlich auch die Produktionsmittel erfassen würde oder ob es eine Rückkehr zur Privatwirtschaft geben sollte. Nach dem 9. November 1918 besaß das von Unterstaatssekretär Wichard von Moellendorf und Walter Rathenau ausgearbeitete Konzept einer Gemeinwirtschaftspolitik unter den Ökonomen ganz klar den Vorrang vor rein marktwirtschaftlichen Aspekten. Der noch aus der Kriegszeit stammende Entwurf sah eine Balance zwischen privatem Betriebsvermögen und sozialistischer Planwirtschaft vor. Für von Moellendorf war das Privateigentum eine entscheidende Triebkraft für Verbesserungen und Investitionen, während die Beteiligung der Arbeitnehmer in Form von Fachräten auch Konkurrenzsituationen in der Volkswirtschaft vermeiden sollte. Das war schon deshalb sehr erstrebenswert, da Deutschland durch die weiterhin bestehende Blockade von einer freien Rohstoffversorgung abgeschnitten blieb.

Für die zentrale Frage nach einer Sozialisierung der wirtschaftlichen Verhältnisse aber konnte keine der nunmehr regierenden Parteien Konzepte vorlegen. Weder SPD noch USPD besaßen ein ausgearbeitetes wirtschaftspolitisches Programm. Das traf auch auf die radikalen Linken wie die Berliner Revolutionären Obleute zu. So entstand schnell eine Differenz zwischen revolutionärem Pathos der Sozialisierung und den tatsächlichen Möglichkeiten zu einem solchen Schritt. Durch den revolutionären Umsturz vom 9. November 1918 war dieser Aspekt allerdings äußerst aktuell.

Doch Deutschland war in dieser Frage nicht einig. In Bayern und in Württemberg verzichteten die neuen Regierungen in ihren ersten Aufrufen auf das Bekenntnis zur Sozialisierung, in Norddeutschland und Sachsen wurde sie ausdrücklich gefordert. Die SPD im Rat der Volksbeauftragten blieb zurückhaltend. Da sie den Rat nur als Übergangskraft sah, wollte sie hier keine vollendeten Tatsachen schaffen. Der grundlegende Unterschied in der Diskussion über eine mögliche Sozialisierung bestand innerhalb des Rats darin, dass die SPD die Frage ausschließlich unter ökonomischen Gesichtspunkten betrachtete, während die USPD auch die politischen Auswirkungen mit in ihre Überlegungen einbezog. Die USPD sprach sich eindeutig für einen Vorstoß zur Sozialisierung aus, da sie zum einen die bürgerlichen Kräfte schwächen, zum anderen aber auch die Arbeiter von der radikalen Linken gewinnen wollte.

Am 18. November 1918 konnte sich die USPD im Rat der Volksbeauftragten durchsetzen. Die zur Sozialisierung geeigneten Industrien – in erster Linie der Bergbau – sollten nunmehr schnell in die neue Wirtschaftsform überführt werden. Zu diesem Zweck trat ein neuer Ausschuss unter der Leitung namhafter Ökonomen zusammen. Doch dann passierte, auch getragen durch die Bedenken Koeths, erst einmal gar nichts. Lediglich die wissenschaftliche Kommission nahm ihre Arbeit auf. Damit erweckte die Regierung den Anschein des Handelns, um in Wirklichkeit alles beim Alten zu belassen. Die parallel arbeitende Sozialisierungskommission, angesiedelt beim Reichswirtschaftsamt unter August Müller, ging jedoch schnell gründlich an die Arbeit und befürwortete am 10. Dezember 1918 die Verstaatlichung von Bergbau und Eisenindustrie. Als das Widerstreben aus der Industrie immer stärker wurde, schlug die Kommission am 2. Januar 1919 der

Regierung vor, die umgehende Sozialisierung des Bergbaus zu verkünden. Doch auch hier waren die Widerstände zu groß. Der nunmehr nur noch aus SPD-Mitgliedern bestehende Rat der Volksbeauftragten dachte nicht daran, der Empfehlung zu folgen.

Neben der Sozialisierungskommission war es in erster Linie der Allgemeine Kongress der Arbeiter- und Soldatenräte, der das Thema parallel am 20. Dezember weiter vertiefte. Offiziell höchstes Organ während der Revolution, forderte er die Regierung auf, unverzüglich Schritte zu einer Sozialisierung des Bergbaus zu unternehmen. Da der Zentralausschuss des Kongresses aber ausschließlich mit Mehrheitssozialdemokraten besetzt war, verpuffte die Resolution wirkungslos. Auch ein weiterer äußerst wichtiger wirtschaftspolitischer Gestalter hatte es mit der Sozialisierung nicht eilig. Die Gewerkschaften schlossen, wie noch näher gezeigt wird, ein Abkommen mit den großen industriellen Arbeitgebern über gegenseitige Anerkennung als gleichberechtigte Verhandlungspartner. Das beinhaltete eindeutig den Verzicht auf Verstaatlichung wesentlicher Industriezweige wie den des Bergbaus.

Allerdings folgten gerade in diesem Bereich nicht alle Arbeiter der Gewerkschaftslinie. Besonders im westfälischen Bergbau bildeten sich Zechenräte, die auf die Sozialisierung hinarbeiteten. Doch durch Zugeständnisse seitens des Rats der Volksbeauftragten wurde die Bewegung Anfang Februar 1919 gespalten. Das war eine der letzten Amtshandlungen des Revolutionsgremiums, das seine Arbeit mit Antritt der Regierung Scheidemann am 13. Februar 1919 beendete. Im Ruhrgebiet reagierten die Bergleute aus Enttäuschung mit Streiks, an einen konsequenten Versuch der Verstaatlichung konnte nicht mehr gedacht werden. Somit verblieb die eingeleitete Sozialpolitik als Alternative zur nicht durchgeführten Sozialisierung. Hier konnten die Gewerkschaften mit dem Achtstundentag einen großen Erfolg verzeichnen.

Die Sozialisierungsbestrebungen in der deutschen Revolution 1918/19 scheiterten eindeutig an der mangelnden Unterstützung. Einzig linke Kräfte der USPD und der radikaleren Linken traten

Der Rat der Volksbeauftragten, v. l. n. r. Emil Barth, Otto Landsberg,
Friedrich Ebert, Hugo Haase, Wilhelm Dittmann, Philipp Scheidemann

vorbehaltlos für sie ein. Sie wollten aus diesem Grund auch die
Wahl zur Nationalversammlung möglichst weit in das Jahr 1919
schieben, um auf diesem Gebiet Veränderungen herbeizuführen,
die nicht mehr zurückgenommen werden konnten. Das genaue
Gegenteil erstrebten Mehrheitssozialdemokraten, Gewerkschaften und natürlich Arbeitgeber. Sie nahmen die Impulse
zur Sozialisierung mehr oder weniger gezwungenermaßen auf,
um sie gezielt ins Leere laufen zu lassen. Die Regierung verstand
sich ohnehin nur als Provisorium und wollte derart wichtige
Entscheidungen erst nach einer demokratischen Legitimation –
wenn überhaupt – in Angriff nehmen. Da sich die Gewerkschaften mit den Arbeitgebern im Stinnes-Legien-Abkommen bereits
am 15. November über den Fortbestand der Privatwirtschaft
einig waren, hatten lokale Bestrebungen wie im Ruhrgebiet keine
Chance auf Erfolg. Die Formel der Revolutionszeit hieß dann
auch Sozialpolitik statt Sozialisierung.

3.4.2 Militärische Kontinuität

Die revolutionäre Bewegung des 9. Novembers 1918 verfolgte – neben dem sofortigen Friedensschluss – zwei große Ziele: Zum einen sollte die autoritär geführte Bürokratie beseitigt werden, zum anderen war es für sie fast noch wichtiger, dass mit dem verhassten preußisch-deutschen Militarismus endgültig gebrochen werden würde. Da beides nicht gelang, zeichneten sich innenpolitische Spannungen ab, die sich bis weit in den Sommer 1919 auswirkten und sogar die Weimarer Republik bis zu ihrem Ende belasteten.

Ein Blick zurück auf die Tage um den 9. November 1918 zeigt, dass die Revolutionäre äußerst friedfertig vorgingen und nur da schossen, wo das Feuer auf sie eröffnet wurde. Eins war ihnen aber wichtig: Trafen sie auf Offiziere, rissen sie ihnen die Rangabzeichen von den Schultern und nahmen ihnen in der Öffentlichkeit ihre »Offiziersehre«. Während des Krieges hatte sich bei den Soldaten durch die teilweise extreme Bevorzugung der Offiziere eine Wut bis hin zum Hass aufgestaut, der sich nunmehr in diesen symbolischen Akten entlud. Frontoffiziere, die tatsächlich mit den Truppen kämpften und die Armee in die Heimat führten, genossen hingegen oft die Anerkennung der Soldaten. Da diese Offiziere am 9. November aber noch im Krieg waren, richtete sich der Zorn gegen die hohen Dienstgrade in den Ministerien und Garnisonen. General Ludendorff, sicher der am meisten verachtete Vertreter des Militarismus, ja seine leibhaftige Verkörperung, zog es aus diesem Grund vor, nach seiner ungnädigen Verabschiedung durch den Kaiser das Vaterland schleunigst zu verlassen und sich Richtung Skandinavien aufzumachen.

Die sich überall in Deutschland bildenden Soldatenräte waren die zentralen Träger der Revolution. Sie hatten die militärische Gewalt inne. Politisch tendierten sie mehrheitlich zur Sozialdemokratie und vertraten in der zentralen Forderung nach Einheit die gleiche Position wie die SPD. Deren Vorsitzender musste sich am 10. November auf diese Macht stützen, war innerlich aber weit davon entfernt, seine Regierung auf die Räte aufzubauen. Noch am selben Abend telefonierte Ebert mit Groener und versicherte sich der Zustimmung und notfalls erforderlichen Unterstützung der Obersten Heeresleitung (OHL). Dieser ungemein wichtige Vorgang, bezeichnet als »Ebert-Groener-Pakt«, zeigt zweierlei: Die SPD dachte keinen Moment daran, die OHL abzusetzen, obwohl sie durch so fatale Entscheidungen wie den Kampf um Ypern 1914, die Schlacht von Verdun 1916 und die Frühjahrsoffensive 1918 leichtfertig den Tod von hunderttausenden Soldaten durch sinnlose Angriffsfeldzüge verschuldet hatte. Friedrich Ebert beließ die OHL unter von Hindenburg und Groener im Amt. Diese Oberste Heeresleitung, die sich am 9. November 1918 noch im Krieg gegen Frankreich befand, war die zukünftige militärische Stütze der Regierung – und nicht die zu diesem Zeitpunkt in ganz Deutschland präsenten und machtvollen Soldatenräte.

Vor diesem Hintergrund sind alle Gespräche und Verhandlungen mit den Soldatenräten über ihre zentralen Forderungen zu sehen. Die Sozialdemokraten im Rat der Volksbeauftragten handelten dabei genauso wie in der Frage der Sozialisierung. Sie hörten sich die Forderungen an, stimmten einigen Punkten mehr oder weniger widerwillig zu und unterließen alles, was dazu hätte dienen können, diese Anliegen in die Tat umzusetzen. Es war ein klares Spiel auf Zeit, das in Fragen der Beseitigung des Militarismus besonders wirkungsvoll war, zumal die Fronttruppen ab Ende Dezember 1918 zahlreich zurückkamen und sich dann genügend Freiwillige gewinnen ließen, die für einen Einsatz in der Heimat zur Verfügung stünden. Die Offiziere der OHL konnten mit dem Vorgehen der Regierung gut leben, da sie sich sicher waren, auch weiterhin wichtige Aufgaben im Militär des neuen Staates übernehmen zu können.

Schon durch die Struktur der Soldatenräte war von vorneherein deutlich geworden, dass die revolutionäre Sprengkraft erheblich gemindert war. Der junge Student und spätere Philosoph Herbert Marcuse, nach seinem Notabitur 1916 an der Westfront eingesetzt und nach dem Friedensschluss in den Soldatenrat Berlin-Reinickendorf gewählt, musste erleben, wie hohe

Offiziere bis hin in den Generalsrang ebenfalls in das Gremium gewählt wurden. Die weitblickenden Soldaten wussten, dass sich hinter diesem Schritt keine Gesinnungswandlung verbarg. Es war ein taktischer Schritt, um bei sich ändernden Verhältnissen schnell wieder an die Spitze einer militärischen Einheit treten zu können. In dieser Position war es ihnen möglich, Änderungen der militärischen Befehlsstruktur zu verhindern.

Eine solche Gefahr bestand dann auch tatsächlich nach der Verabschiedung der Hamburger Punkte, in denen der Hamburger Soldatenrat zentrale Forderungen formulierte, wie der deutsche Militarismus überwunden werden könnte. Das Programm sah vor, die Offizierskasinos zu schließen (deren Betreten allen Nicht-Offizieren aufs strengste untersagt war), den Grußzwang außerhalb des Dienstes abzuschaffen und eine gleiche Verpflegung von Offizieren und Mannschaften sicherzustellen. Weiterhin sollten die Soldatenräte bei allen wichtigen Entscheidungen ihrer Einheit ein Mitspracherecht haben. Das galt auch für das Beschwerdewesen und bei Bestrafungen. Im alltäglichen Dienst sollte ein ständiger Austausch zwischen Soldaten und Offizieren stattfinden. Diese Ziele billigte ein Soldatenkongress am 1. Dezember 1918 in Bad Ems einstimmig.

Die OHL reagierte – wie nicht anders zu erwarten – mit einem sehr scharfen Protest. Ebert stimmte den Generalen, die sich sowohl um ihre militärischen Kompetenzen als auch um ihre soziale Stellung sorgten, im Prinzip zu, wollte aber nicht direkt gegen die Soldatenräte Stellung beziehen. Als die vorgetragenen Hamburger Punkte auf dem Reichsrätekongress im Dezember mehrheitlich angenommen wurden und somit eine der wenigen revolutionären Forderungen waren, die weiterhin verfolgt werden sollten, spielte der Rat der Volksbeauftragten in seiner neuen Zusammensetzung wiederum auf Zeit und unternahm – nichts.

Den Soldatenräten musste spätestens da klar werden, dass die von ihnen am 10. November 1918 gestützte SPD nicht ihre Ziele verfolgte. Die OHL hingegen war erstarkt. Um das in aller Form zu demonstrieren, musste der preußische Kriegsminister

Scheuch sein Amt aufgeben, da er aus ihrer Sicht zu eng mit den Revolutionären zusammenarbeitete. Das Militär verstand sich als eigene Kraft außerhalb der neuen staatlichen Ordnung. Da die SPD und ganz besonders ihr Vorsitzender das nicht sahen oder sehen wollten, beging die Partei einen folgenschweren Fehler. Sie glaubte, die OHL sei nicht mehr stark genug, um eigene Ziele zu formulieren oder gar durchzusetzen. Genau das war nicht der Fall. Die OHL verfolgte ihre eigenen Interessen, die denen der jungen Demokratie durchaus entgegenstanden.

Die Folgen dieses Irrtums zeigten sich sehr drastisch im Frühjahr 1920, als das Militär, vertreten durch General Walther von Lüttwitz, massive Forderungen an die sozialdemokratische Regierung stellte und schließlich einen Staatsstreich, der als Kapp-Putsch in die Geschichte einging, durchführte. Auch wenn der Putsch erfolglos blieb, machte er den nach wie vor großen militärischen Einfluss in Deutschland deutlich.

Neben regulärer Armee und bewaffneten Soldatenräten bestand noch eine dritte Möglichkeit, die militärische Gewalt in der Revolution neu zu regeln. Der Berliner Vollzugsrat der Arbeiter- und Soldatenräte plädierte für die Gründung einer Volkswehr, die aus 10 000 Soldaten bestehen sollte, die wiederum ihre Vorgesetzten selbst ernennen sollten. Der Rat der Volksbeauftragten nahm sich der Frage Mitte November 1918 an, konnte aber zu keinem Ergebnis gelangen. Erst am 6. Dezember – um diese Zeit bestanden in der SPD bereits erste Pläne, mit heimkehrenden, regulären Truppen gegen mögliche Aufständische oder Revolutionäre vorzugehen – entschlossen sich die Volksbeauftragten zur Gründung einer Volkswehr. Deren Bildung übertrugen sie paradoxerweise dem preußischen Kriegsministerium, das wiederum die OHL informierte. Da diese nun gar kein Interesse an einer weiteren bewaffneten Macht hatte, verlief das gesamte Vorhaben weitgehend im Sande.

Die einzige Ausnahme bildete das Regiment Reichstag. Es bestand zum größten Teil aus Unteroffizieren und schlug sich bei Angriffen auf die Regierung mehrmals erfolgreich.

Es umfasste allerdings beinahe die gesamten kampfeswilligen Männer aus den Reihen der Sozialdemokratie und der Gewerkschaften, weshalb für weitere Einheiten keine aktiven Kämpfer mehr zu Verfügung standen. Aus diesem Grund blieb es bei der Konstellation, dass sich die Sozialdemokraten im Rat der Volksbeauftragten auf die Armee stützten und deshalb in einen immer stärkeren Widerspruch zur USPD gerieten. Nach dem Ausscheiden der Unabhängigen aus dem Rat setzte Friedrich Ebert, und mit ihm Gustav Noske, zukünftig nur noch auf die gebildeten Freikorps und zusätzlich seit März 1919 auf die Truppen der neuen Reichswehr. Soldatenräte hatten in diesem Entwurf keine Berechtigung mehr und galten aus Sicht der SPD spätestens mit der Verabschiedung der provisorischen Verfassung als unerwünscht.

3.5 Das Stinnes-Legien-Abkommen

Zwei Übereinkünfte aus den ersten Revolutionswochen bestimmten den Verlauf der Ereignisse maßgeblich. Neben dem bereits erwähnten Ebert-Groener-Pakt, durch den Friedrich Ebert die Zusage militärischer Rückendeckung erhielt, war für den friedlichen Verlauf der Revolution vor allem das Bündnis zwischen Gewerkschaften und Schwerindustrie ausschlaggebend. Durch diese Verständigung erkannten die Arbeitgeber die Gewerkschaften als Verhandlungspartner der Arbeiter ausdrücklich an. Im Gegenzug blieben die Besitzverhältnisse so, wie sie waren. Damit war eine Sozialisierung der Wirtschaft, die von den Gewerkschaften hätte ausgehen können, unmöglich geworden.

Die Verständigung vom 15. November, die vielleicht weniger bekannt, aber nichtsdestotrotz von zentraler Bedeutung für die Revolution ist, hat eine Vorgeschichte. Bereits am 2. August 1914, noch bevor sich die SPD über eine Zustimmung zu den Kriegskrediten geeinigt hatte, erklärten die Gewerkschaften einen Streikverzicht für die Kriegszeit. Neben dem Wunsch, eine durchaus patriotische Gesinnung zu zeigen, war es doch in erster Linie die Erwartung eines kurzen Krieges, die die Gewerkschaften zu diesem Schritt bewog. Diese Erwartung wurde – wie für alle Deutschen – bitter enttäuscht. Die Hoffnung, Weihnachten 1914 siegreich wieder daheim zu sein, erwies sich als reines Wunschdenken. Der Krieg zog sich in die Länge, die Versorgung der Betriebe mit Rohstoffen und die Ernährung der Bevölkerung gestalteten sich immer schwieriger. Als unter der neuen Obersten Heeresleitung mit Paul von Hindenburg und Erich Ludendorff die Wirtschaft Ende 1916 zu enormen Produktionssteigerungen gezwungen wurde, wuchsen die Arbeitsbelastungen, während noch weniger für den zivilen Bereich hergestellt wurde. Die Spannungen entluden sich seit dem Frühjahr 1917 in ersten Streiks, die schnell an Intensität zunahmen. Getragen wurden sie von den Revolutionären Obleuten. Damit ging die Vertretung der Arbeiterinteressen ganz offensichtlich von den Gewerkschaften auf die Arbeiter selbst über. Die Enttäuschung über die eigene Interessenvertretung war so groß, dass in den großen Januarstreiks 1918 keine Gewerkschafter in die Streikausschüsse berufen wurden. Aus Sicht der Arbeiter stand ihre Führung schon fest im gegnerischen Lager. Durch ihre Bindung vom 2. August, für die sie übrigens keinerlei Gegenleistung erhielten, konnten die Gewerkschaften die Streikenden finanziell nicht unterstützen. Ihr Ansehen innerhalb der Arbeiterschaft war gegen Ende des Weltkrieges arg angeschlagen.

Ein Ausweg für die Friedenszeit konnte nur in schnellen, sichtbaren Erfolgen gefunden werden. Die Arbeiter sollten sehen, dass die Gewerkschaften ihre Ziele vertraten und auch durchsetzen konnten. Durch die Revolution war die Stunde hierfür gekommen. Das lag auch maßgeblich daran, dass die Arbeitgeber, und hier insbesondere die Schwerindustriellen, einer ungewissen Zukunft entgegensahen. In einer Revolution drohte potenziell auch immer die Änderung sozialer und wirtschaftlicher Strukturen. Den Arbeitgebern war keineswegs verborgen geblieben, welch mächtige Streiks die Berliner Revolutionären Obleute hatten beginnen können. Sollten sie sich mit ihren radikalen Forderungen eines Rätesystems und einer dazugehörenden Sozialisierung der Betriebe durchsetzen, wäre es um die Macht der Industriepatriarchen Thyssen, Krupp, Klöckner und Stinnes geschehen gewesen. In dieser realen Gefahr entschlossen sich die Schwerindustriellen, mit den gebeutelten Gewerkschaften, die ebenfalls von der Macht der Obleute existenziell bedroht waren, zusammenzuarbeiten. Diese Arbeitgeberpolitik stellte einen kompletten Wechsel der bislang verfolgten Strategie dar. Für die allermeisten Unternehmer galt bis zur Revolution uneingeschränkt der »Herr-im-Hause«-Standpunkt. Der Fabrikbesitzer gab demnach die Arbeitszeiten und -bedingungen vor, entließ umgehend jeden Arbeiter, der daran etwas ändern wollte, und stand allen gewerkschaftlichen Bestrebungen feindselig gegenüber. Gerade die mächtigen Bergbauunternehmer im Ruhrgebiet und in Schlesien lehnten weitgehende Abkommen mit den Gewerkschaften lange Zeit ab. Aber auch hier setzte sich seit dem Herbst 1918, angesichts der bevorstehenden militärischen Niederlage und einer möglichen sozialen Revolution, endgültig die Erkenntnis durch, dass keine Alternative zu einer umfassenden Verständigung mit gravierenden Zugeständnissen an die Arbeiter bestand.

Vorbereitende Beratungen zwischen den führenden Arbeitgeberverbänden und den Gewerkschaften gab es bereits seit Beginn des Jahres 1918. Durch die großen Streiks im Januar und nach dem Scheitern des letzten Großangriffs vom Frühjahr des Jahres 1918, der »Michael-Offensive«, sprach vieles dafür, dass massive politische und gesellschaftliche Veränderungen bevorstanden. Im Falle einer Niederlage drohte eine wirtschaftlich unsichere Zeit, deren Ausgang angesichts der Erfolge der Revolutionären Obleute ungewiss schien. So war die Verständigung mit den Gewerkschaften, die am bestehenden Wirtschaftssystem genauso wie die SPD festhielten, naheliegend und dringend geboten. Ein erstes Treffen zwischen Industriellen und Gewerkschaftern fand am 2. Oktober 1918 statt. Es folgte eine weitere, intensive Besprechung am 22. Oktober, die bereits grundlegende Ergebnisse brachte, die sich später im Abkommen vom 15. November wiederfanden. Die Gewerkschaften begrüßten ausdrücklich die Entwicklung in den Betrieben hin zu einer Sozialpartnerschaft. Mit diesem Konzept erteilten sie den Sozialisierungsentwürfen, die sie selbst nie entwickelt hatten, eine klare Absage. Die Gewerkschaften hatten während des gesamten Krieges weder eine Alternative zu dem bestehenden Wirtschaftssystem noch zur Monarchie entworfen. Das war der SPD sehr recht. Sie sah sich als Bewahrer der bestehenden wirtschaftlichen und gesellschaftlichen Ordnung, die sie ihrerseits durch eine Verständigung mit der OHL absicherte. Der Ebert-Groener-Pakt hätte allerdings praktisch nur wenig Bedeutung erlangt, wenn die Gewerkschaften einen gänzlich anderen Weg, den der Sozialisierung von Produktionsmitteln, gegangen wären. So aber ergänzten sich beide Bündnisse, da sie auf weitgehende strukturelle Bewahrung ausgerichtet waren.

Bereits am ersten Tag der Berliner Revolution, am 9. November, präzisierten Industrielle und Gewerkschaften ihre Vorstellungen. Die Verhandlungen führten Hugo Stinnes und Carl Friedrich von Siemens mit dem Vorsitzenden der Generalkommission der Gewerkschaften Carl Legien. Am 12. November konnten sie sich über alle wesentlichen Punkte verständigen und die ZentralArbeitsgemeinschaft (ZAG) als Grundlage der weiteren Zusammenarbeit begründen. Das Abkommen wurde dann am 15. November unterzeichnet. Die Einigung innerhalb von drei Tagen war nur durch die fast ein Jahr währenden Vorgespräche möglich.

Die Verständigung beruhte auf einer einfachen Grundlage. Den Gewerkschaften wurden die wichtigsten Forderungen aus der Vorkriegszeit zugestanden. Zudem waren sie zukünftig der alleinige Ansprechpartner für die Arbeitgeber. Damit räumten die Arbeitgeber ein, dass sie die von ihnen zum Teil unterstützten, wirtschaftsfreundlichen Werkvereine nicht weiter fördern würden; die Streiks und den gewerkschaftlichen Kampf ablehnenden gelben Gewerkschaften, nach dem blühenden Ginsterbusch ihrer Fahne so bezeichnet, verloren erheblich an Bedeutung. Im Gegenzug erkannten die sozialdemokratische Ideen vertretenden Gewerkschaften die bestehenden Besitzverhältnisse an.

Das Abkommen selbst sah die Koalitionsfreiheit der Arbeiter vor. Die Vereinbarungen zwischen Unternehmen und Gewerkschaften wurden durch Arbeiterausschüsse kontrolliert, während paritätisch besetzte Schlichtungsstellen bei Unstimmigkeiten vermitteln sollten. Besonders wichtig war den Gewerkschaften die berufliche Eingliederung der heimkehrenden Soldaten. Ihnen garantierte das Abkommen die vor dem Krieg ausgeübte Beschäftigung. Angestrebt war weiterhin, den Kriegsversehrten einen angemessenen Arbeitsplatz anbieten zu können. Dieses Ziel sollte durch die Gründung eines ebenfalls gleichberechtigten Zentralausschusses, der auch die weitere wirtschaftliche Entwicklung begleiten würde, überwacht werden. Punkt 9 war der für den Moment wichtigste Erfolg der Gewerkschaften: »Das Höchstmaß der täglichen regelmäßigen Arbeitszeit wird für alle Betriebe auf 8 Stunden festgesetzt. Verdienstschmälerungen aus Anlaß dieser Verkürzung der Arbeitszeit dürfen nicht stattfinden.« Um diesen Aspekt vollauf zu würdigen, ist ein Blick auf die Kriegszustände hilfreich. Die in den Betrieben verbliebenen Arbeiter mussten immer mehr arbeiten, da viele Beschäftigte an der Front waren. Schichten von zwölf oder gar 14 Stunden waren eher die Regel als die Ausnahme. So stellte der Achtstundentag – bei vollem Lohnausgleich – einen großen Erfolg dar. An diese Errungenschaft knüpften die Unternehmer aber auch die Erwartung an die Gewerkschaften, aktiv für die bestehenden Besitzverhältnisse im Bergbau und in einzelnen Großunternehmen einzutreten. Sie legten ihnen die »Ehrenpflicht« auf, jeden Angriff auf diese Strukturen mit den ihnen zur Verfügung stehenden Mitteln abzuwehren. Das Abkommen verfolgte somit neben der sehr schnellen Klärung über die Zukunft des Wirtschaftslebens auf weiterhin kapitalistischer Grundlage auch das Ziel, die Gewerkschaften in ihrer nunmehr gestärkten Position als politische Kraft gegen die Räte zu nutzen.

Hugo Stinnes

Carl Legien

Besonders die losgelöst von den Gewerkschaften entstandenen betrieblichen Arbeiterräte agierten äußerst selbstständig. Ihr Vorteil bestand in der direkten Organisation, die sie von dem mitunter schwerfälligen Funktionskörper der Gewerkschaften unterschied. Um dieser Gefahr zu begegnen, sollten Gewerkschafter in die Räte hineingehen und mäßigend wirken. Durch die erzielte Verständigung mit den Arbeitgebern hatten sie eine durchaus solide argumentative Grundlage.

Für den weiteren Verlauf der wirtschaftlichen Entwicklung war die Gründung der Zentral-Arbeitsgemeinschaft äußerst wichtig. Bereits durch die Verständigung im Stinnes-Legien-Abkommen angelegt, bestand sie seit dem 4. Dezember 1918. Artikel 1 der vorläufigen Satzung führte aus: »Die Arbeitsgemeinschaft bezweckt die gemeinsame Lösung aller die Industrie und das Gewerbe Deutschlands berührenden wirtschaftlichen und sozialen Fragen sowie aller sie betreffenden Gesetzgebungs- und Verwaltungs-Angelegenheiten.« Die ZAG bestand aus Unternehmervertretern, die aus dem »Centralverband Deutscher Industrieller« und dem »Bund der Industriellen« stammten, sowie den organisierten Arbeitnehmer- und Angestelltenorganisationen. Dazu traten Fachgruppen aus verschiedenen Wirtschaftsbereichen wie Bergbau oder Chemie. Die Zusammenarbeit innerhalb der ZAG verlief aber nicht reibungslos. Die eingebundenen Unternehmerverbände vertraten eine große Zahl kleinerer und mittlerer Betriebe, in denen die Bereitschaft zu Konzessionen an die Gewerkschaften nicht sehr stark ausgeprägt war. Gerade viele kleinere Unternehmer beharrten schnell wieder auf dem bekannten »Herr-im-Hause«-Standpunkt und betrachteten Zugeständnisse als dem Augenblick geschuldet, um sie bei nächster Gelegenheit wieder rückgängig machen zu können.

Doch trotz dieser Schwierigkeiten waren die entscheidenden wirtschaftlichen Entwicklungen eingeleitet. Mit dem Stinnes-Legien-Abkommen vom 15. November und der Bildung einer Zentral-Arbeitsgemeinschaft am 4. Dezember 1918 blieb die bestehende Wirtschaftsordnung erhalten. Beide Seiten konnten zufrieden sein. Insbesondere die arg gebeutelten Gewerkschaften hatten einen großen Erfolg errungen, der den bedrängten Unternehmen wiederum ihre Betriebe beließ. Damit waren die im Dezember 1918 im Reichsrätekongress gestellten und vom Rat der Volksbeauftragten anerkannten Sozialisierungsforderungen nur noch utopisches Denken. Die Entscheidung für die Beibehaltung der Besitzverhältnisse war seitens der SPD und der Gewerkschaften längst gefallen und entzog sich de facto den noch zu gründenden parlamentarischen Gremien.

3.6 Der Reichsrätekongress 1918

Die Geschichte der Revolution bis zu den Weihnachtsunruhen stellt sich bislang als eine eher ruhige, administrative Historie dar. Die Handelnden sprachen und diskutierten viel, Entscheidungen fielen in den Büroräumen der Regierung und der Unternehmen. Auch auf Seiten der Räte standen Verhandlungen eindeutig im Vordergrund. Der bedeutende Rätekongress vom Dezember 1918 stand aber am Ende dieser Phase, die dann durch die offenen Unruhen um den 24. Dezember endgültig beendet war. Es scheint, als ob die Revolution zu diesem Zeitpunkt erst so richtig Fahrt aufgenommen hätte und tatsächliche revolutionäre Ereignisse mit den damit verbundenen Kämpfen einsetzen würden. Eine Grundlage dafür waren sicher die Ergebnisse des Dezemberkongresses, der hier kurz vorgestellt wird, bevor die Darstellung ereignisreicher und sicher auch spannender wird!

Ein Blick zurück in die Geschichte der doch recht verworrenen und oftmals schwer zu unterscheidenden revolutionären Ausschüsse erleichtert das Verständnis des so eminent wichtigen Kongresses vom Dezember 1918. Am 10. November fanden die Wahlen zur Vollversammlung der Berliner Arbeiter- und Soldatenräte statt. Beide Wahlen brachten den radikalen Linken keine Mehrheit. Um dennoch starken Einfluss auf die zu bestätigende

Regierung, den Rat der Volksbeauftragten, ausüben zu können, wollten sie die neu zu bildenden Aktionskomitees mit Delegierten ihres Vertrauens besetzen. Friedrich Ebert durchschaute diese Strategie umgehend und bestand auf der paritätischen Besetzung der Komitees. Beide Aktionskomitees stellten dann am folgenden Tag den Vollzugsrat des Arbeiter- und Soldatenrats Großberlin. Aber auch dieses oberste Gremium der Revolution verstand sich nur als vorübergehende Spitze. Nach einem Beschluss des Vollzugsrats sollte ein Allgemeiner Kongress der Arbeiter- und Soldatenräte deshalb als neues höchstes Organ über die Entwicklung der Revolution entscheiden. Am 16. Dezember traten die 514 aus dem gesamten Reich entsandten Vertreter erstmals in der Hauptstadt zum »Allgemeinen Kongress der Arbeiter- und Soldatenräte Deutschlands«, auch Reichsrätekongress genannt, zusammen und entschieden bis zum 21. Dezember über grundlegende Weichenstellungen der Revolution.

Vor der ersten Sitzung konnte die SPD dem Kongress recht gelassen entgegensehen. Sie wusste, dass rund 300 Delegierte hinter ihr standen, während die USPD mit den radikaleren Linken nur auf gut 100 Vertreter kam. Da die übrigen Teilnehmer entweder eher dem rechten USPD-Flügel oder einer liberalen Ausrichtung zuzurechnen waren, schien eine Dominanz der Linken um die Spartakusgruppe ausgeschlossen. Doch es kam noch schlimmer für die radikale Linke. Weder Karl Liebknecht noch Rosa Luxemburg erhielten ein Mandat für diesen entscheidenden Kongress. Auch der noch kurzfristig gestellte Antrag, beide Politiker als Gäste mit beratender Stimme zuzulassen, wurde mehrheitlich abgelehnt.

Inhaltlich standen zwei Aspekte im Vordergrund. Das waren die Wahlen zur Verfassunggebenden Nationalversammlung und die Stellung der Räte. In der Wahlfrage setzte sich die SPD klar durch. Richard Müller von den Revolutionären Obleuten warnte ausdrücklich vor einem baldigen Wahltermin. Er befürchtete, bürgerliche Parteien würden gestärkt aus den Wahlen hervorgehen und die Arbeiter um ihre Revolution und die bereits erreichten Verbesserungen bringen. Max Cohen-Reuß brachte für die SPD dann aber einen Antrag ein, der die Wahl zur Verfassunggebenden Nationalversammlung bereits für den 19. Januar 1919 vorsah und der mit etwa 400 gegen 50 Stimmen durch Abstimmung per Handzeichen angenommen wurde.

In dem zweiten wichtigen Punkt musste die Linke ebenfalls eine deutliche und bittere Niederlage einstecken. Ernst Däumig, ebenfalls von den Revolutionären Obleuten, trat für ein reines Rätesystem und die Selbstverwaltung der Arbeiter ein. In seinem Antrag führte er aus, das Rätesystem müsse die Grundlage der Verfassung einer sozialistischen Republik sein. Die Räte selbst verfügten in diesem Fall über die legislative und exekutive Gewalt. Sein Antrag war chancenlos und scheiterte mit 344 Gegenstimmen. Nur 98 Delegierte stellten sich hinter ihn. Däumig war die Bedeutung des Votums vollkommen bewusst. Er sprach vom Todesurteil für die Revolution.

In der Tat kommt dieser Abstimmung eine ganz entscheidende Bedeutung für die weitere Revolutionsgeschichte zu. Wie schon Spartakusgruppe und Revolutionäre Obleute am 10. November ihre Kandidaten mehrheitlich nicht durchsetzen konnten, so scheiterten sie auf dem Allgemeinen Kongress erneut, diesmal vielleicht noch deutlicher und folgenschwerer. Mit dem Beschluss, die Wahl zur Verfassunggebenden Nationalversammlung bereits in wenigen Wochen durchzuführen, sahen sich die Vertreter der Linken schon bald einer erstarkten bürgerlichen Kraft gegenüber, die alles daran setzen würde, die Ergebnisse der Revolution in ihrem Sinne zu ändern. Auch wenn das nicht schlagartig oder vollständig gelingen konnte, war klar, dass der politische Einfluss der Linken noch weiter zurückgehen und eine Gestaltung der Revolution durch das Rätesystem ausgeschlossen sein würde. Dazu wäre der Allgemeine Kongress die letzte Möglichkeit gewesen. Es zeigte sich allzu deutlich, dass die große Mehrheit der delegierten Arbeiter- und Soldatenräte wenig Interesse an einem Rätesystem besaß, das durch die Macht über Legislative und Exekutive eine Gewaltenteilung verhinderte.

Auch schienen demokratische Wahlen, wie die zum Reichstag, ein zu wertvolles Gut, um in einem Rätesystem darauf verzichten zu wollen. Die Mehrheit des Kongresses trat für mehr anstatt für weniger Demokratie ein.

Dennoch fasste der Allgemeine Kongress über diese beiden ganz entscheidenden Punkte hinaus Beschlüsse, die wiederum revolutionären Charakter trugen. So sollten die bereits für eine Sozialisierung in Frage kommenden Industrien aus privater Hand in den Besitz der Allgemeinheit überführt werden. Dabei stand der Bergbau an erster Stelle, aber auch für die Folge-industrien wie Stahlproduktion und verarbeitende Industrie war eine solche Lösung denkbar. Für diesen Vorschlag gab es eine große Mehrheit.

Die Zustimmung zu einem zweiten zentralen Punkt fiel noch eindeutiger aus. Einstimmig beschloss der Kongress, die vom Hamburger Soldatenrat ausgearbeiteten Hamburger Punkte zu übernehmen und umzusetzen. Darunter war vor allem der Vorschlag über die zukünftigen Verhältnisse in der Armee revo-lutionär: Zuerst einmal sollten die Rangabzeichen abgeschafft und das Tragen von Waffen außerhalb des Dienstes verboten werden. Um gar nicht erst wieder den Geist eines abgehobenen Offizierskorps entstehen zu lassen, sollten die Soldaten ihre Führer selbst wählen. Damit wäre auch die Vorherrschaft wohlhabender bürgerlicher und adeliger Schichten im Militär gebrochen. Die bereits bestehenden Soldatenräte sollten dann die Einhaltung der militärischen Disziplin überwachen. In einem letzten Schritt wäre das stehende, kasernierte Heer abzuschaffen und durch eine Volkswehr zu ersetzen. Dieser Aspekt dürfte bei Friedrich Ebert angesichts der anberaumten Übereinkunft mit der OHL Entsetzen ausgelöst haben, war aber aus revolutionärer Sicht heraus logisch und folgerichtig. Beide Punkte wurden dann in der politischen Praxis der folgenden Wochen stetig verwässert, bis schließlich, nach der Wahl zur Verfassunggebenden Natio-nalversammlung im Januar 1919, nichts mehr von ihnen übrig blieb. Doch auf dem Rätekongress des Dezembers 1918 waren

Reichskongress der Arbeiter- und Soldatenräte im
Preußischen Abgeordnetenhaus in Berlin, Ansprache
von Richard Müller bei der Eröffnung

die beiden Beschlüsse sicherlich ein politischer Paukenschlag
für den Rat der Volksbeauftragten.

Entscheidenden Einfluss auf den weiteren Verlauf des Kongresses und der Revolution hatte die Abstimmung über einen Zentralrat der Arbeiter- und Soldatenräte. Der Kongress wollte dieses Gremium wählen, dem dann wiederum die Kontrolle über den Rat der Volksbeauftragten obliegen sollte. Die Sozialdemokraten unter Friedrich Ebert standen einem weiteren Rat in wieder neuer Zusammensetzung mehr als kritisch gegenüber.

Da sie die tägliche Arbeit im Rat der Volksbeauftragten und im Kabinett verrichteten, waren sie zu einem klaren politischen Schnitt entschlossen. Die legislative und exekutive Macht, die bisher – wenn auch ganz überwiegend theoretisch und nicht tatsächlich – bei den Arbeiter- und Soldatenräten lag, sollte zukünftig vom Rat der Volksbeauftragten ausgeübt werden. Der Zentralrat besäße demnach nur noch eine beratende Funktion ohne Vetorecht bei Gesetzesvorlagen. Das war eine klare Abkehr von der mit der USPD am 10. November getroffenen Übereinkunft. Die USPD bestand auch weiterhin darauf, dass das höchste Gremium der Arbeiter- und Soldatenräte den Rat der Volksbeauftragten kontrollieren und über Gesetze entscheiden sollte. Dem widersetzte sich die SPD. Sie wollte die politische Entscheidungsgewalt des Rats der Volksbeauftragten festigen, nachdem die Vertreter des Rats einmal vom Zentralrat der Arbeiter- und Soldatenräte delegiert worden waren. Um ihrer Forderung massiven Nachdruck zu verleihen, drohte die SPD mit dem Rückzug ihrer Delegierten aus allen wichtigen Institutionen einschließlich des Rats der Volksbeauftragten. Die Frage ist natürlich, inwieweit die SPD hier einfach »bluffte«, um den Volkskongress auf ihre Seite zu bringen.

Die Rechnung ging auf, die Wahlen verliefen zur vollsten Zufriedenheit der SPD. Für die Entscheidung sorgte dabei die sich verweigernde radikale Linke. Sie setzte in der USPD den Boykott zur Wahl des Zentralrats der Arbeiter- und Soldatenräte durch. Somit wurde die USPD durch die Delegierten um den Spartakusbund zum zweiten Mal durch eine Verweigerung um die Möglichkeit der politischen Gestaltung gebracht. Hatte es Karl Liebknecht als herausragende politische Persönlichkeit innerhalb der USPD gut einen Monat zuvor abgelehnt, in den Rat der Volksbeauftragten einzutreten, so waren jetzt keine USPD-Delegierten im Zentralrat vertreten. Die Folgen des Boykotts waren naheliegend: 17 Sozialdemokraten stellten den »Zentralrat der Deutschen Sozialistischen Republik«, der damit ganz klar die SPD-Positionen im Rat der Volksbeauftragten

Das Präsidium des ersten Reichsrätekongresses im Preußischen
Abgeordnetenhaus, 1. Max Cohen, 2. Philipp Scheidemann, 3. Otto
Landsberg, 4. Hugo Haase, 5. Friedrich Ebert, 6. Emil Barth

mittrug. Die Stellung der USPD in diesem Gremium wurde somit
immer schwieriger und lief auf einen baldigen Austritt hinaus.

3.7 Weihnachtsunruhen 1918

Die Ereignisse zur Weihnachtszeit 1918 waren ein weiterer
einschneidender Schritt in der Revolutionsgeschichte. Zum
ersten Mal seit der weitestgehend friedlichen Revolution vom
9. November 1918 kam es zu Schusswechseln, ja erbitterten
Gefechten zwischen revolutionären Matrosen und Soldaten
der Regierung. In Erinnerung geblieben sind die Kämpfe als

»Eberts Blutweihnacht« 1918. Das alles spielte sich vor dem Hintergrund des gerade beendeten Reichsrätekongresses ab. Dessen Ergebnisse waren ein eindeutiges Bekenntnis zur demokratisch-parlamentarischen Entwicklung Deutschlands und eine Absage an das Rätesystem. Somit waren die Kämpfe revolutionärer Soldaten und Arbeiter für den Sozialismus um Weihnachten herum der Auftakt zu einem bewaffneten Kampf, der allerdings durch militärische Maßnahmen seitens der SPD begonnen wurde.

Die Kämpfe vom 24. Dezember hatten ein Vorspiel, das auf den 6. Dezember zurückgeht. Im Rahmen der Verständigung zwischen Friedrich Ebert und Wilhelm Groener war bald der Entschluss von politischer und militärischer Führung gefallen, die alte gesellschaftliche Ordnung, freilich ohne die Monarchie, beizubehalten. Dazu sollten die Organe der Revolution entmachtet werden. Das zielte ganz klar auf die Räte und die von ihnen gewählten Gremien. Um das bereits festgelegte und von Ebert gebilligte Programm auch durchführen zu können, bedurfte es einer reaktionären, bewaffneten Kraft. Dafür waren zehn heimkehrende Felddivisionen vorgesehen. Einheiten der Berliner Garnison machten das Vorhaben allerdings zunichte. Sie erfuhren von den Plänen und schlugen am 6. Dezember 1918 vorzeitig los. Die Soldaten verhafteten an diesem Tag den Vollzugsrat der Berliner Arbeiter- und Soldatenräte im Berliner Abgeordnetenhaus. Als sich eine Demonstration revolutionärer Arbeiter dem Gebäude näherte, eröffneten die Truppen wahllos das Feuer. 16 Menschen starben. Ein Teil des Regiments begab sich dann auf den Weg zu Ebert und rief ihn zum Reichspräsidenten der Deutschen Republik aus. Doch weiter passierte nichts. Der Vollzugsrat konnte seine Arbeit wieder aufnehmen, und Ebert nahm die Huldigung des Militärs zur Kenntnis.

Der eigentliche Plan, die unter Ebert bestehende Regierung zu festigen und revolutionäre Bestrebungen mit Waffengewalt zu bekämpfen, sollte am 10. Dezember umgesetzt werden. An diesem Tag kamen die Felddivisionen nach Berlin zurück. Ebert begrüßte sie mit den bekannten Worten: »Kein Feind hat euch überwunden! Nun liegt Deutschlands Einheit in eurer Hand!« Zum einen leistete er damit der späteren Dolchstoßlegende Vorschub, denn die Worte drängten die Frage auf, warum die Soldaten denn geschlagen in die Heimat zurückkehrten, wenn der Feind sie nicht besiegen konnte. Die naheliegende Antwort war die des Dolchstoßes, der das siegreiche Feldheer hinterrücks aus der Heimat ereilte. Zum anderen klingt bereits an, dass den Soldaten eine konkrete Aufgabe zugedacht war. Sie – die Soldaten, nicht die Politiker – hätten die Einheit in der Hand! Doch auch diesmal passierte vorerst weiter nichts. Die ausgearbeiteten Pläne zur Unterdrückung aller revolutionären und sozialistischen Bestrebungen verpufften, da die Soldaten gar nicht daran dachten, für oder gegen irgendjemanden zu kämpfen. Sie waren nach den Entbehrungen des Krieges und der endlosen Gewalt, die sie sowohl ausgeübt als auch erlebt und erlitten hatten, einfach nur froh, wieder daheim zu sein. Die Divisionen lösten sich auf, die Soldaten wollten Weihnachten bei ihren Familien sein. So konnte der Reichsrätekongress wie geplant am 16. Dezember zusammentreten. Wäre es nach Ebert und Groener gegangen, hätte der Kongress nie stattgefunden.

Die Ereignisse um den 6. Dezember wiesen eindeutig in eine Richtung. Die SPD im Rat der Volksbeauftragten unter Eberts Führung wollte alle revolutionären Bestrebungen zurückdrängen oder ganz beseitigen. Ganz entscheidend dafür war die Schwächung der bewaffneten revolutionären Kraft. Die Berliner Garnison stand offensichtlich auf Eberts Seite und war revolutionären Bestrebungen keine Hilfe. Ganz anders die Volksmarinedivision. Diese Einheit bestand im Kern aus Kieler Matrosen, die nach Berlin gingen, um die Revolution in der Hauptstadt fortzusetzen. Sie wuchs schnell auf rund 3000 Soldaten an und galt als Stütze der Revolution. Das Kommando war im Berliner Stadtschloss untergebracht, im benachbarten Marstall lagen die Truppen. Dieser Kampfverband passte nach der Verständigung zwischen SPD und Militär nicht mehr in die politische Konstellation. Otto Wels oblag es als Berliner Stadtkommandanten, die Einheit aufzulösen. Unter allerlei Vorwänden, die Truppe hätte beispielsweise geplündert, sollte sie auf 600 Mann verkleinert und an den Stadtrand verlegt werden. Die vor Weihnachten tatsächlich noch 1000 Soldaten zählende Einheit dachte gar nicht daran, den Anweisungen Folge zu leisten. Als Druckmittel zahlte Wels keinen Sold, Verhandlungen über die Zukunft der Division verliefen ergebnislos.

Am 23. Dezember, noch immer ohne Besoldung in der Weihnachtswoche, marschierten Delegierte der Volksmarinedivision in die Reichskanzlei, wo der Rat der Volksbeauftragten nach den Ergebnissen des Rätekongresses in sehr gereizter Stimmung zusammensaß. Die Soldaten gingen schließlich auf den Vorschlag des Rats ein, das Schloss zu räumen und im Gegenzug ihre Löhnung zu erhalten. Doch als sie die Schlüssel überreichten, weigerte sich Otto Wels, das Geld auszuzahlen. Ebert lehnte es in dieser äußerst kritischen Lage ab, mit den Soldaten zu sprechen. Das war der Auslöser für gewaltsame Aktionen. Die Volksmarinedivision stellte den Rat der Volksbeauftragten unter Arrest und nahm Otto Wels gefangen. Bei einem ersten Handgemenge vor der Reichskanzlei mit regierungstreuen Truppen gab es drei Tote. Die Matrosen zogen sich mit dem festgehaltenen Otto Wels in den Marstall zurück. Ebert telefonierte auf der schon am 10. November genutzten Geheimleitung mit der OHL in Kassel, um Truppen anzufordern. Die OHL, vertreten durch Major von Schleicher, sagte zu, die verbliebenen 800 Soldaten vom geplanten Staatsstreich Mitte Dezember in Marsch zu setzen. Die Volksmarinedivision erfuhr von den Plänen und begab sich wieder in Richtung Reichskanzlei. Es kam zu einer Besprechung Eberts mit den Kommandeuren der Volksmarinedivision. Beide Seiten verständigten sich darauf, ihre Einheiten zurückziehen, um ein Blutvergießen zu vermeiden.

Doch Ebert spielte ein doppeltes Spiel und war bereit, in dieser scheinbar günstigen Lage die revolutionäre bewaffnete Kraft zu brechen. Am Morgen des 24. Dezembers gegen zwei Uhr erhielten regierungstreue Soldaten den Befehl, den Marstall bei

Fronttruppen marschieren am 10.12.1918
durch das Brandenburger Tor ein.

Tagesanbruch anzugreifen. Das Gefecht war kurz, aber heftig. Die Angreifer schossen mit Kanonen und Maschinengewehren, den berühmt-berüchtigten 08/15, auf das Stadtschloss. Die Volksmarinedivision hielt die Stellung. In den einzelnen Kampfpausen ereignete sich Bemerkenswertes. Einige Soldaten wechselten die Seite und traten zur Marinedivision über, Zivilisten mit Gewehren schlossen sich den Eingeschlossenen an. Gegen Mittag war der Kampf zugunsten der Volksmarinedivision beendet. Die von Ebert gerufenen Truppen zogen sich zurück.

Doch wie sollte es jetzt politisch weitergehen? Die Sozialdemokraten im Rat der Volksbeauftragten hatten eine empfindliche militärische Niederlage erlitten, die der Gegner, bestehend aus den Berliner Revolutionären Obleuten, Spartakus und der Volksmarinedivision selbst, hätte ausnutzen können. Doch nichts dergleichen geschah. Obwohl Ebert nach Aussagen unmittelbar Beteiligter aus der Reichskanzlei äußerst angeschlagen war und an eine Flucht seiner Sozialdemokraten nach Rudolstadt dachte, griffen seine Gegner nicht nach der Macht in der Reichskanzlei. Die USPD wollte nur eines: raus aus der Regierung mit der SPD. Sie war ganz offensichtlich nicht bereit, unter diesen Umständen Regierungsverantwortung zu übernehmen und sich auf die am 24. Dezember siegreichen Kräfte zu stützen. So verließ die USPD den Rat der Volksbeauftragten am 29. Dezember nach einem Schiedsspruch des Zentralrats der Arbeiter- und Soldatenräte, der Einsatz von Gewalt gegen die Volksmarinedivision sei rechtens gewesen. Die USPD hatte die Wahl zu diesem Gremium einige Tage zuvor auf Druck von Spartakus boykottiert und sah sich nun mit einer Entscheidung eines ausschließlich mit Sozialdemokraten besetzten Zentralrats konfrontiert.

Die Folgen der »Blutweihnacht« waren äußerst weitreichend. Die drei USPD-Delegierten im Rat der Volksbeauftragten wurden durch zwei Sozialdemokraten ersetzt, neben Rudolf Wissel trat auch Gustav Noske in das Gremium ein und sollte in der weiteren Auseinandersetzung mit den radikalen Linken noch

Kämpfe im Pfeilersaal des Berliner Schlosses

eine bedeutende Rolle spielen. Der Rat selbst erhielt nunmehr einen anderen Namen. Statt des Rats aus der kurzen Zeit sozialdemokratischer Verständigung regierte in Deutschland wieder eine Reichsregierung. Die USPD zerfiel zusehends, ein klarer politischer Kurs war nicht mehr zu erkennen. Nach dem totalen Desaster linker Politik blieb eine große Verbitterung unter den revolutionären Arbeitern Berlins zurück. Bereits auf der Beerdigung gefallener Matrosen der Weihnachtsunruhen kam es zu Gewaltaufrufen gegen die neue Reichsregierung.

Eine weitere Folge war die Gründung der Kommunistischen Partei Deutschlands, als der Spartakusbund (die Spartakusgruppe wählte diese neue Bezeichnung am 11. November 1918) sich endgültig aus der USPD verabschiedete. Die Berliner Revolutionären Obleute traten der neuen Partei nicht bei, da sie in ihr nur eine ständig demonstrierende und analysierende Organisation sahen, die zu jeder revolutionären Handlung unfähig sei. Und in der Tat schienen die Worte Rosa Luxemburgs, dass die Revolution noch einen langen Weg vor sich habe, den Obleuten Recht zu geben. Die Gründung der KPD trug maßgeblich zur Auflösung des ehemals einheitlichen sozialdemokratischen Lagers aus der Zeit des Kaiserreichs bei. Spalteten sich bereits 1917 die Unabhängigen Sozialdemokraten ab, verließ nunmehr der Spartakusbund die USPD. Da die USPD 1919 auf Reichsebene orientierungslos blieb, kam der KPD eine wesentliche Rolle zu. Ihre Gründung an den letzten Tagen des Jahres 1918 beendet die erste Phase der Revolution und markiert den Beginn einer sich in weiten Teilen Deutschlands vollziehenden politischen und militärischen Zuspitzung.

3.8 Gründung der KPD

Der für die USPD glücklos verlaufene Reichsrätekongress hatte neben dem offensichtlichen Scheitern des Rätegedankens als politisch gestaltende Kraft noch eine zweite, gravierende Komponente. Da die USPD nicht bereit war, auf einem einzuberufenden Parteitag offen über ihr aktuelles Dilemma und die zukünftige Strategie zu sprechen, sahen die äußersten linken Kräfte des Spartakusbundes ihre Zukunft nicht mehr in dieser Partei. Spartakus war schon recht unwillig im April 1917 bei der Parteigründung in Gotha Teil der USPD geworden, da sich die Gruppierung für zu schwach hielt, als eigene Partei etwas bewirken zu können. Noch im Dezember 1918 wollten weder Rosa Luxemburg noch der spätere KPD-Vorsitzende Leo Jogiches eine eigene Partei gründen. Jogiches stammte aus Wilna, floh als überzeugter Sozialist über die Schweiz nach Deutschland und gehörte bald zu den führenden Köpfen des Spartakusbundes. Er lehnte, ebenso wie Rosa Luxemburg, eine Führungsrolle der

sowjetischen Kommunisten für die deutsche Partei ab. Nach der
Ermordung von Liebknecht und Luxemburg übernahm er noch
am 15. Januar 1919 die Führung der Partei und geriet dadurch
in den Blick der Freikorps, die ihn willkürlich verhafteten. Ein
Polizeibeamter erschoss Jogiches eigenmächtig am 10. März 1919
noch während der Haft.

Am 22. Dezember 1918, also unmittelbar gegen Ende der ersten, friedlichen Revolutionsphase, beschloss der Spartakusbund,
am 30. Dezember 1918 in Berlin eine Reichskonferenz abzuhalten.
Zentrale Themen waren die Machtlosigkeit der USPD, die für
Januar 1919 beschlossene Wahl zur Nationalversammlung und
eine geplante internationale Konferenz der Sozialdemokraten.
Der Reichskonferenz waren bereits einzelne Zusammenschlüsse
kommunistischer Gruppen auf regionaler Ebene vorausgegan-
gen. So entstand aus den Reihen der Bremer Linkssozialisten
Anfang Dezember 1918 unter der Führung von Johann Knief die
Vereinigung der »Internationalen Kommunisten Deutschlands
(IKD)«. Knief selbst erkrankte Anfang 1919 schwer und konnte
aus diesem Grund keine Funktion in der Organisation und in
der späteren Bremer Räterepublik übernehmen. In Essen bestand
seit November 1918 eine »Kommunistische Arbeiterpartei Essen-
Ruhr (Mitglied des Spartakusbundes)«. Der Schwerpunkt der
Bewegung blieb jedoch Berlin. Die innerhalb des kommunisti-
schen Spektrums noch bestehenden Spannungen konnten in
einer Vorkonferenz beseitigt werden, nachdem die IKD und
Spartakus ihre Positionen ausgetauscht hatten.

Am 29. Dezember 1918 versammelten sich die Spartakusmit-
glieder und beschlossen die Loslösung von der USPD und die
Gründung einer eigenen Partei. Am Gründungsparteitag einen
Tag später nahmen zunächst 83 Delegierte des Spartakusbundes
und Berliner Soldaten teil. Am Nachmittag des 30. Dezembers
traten die Vertreter der IKD hinzu. Insgesamt nahmen damit 127
Delegierte aus 56 verschiedenen Bezirken teil. Sie stammten ganz
überwiegend aus den schwerindustriellen Zentren Deutschlands

sowie aus dem norddeutschen Bereich. Das erste Referat hielt Karl Liebknecht über die Politik der USPD. Sie sei zum Scheitern verurteilt gewesen, da sie zu keiner Zeit auf eine fundierte Programmatik gründete. Durch ihre Unterstützung der SPD im Rat der Volksbeauftragten habe sie die Revolution verraten und zwinge die kommunistischen Kräfte zu Gründung einer eigenen Partei – der »Kommunistischen Partei Deutschlands (Spartakusbund)«. Die Delegierten stimmten der Resolution Liebknechts zu, die KPD war gegründet.

Der ersten Euphorie über die Parteigründung folgte gleich eine kontroverse und folgenschwere Diskussion über die Beteiligung der Partei an den Wahlen zur Verfassunggebenden Nationalversammlung. Dabei fiel Paul Levi, der im Auftrag der Spartakuszentrale für die Beteiligung an den Wahlen sprach, eine Hauptrolle zu. Levi war ein brillanter Theoretiker und widersprach dem alleinigen Führungsanspruch der Moskauer Kommunisten. Ihm war es zu verdanken, dass die in der Haft verfasste Schrift Luxemburgs *Die russische Revolution. Eine kritische Würdigung* veröffentlicht werden konnte, die den berühmten Satz »Freiheit ist immer die Freiheit des Andersdenkenden« enthielt. Levi übernahm nach der Ermordung Jogiches für zwei Jahre den Vorsitz der KPD, ging aber nach heftigen Auseinandersetzungen zur SPD zurück und bildete dort einen einflussreichen linken Flügel. In seinem Beitrag auf dem Gründungsparteitag hob Levi hervor, die junge Partei müsse sich der Wahl stellen. Auch wenn man mit Verbitterung in den Wahlkampf ziehe, gelte es gegen die Konterrevolution zu kämpfen. Dazu gehöre auch, die kommunistischen Positionen im Rahmen einer Wahl herauszustellen. Levi sah hier eine Möglichkeit zur politischen Gestaltung, erhielt aber nur wenig Unterstützung.

So sprach sich Otto Rühle, der frühere Mitstreiter Karl Liebknechts gegen die Kriegskreditbewilligungen, ganz eindeutig gegen eine Beteiligung der neuen Partei an den für den 19. Januar 1919 festgesetzten Wahlen zur Verfassunggebenden Nationalversammlung aus. Seine Begründung war der revolutionäre

Eifer der Arbeiter in den Betrieben und auf den Straßen. Wahlen könnten ihn brechen und die Dynamik der Arbeiterbewegung abrupt bremsen. Mit einer Wahlbeteiligung betrete die KPD »wieder den Boden einer opportunistischen Kompromißpolitik.« Der Appell Rosa Luxemburgs, den Wahlkampf zu nutzen, um die Arbeiter in den Fabriken für die KPD zu gewinnen und durch langanhaltende Überzeugungsarbeit für sich einzunehmen, verhallte ungehört. Dazu trugen auch die mehrheitlich imperativen Mandate der Delegierten bei, die verpflichtet waren, Wahlen zur Nationalversammlung abzulehnen. Zahlreiche Teilnehmer des Gründungsparteitages waren in diesem Punkt durch die Forderung der Arbeiter ihres Bezirkes festgelegt. So fiel das Ergebnis eindeutig aus: 62 Delegierte stimmten gegen eine Wahlbeteiligung, 23 dafür. Im Anschluss an dieses Votum traten die Delegierten der IKD der neu gegründeten KPD bei.

Am nächsten Tag standen die Beratungen über die wirtschaftliche Zukunft des Landes an. Paul Lange kritisierte die Wirtschaftspolitik der SPD und der Gewerkschaften während des Krieges und in der ersten Revolutionszeit scharf. Sie hätten alles unternommen, die bestehenden Besitzverhältnisse zu belassen, und im Gegenzug höchstens geringfügige Verbesserungen für die Arbeiter erzielt. Die Sozialisierung sei bewusst verhindert worden, indem sie einfach zu etwas Unmöglichem erklärt worden sei. Nach einer längeren Diskussion betonten die Spartakusvertreter, dass es wie bei der Wahlfrage auch in den Betrieben einer längeren Aufklärungsarbeit bedürfe, um Erfolge erzielen zu können. So bestand das Nahziel nach Fritz Heckert darin, die Gewerkschaften im Sinne der KPD zu beeinflussen und somit eine Sozialisierung der Betriebe vorzubereiten. Heckert war der geeignete Mann, um diese Politik glaubhaft zu vertreten. Als gelernter Maurer bildete er sich weiter und wurde noch vor dem Ersten Weltkrieg Gewerkschaftssekretär. In seiner Heimat Chemnitz stand er während der Revolution den Arbeiter- und Soldatenräten vor. Es gelang ihm, die KPD zu einer der stärksten Parteien im westlichen Sachsen zu machen.

In beiden kontrovers besprochenen Punkten – Sozialisierung und Wahl zur Nationalversammlung – spiegelte sich auch die Stimmung innerhalb der linken Kräfte Ende Dezember 1918 wider. Die Mehrheit war durch das Geschehene enttäuscht und brannte ungeduldig darauf, zur Tat zu schreiten und sozialistische Grundgedanken zu verwirklichen. In dem Glauben, der Kapitalismus werde bald zusammenbrechen, sahen sie den Umschwung klar vor Augen und die Arbeiter hinter ihrer Bewegung stehen. Sie vergaßen, zuvor die Arbeiter von ihren Konzepten zu überzeugen, wie es Rosa Luxemburg für zwingend erforderlich hielt. Ein Grund für die divergierenden Betrachtungen lag in der Zusammensetzung der Versammlungsteilnehmer. Die älteren, besonnenen Kräfte, die noch zu einem großen Teil aus der alten Schule deutscher Sozialdemokratie stammten, traten für eine eher verhaltene, abwartende Taktik ein, während die jungen Arbeiter und Intellektuellen die Zeit für revolutionäre Taten gekommen glaubten.

Nachdem die Frage der Wahlbeteiligung entschieden und der Programmpunkt zur gewerkschaftlichen Arbeit erst einmal vertagt worden war, stand ein ganz zentraler Aspekt des Parteiprogramms auf der Tagesordnung. Rosa Luxemburg hielt das Hauptreferat und besprach zuerst äußerst kritisch die Politik der SPD vor und während des Krieges. Die Partei habe, vom marxistischen Gedankengut kommend, die Lehren verraten und auf den Parlamentarismus als »Ersatzmarxismus« gesetzt. Die KPD stehe für das genaue Gegenteil: Sie wolle zurück zum Kommunistischen Manifest und zur Lehre von Karl Marx. So sei es die Aufgabe des Proletariats, »den Kapitalismus mit Stumpf und Stiel auszurotten«. Nach Luxemburg werde die erste Phase der Revolution, die von der Rätebewegung geprägt gewesen sei, gegenwärtig von einer zweiten Phase der Konterrevolution abgelöst. Die SPD werde weiter ausschließlich für bürgerliche Interessen kämpfen und angesichts des Widerstandes der Arbeiter zu schärferen Mitteln greifen. Die führenden Vertreter von SPD und Gewerkschaften seien für sie »die infamsten und größten Halunken, die in der Welt gelebt haben«. Allerdings müsse sich die KPD mit der Regierung vorerst noch abfinden, da sie selbst noch nicht stark genug sei, den Sozialismus als Alternative in Deutschland durchzusetzen. Auch hier sei Geduld gefragt, der Regierung müsse eine kraftvolle Organisation erst noch gegenübergestellt werden. Rosa Luxemburgs bekannte Worte im Anschluss an das Referat »Ich habe die Überzeugung, Ihr wollt Euch Euren Radikalismus ein bißchen bequem und rasch machen« benennen genau das Problem Ende Dezember 1918. In ihrem Beitrag für das Grundsatzprogramm sah sie ganz klar, dass die Zeit für den Sozialismus noch nicht gekommen war. Selbst der Sturz der Ebert-Regierung würde das nicht ändern. Es bedürfe noch langer, intensiver Schulung, um die Grundlage für eine Veränderung der staatlichen Verhältnisse zu schaffen.

Doch ein Blick auf das verabschiedete Parteiprogramm zeigt, wie sehr die Mehrheit der Delegierten zu radikalen Schritten geneigt war. Aus ihrer Sicht müsse die Macht des Kapitals »mit eiserner Faust und rücksichtsloser Energie gebrochen werden«. Das könne nur durch die Diktatur des Proletariats erreicht werden. Die Partei sah sich in einem Bürgerkrieg um den Sozialismus. Auf dieser Basis stellte sie dann konkrete Forderungen auf. So sollten zuerst alle Mitglieder der herrschenden Klasse und ihre Einrichtungen wie die Polizei entmachtet werden und die Waffen in die Hände der Arbeiter übergehen. Alle politischen Behörden und Einrichtungen sollten umgehend durch Arbeiter- und Soldatenräte ersetzt werden. Das Reich sollte nach Vorstellung der KPD zukünftig straff zentralistisch ohne Bundesstaaten geführt werden. Die Forderungen auf wirtschaftlichem Gebiet besaßen ebenfalls äußerst radikalen Charakter. Alle Groß- und Mittelbetriebe sollten ebenso komplett wie die Banken enteignet werden. Privatvermögen sollten eingezogen werden können. Das sollte insbesondere für die Besitztümer von ehemals herrschenden Dynastien gelten. Damit vertrat die KPD angesichts ihrer strukturellen Schwäche ein äußerst weitreichendes Programm.

Karl Liebknecht hatte für die nächste Zukunft aber bereits die Befürchtung, die politisch-revolutionäre Bewegung der Massen werde über die Köpfe der Kommunisten hinweggehen. Um dem vorzubeugen, nahmen die Mitglieder der neuen Kommunistischen Partei nach der Verabschiedung ihres Programms Kontakt zu den Berliner Revolutionären Obleuten auf. Diese hatten es schon in den ersten Revolutionstagen abgelehnt, auf einer Liste mit den Unabhängigen Sozialdemokraten zu kandidieren. Noch am selben Abend fanden Beratungen über einen Anschluss ihrer Obleute an die KPD statt. Die Partei entsandte Karl Liebknecht und Wilhelm Pieck zu den Verhandlungen. Mit Wilhelm Pieck stand Liebknecht ein Kommunist zur Seite, der bereits als Soldat den Mut aufgebracht hatte, gegen den Krieg einzutreten, und der sich dem Kriegsgericht durch Flucht in die Niederlande hatte entziehen können. Pieck war aktiv in die Berliner Januarkämpfe verwickelt und wurde ebenso wie Liebknecht und Luxemburg gefangen genommen. Abermals konnte er fliehen und damit wahrscheinlich seiner Ermordung entgehen. Pieck erlangte nach dem Zweiten Weltkrieg als erster und einziger Präsident der DDR größere Bekanntheit, wenngleich das Amt eher repräsentativer Natur war.

Liebknecht und Pieck verhandelten eingehend mit den Berliner Revolutionären Obleuten, die durch erfahrene Politiker und Arbeiterführer wie Ernst Däumig, Georg Ledebour und Richard Müller vertreten wurden. Die Zusammenarbeit mit den Obleuten war der KPD, und hier ganz besonders Karl Liebknecht, so wichtig, dass der Parteitag um einen Tag bis zum 1. Januar 1919 verlängert wurde. Es galt, die junge Partei auf eine stärkere Basis zu stellen und die eingespielte Struktur der Obleute für sich zu nutzen. Eine Einigung gestaltete sich aber von vorneherein schwierig, da die Obleute eine Beteiligung an der Wahl zur Nationalversammlung für erforderlich hielten und sich an dem Namenszusatz Spartakusbund stießen. Daneben bestanden Unstimmigkeiten über die einzuschlagende revolutionäre Taktik. Die Obleute stellten weitere Forderungen, die den Beschlüssen der KPD entgegenstanden. Um sich anzunähern, suchte Liebknecht das direkte Gespräch mit rund 40 anwesenden

Vertretern der Revolutionären Obleute. Aber auch hier war keine grundlegende Übereinkunft zu erzielen. Nach Liebknecht scheiterte der Versuch an der mangelnden Bereitschaft einiger Obleute, den radikalen Positionen der KPD zu folgen. Sie blieben noch weitgehend den Positionen der USPD treu.

Der Gründungsparteitag der KPD war eine wichtige Station in der deutschen Revolutionsgeschichte. Die linken Kräfte der Unabhängigen Sozialdemokraten und der Spartakusbund verließen die USPD und fanden sich in einer Partei zusammen, die den Lehren von Karl Marx verpflichtet war. Während in der programmatischen Ausrichtung schnell ein Konsens gefunden war, blieben wichtige Fragen der Taktik offen. So konnte nicht abschließend geklärt werden, welches Verhältnis die Partei zu den Gewerkschaften einnehmen sollte. In der konkreten Frage einer Wahlbeteiligung zur Verfassunggebenden Nationalversammlung gab es hingegen eine klare Mehrheit – und damit eine Niederlage für die Position des Spartakusbundes, der dafür eintrat, an den Wahlen teilzunehmen. Rosa Luxemburg befürwortete die Entwicklung des revolutionären Gedankens in weiten Bevölkerungskreisen und wollte dafür den Wahlkampf nutzen. Die meisten Delegierten hingegen bevorzugten Aktionen der Arbeiter auf der Straße. Die Entscheidung gegen eine Teilnahme an den Wahlen verhinderte das Vorhaben Luxemburgs ebenso wie den Eintritt der Berliner Revolutionären Obleute in die KPD.

So war das Ergebnis der Parteigründung nicht ungetrübt. Auf der einen Seite gelang es, eine eigene marxistische Partei zu begründen, auf der anderen Seite gab es aber auch innerhalb der Partei weiterhin Differenzen. Eine der folgenschwersten war die Ablehnung der Wahl zur Verfassunggebenden Nationalversammlung. Das kommunistische Spektrum zeichnete sich von Beginn der Revolution an durch eine konsequente Abwehrhaltung gegen die politischen Entwicklungen aus: Zuerst weigerte sich Karl Liebknecht, in den Rat der Volksbeauftragten einzutreten, dann lehnten die linken Kräfte der USPD es ab, sich an dem Zentralrat der Arbeiter- und Soldatenräte zu beteiligen, der daraufhin komplett von der SPD gestellt wurde, und am Ende des Jahres boykottierte die KPD die Wahlen zur Verfassunggebenden Nationalversammlung. Dadurch entfernten sich die linken Kräfte stetig von der politischen Gestaltung. Ihre Alternative war die Revolution. Zu dieser kam es dann – so wie es Karl Liebknecht befürchtete – spontan und ohne Steuerung der KPD oder des Spartakusbundes im Januar 1919. Auch nach der Gründung der KPD war keine zentrale Führung in der deutschen Revolutionsbewegung vorhanden. Die früher häufig anzutreffende Bezeichnung »Spartakusaufstand« wird wegen des geringen Einflusses der KPD auf die Ereignisse nicht mehr verwendet.

Bei dem Versuch, die historischen Ereignisse der deutschen Revolution in einzelne Phasen zu gliedern, endet der erste Abschnitt meistens mit der Wahl zur Verfassunggebenden Nationalversammlung Ende Januar 1919. Ist es aber nicht angebracht, diesen Abschnitt in zwei Perioden zu untergliedern, die sich ganz deutlich voneinander trennen lassen? Demnach endete die erste Phase mit den Folgen der Weihnachtsunruhen 1918, als die USPD den Rat der Volksbeauftragten verließ, die Spartakusgruppe sich von der USPD abspaltete und sich mit der KPD eine neue Partei gründete.

Mit dem Entschluss, die Volksmarinedivision zu entmachten und Truppen der OHL nach Berlin einmarschieren zu lassen, gab die SPD das Zeichen zur Gegenrevolution. Sie setzte nunmehr auf eine militärische Konfrontation. Diese Ereignisse waren allesamt so schwerwiegend, dass sie einen neuen Abschnitt der Revolution einläuteten und eine Abgrenzung als zweite Phase bis zur Wahl der Nationalversammlung rechtfertigen. Was vorher noch friedlich in Form des Ausgleichs oder der Verständigung hätte geklärt werden können, wurde nunmehr mit Waffen zwischen zwei sich gegenüberstehenden Kampfverbänden ausgetragen. Die zweite Revolutionsphase begann daher mit den großen Januarkämpfen in der Hauptstadt Berlin.

4. DIE ZWEITE REVOLUTIONSPHASE

4.1 Januarkämpfe in Berlin

Die Lage Ende Dezember 1918 war eindeutig. Das höchste Organ der Revolution, der Zentralrat der Arbeiter- und Soldatenräte, war ebenso wie der Rat der Volksbeauftragten ausschließlich mit Sozialdemokraten besetzt. Auch in der Preußischen Regierung war bald nur noch die SPD vertreten, nachdem die Unabhängigen am 3. Januar 1919 austraten. Die USPD war zerstritten und durch die Gründung der Kommunistischen Partei gespalten. Die SPD vertiefte die Kontakte zur militärischen Führung, um zuverlässige Truppen zur Verteidigung der Regierung und zur Bekämpfung von revolutionären Aufständen aufzustellen. Wilhelm Groener setzte dabei auf Freiwilligenverbände. Die Erfahrungen des Dezembers 1918 hatten gezeigt, dass die Fronttruppen zu Kämpfen in der Heimat nicht bereit waren. Konservative Kräfte schufen ein Klima, in dem die Gegenrevolution gedieh. In einer Eingabe des Industrie- und Handelstages vom 4. Januar 1919 hieß es beispielsweise, Ruhe und Ordnung müssten wiederhergestellt werden, übertriebenen Forderungen der Arbeiter sei eindeutig entgegenzutreten und überhaupt dürfe es keine Sozialisierung von Industriebetrieben geben.

Alle wichtigen Funktionen in Berlin waren Anfang 1919 bei der SPD gebündelt – mit einer Ausnahme: Am Tag der Revolution, dem 9. November 1918, hatte der Berliner Polizeipräsident sein Amt an den USPD-Politiker Emil Eichhorn übergeben. Mit dem Rücktritt des preußischen Innenministers Rudolf Breitscheid, USPD, setzte sein Nachfolger Paul Hirsch, SPD, genau an diesem Punkt an. Eine seiner ersten Amtshandlungen bestand darin, Eichhorn zu entlassen. Die Reaktion der linken Arbeiterschaft erfolgte umgehend. Sie organisierte eine zentrale Demonstration und bewaffnete sich. Am 5. Januar 1919 zogen mehr als 200 000 Menschen durch Berlin zum Alexanderplatz, dem Sitz des Berliner Polizeipräsidenten, der noch immer Emil Eichhorn hieß.

Er weigerte sich, den Anweisungen der Regierung zu folgen. An diesem Tag besetzten Aufständische zahlreiche Verlagshäuser, um die in den folgenden Tagen erbittert gekämpft werden sollte. Aber auch Fehlinformationen trugen zum weiteren Verlauf der Ereignisse maßgeblich bei. So ließ der Anführer der Volksmarinedivision Heinrich Dorrenbach irrigerweise verlautbaren, die bewaffneten Einheiten Berlins stünden hinter dem Aufstand und seien bereit, die Regierung zu stürzen. Trotz der Bedenken von Richard Müller und Ernst Däumig erging der Beschluss, den Generalstreik auszurufen und bis zum Sturz von Friedrich Ebert zu kämpfen.

Am 6. Januar 1919 wuchs die Demonstration der Berliner Arbeiter weiter an. Rund eine halbe Million Menschen waren auf den Straßen, das öffentliche Leben ruhte. Aber entgegen den Ankündigungen, die Regierung Ebert zu stürzen, schlugen die USPD-Delegierten des kurz zuvor gewählten Revolutionsausschusses Verhandlungen vor. Die Regierung hatte ebenfalls den Generalstreik ausgerufen und eine eigene Demonstration organisiert. Das Überleben der Regierung hing aber von ihrer militärischen Stärke ab. Die SPD stellte eigene Kampftruppen wie den »Freiwilligen Helferdienst« auf und verließ sich auf Regimenter, die hinter der Partei standen. Daneben kam den Freikorps eine wachsende Bedeutung zu, da sie die kampferprobten Weltkriegsteilnehmer stellten. Besonders das berüchtigte »Freiwilligenregiment Reinhard« tat sich in und vor allem nach den Januarkämpfen hervor. Es war unter seinem Anführer Wilhelm Reinhard äußert nationalistisch ausgerichtet und gut bewaffnet.

In Moabit kam es an diesem Tag, dem 6. Januar, bereits zu ersten Schießereien zwischen Freikorps und aufständischen Arbeitern – der Kampf hatte begonnen. In Gustav Noske fand die Regierung schließlich den geeigneten Mann, um den Kampf auf ihrer Seite zu koordinieren. Er selbst willigte in die Aufgabe mit der Bemerkung ein, einer müsse ja der Bluthund sein. Das waren keine guten Voraussetzungen für eine halbwegs friedliche Beilegung der Konfrontation. Und in der Tat setzte der

Massenkundgebung in der Siegesallee gegen
die Entlassung Eichhorns, 05.01.1919

Oberkommandierende für Berlin alles daran, eine schlagkräftige
Einheit zu bilden. Die Zeit dazu ergab sich, während Regierung
und USPD am 7. Januar 1919 einen friedlichen Ausweg am
Verhandlungstisch suchten. Die zentrale Forderung der SPD
während der Gespräche bestand in der Freigabe der Verlagshäuser, und hier ganz besonders in dem des *Vorwärts*, wo ihre
eigene Parteizeitung gedruckt wurde. Karl Kautsky, führender
Theoretiker der SPD, versuchte einen letzten Kompromiss,
um das bevorstehende Blutvergießen zu verhindern. Der Kern
seiner Vermittlung bestand darin, dass die Aufständischen die
Pressefreiheit wieder gewährleisteten. Die weiteren Differenzen
sollten dann auf dem Verhandlungsweg geklärt werden. Aber
die SPD war nicht bereit, die Verhandlungen fortzuführen, da
die Räumung der Presseverlage nicht sofort umgesetzt wurde.

Als der Zentralrat der Arbeiter- und Soldatenräte Kautskys Vorschlag ebenfalls ablehnte, standen blutige Straßenschlachten bevor. Die SPD war sich aber auch bewusst, militärisch wesentlich besser dazustehen als die Aufständischen, die über keinerlei nennenswerte Unterstützung verfügten.

Ab dem 9. Januar begannen dann heftige Kämpfe zwischen den mittlerweile abgestimmten Regierungstruppen und den revolutionären Arbeitern, denen genau diese Ordnung und zentrale Führung fehlten. Sie kämpften entschlossen um die besetzten öffentlichen Gebäude und Bahnhöfe, besonders in dem Zeitungsviertel, das rund einen Kilometer südlich der Prachtstraße »Unter den Linden« gelegen war. Hier hatten Aufständische die Verlagshäuser von Mosse, Ullstein und Scherl besetzt, die zu den größten und wichtigsten in Deutschland zählten. Besonders erbittert waren die Kämpfe um das Verlagshaus des *Vorwärts* bis zum 11. Januar 1919. Als sich die Gefechte immer mehr zu Gunsten der regierungstreuen Truppen neigten, beschlossen die revolutionären Kämpfer, Unterhändler mit weißer Fahne zu entsenden, die die Übergabebedingungen vortragen sollten. Die Arbeiter wurden gefangen genommen, misshandelt und schließlich erschossen. Diese Verrohung des Kampfes zeigt den ausgeprägten Hass der eingesetzten Truppen gegen politisch links eingestellte Menschen. Sie sahen sich nicht mehr an grundlegende Übereinkünfte zwischen kämpfenden Parteien gebunden, wie sie im Weltkrieg weitgehend beachtet wurden. Das letzte große Gefecht fand am 12. Januar 1919 am Berliner Alexanderplatz statt, dem Sitz des Polizeipräsidenten. Auch hier siegten die Regierungstruppen. Die Zahl der Opfer ging in die Hunderte, offizielle Angaben liegen nicht vor. An den Kämpfen um das Berliner Zeitungsviertel waren die Freikorps nicht beteiligt. Sie zogen erst am 15. Januar 1919 in das Zentrum der Stadt ein, als die Aufstände endgültig niedergeschlagen waren. Das Freikorps Reinhard war ebenso wie das Freikorps Potsdam bis dahin bei Kämpfen in Spandau oder Moabit eingesetzt worden. Die erste Tat der Freikorps nach der

Niederschlagung des Aufstandes bestand darin, die für den Aufstand verantwortlich gemachten Führer der KPD Karl Liebknecht und Rosa Luxemburg, die sie schon über einen längeren Zeitraum verfolgten, festzusetzen und zu ermorden.

4.1.1 Reichsweite Aufstände gegen die Regierung

Parallel zu den Berliner Januarkämpfen entwickelten sich in ganz Deutschland bewaffnete Auseinandersetzungen zwischen Revolutionären und Militär. Den Aufständischen ging es sowohl darum, die Position der Räte und somit die bisherigen Errungenschaften der Revolution zu sichern, als auch die Sozialisierung von Schlüsselindustrien umzusetzen. Zentren waren dabei die Städte Leipzig, Dresden, Braunschweig und Halle an der Saale sowie das Ruhrgebiet und das schlesische Industrierevier. Die Berliner Kämpfe wirkten wie eine Initialzündung auf die lokalen Erhebungen, da es keine direkten Verbindungen oder Absprachen zwischen den jeweiligen Aufständischen gab. Die Vorgänge des Januars 1919 in Bremen und München werden eigens geschildert, da sie in eine längere lokale Entwicklung eingebunden gewesen sind.

Betrachten wir zunächst die Ereignisse im Freistaat Sachsen, wo zu diesem Zeitpunkt noch SPD- und USPD-Politiker in einer gemeinsamen Regierung die Verantwortung trugen. Sehr früh regte sich in Leipzig Widerstand gegen die Regierung von Friedrich Ebert. Der lokale Arbeiter- und Soldatenrat veröffentlichte am 8. Januar 1919 einen drastischen Aufruf: »Es ist genug! Das klassenbewußte deutsche Proletariat kann nicht länger zusehen, wie jene verfluchte Regierung Ebert-Scheidemann in Berlin die revolutionärsten Elemente des deutschen Proletariats niedermetzelt. Das Blut der Opfer der gegenrevolutionären Soldateska der Ebert-Scheidemann schreit zum Himmel. Deutsches Proletariat! Willst Du eine Regierung dulden, die Maschinengewehre gegen streikende Arbeiter aufführt, die bürgerliche Soldaten auf das Proletariat hetzt, eine Regierung, die in Berlin auf das Volk schießen läßt, die in der Königshütte 22 streikende Arbeiter ermorden ließ?« Der Riss zwischen der Berliner Regierung und den Räten hätte deutlicher nicht aufgezeigt werden können. Während der Januarkämpfe standen sich bereits nicht nur in Berlin zwei verfeindete Lager gegenüber. In Leipzig selbst blieb es aber, von kleineren Zwischenfällen abgesehen, weitgehend ruhig. Der eintägige Generalstreik am 11. Januar war in erster Linie eine symbolische Unterstützung der Berliner Aufständischen.

Wesentlich intensiver setzten sich linke USPD- und KPD-Anhänger in Dresden für die Berliner Kämpfer ein. Am 10. Januar sprach der Kommunist Otto Rühle zu einer großen Anhängerschaft über die blutigen Ereignisse in der Hauptstadt. Daraufhin zogen mehrere Tausend Menschen zur *Dresdner Volkszeitung*, dem Blatt der lokalen Sozialdemokratie. Als sie sich vor dem Gebäude versammelt hatten, eröffneten Wachen das Feuer und warfen Handgranaten in die Menge. Zwölf Demonstranten starben, 52 erlitten zum Teil schwere Verletzungen. Otto Rühle und weitere Anführer der Demonstration wurden verhaftet. Die SPD entschied sich, bei künftigen Kundgebungen wieder mit unerbittlicher Härte gegen die Demonstranten vorzugehen, während die USPD genau das Gegenteil forderte und öffentlich gegen das Blutbad demonstrierte. Auf dieser Basis bestand dann keinerlei Verständigungsmöglichkeit mehr. Die USPD-Minister verließen am 16. Januar die Regierung mit der SPD. Damit wiederholte sich in Sachsen auf Länderebene, was wenige Wochen zuvor in Berlin geschehen war: das Scheitern des Rats der Volksbeauftragten, als die USPD nach der »Blutweihnacht« die gemeinsame Regierung aus Protest gegen innenpolitische Gewalt verließ.

In Braunschweig regte sich ebenfalls lebhafter Widerstand gegen die Reichsregierung. In dem ehemaligen Herzogtum fand sich bereits während des Krieges eine linke Opposition, deren Meinung sich im *Braunschweigischen Volksfreund* niederschlug. In Braunschweig verfügte die USPD nach der Revolution über die Mehrheit, ihr führender Politiker August Merges bekleidete nach der Revolution das Amt des Präsidenten der Sozialistischen

Das *Vorwärts*-Gebäude nach dem Beschuss am 11.01.1919

Republik Braunschweig. In der Stadt fanden am 7. Januar 1919 mehrere große Kundgebungen statt, in deren Verlauf bürgerliche Zeitungshäuser besetzt wurden. August Merges formulierte den Widerstand gegen die Berliner Linie in einem Telegramm an Friedrich Ebert vom 10. Januar 1919, in dem er die Berliner Regierung aufforderte, den Kampf gegen die Revolution mithilfe von Berufsoffizieren sofort einzustellen. Da der Protest erfolglos blieb, griffen die linken Sozialdemokraten zu anderen Mitteln. In einem Aufruf forderten sie die Gründung einer mittelnorddeutschen Bundesrepublik, die sich ausdrücklich gegen die Berliner Regierung richtete. Diese reagierte umgehend und ließ Teile Braunschweigs von regierungstreuen Truppen besetzen. In Braunschweig herrschte neben dem Willen zum Widerstand gegen die Regierung Ebert ein ausgeprägter Wunsch nach Selbstverwaltung. Das verband Braunschweig mit Bayern, wo nicht wenige Politiker an eine Donaurepublik dachten.

Aber auch im Südwesten Deutschlands, wo es bislang weitgehend friedlich geblieben war, regte sich ein erster Protest. In dem Volksstaat Württemberg bekleidete Wilhelm Blos von der SPD das Amt des Ministerpräsidenten in einer Koalitionsregierung mit der USPD. Als die Demonstranten in Stuttgart am 8. Januar 1919 ebenfalls Zeitungshäuser besetzten, ließ Blos den Aufstand blutig niederschlagen. In einem Telegramm an Friedrich Ebert gratulierte er diesem zu seinem Sieg über die Berliner Aufständischen und informierte den Reichskanzler über seinen eigenen Erfolg gegen kommunistische Bestrebungen. Als Reaktion auf die Stuttgarter Machtdemonstration verließen die Unabhängigen Sozialdemokraten das Kabinett.

Die zuvor geschilderten Ereignisse spielten sich alle außerhalb Preußens ab. In Preußen selbst war das Bild uneinheitlich. Im mitteldeutschen Industriegebiet um Halle blieb es weitgehend friedlich. Die örtlichen Räte protestierten schriftlich gegen das Vorgehen der Berliner Regierung bei der Bekämpfung von Aufständischen, sahen aber von öffentlichen Kundgebungen oder gar bewaffnetem Widerstand ab. In Oberschlesien fielen die

Reaktionen auf die Berliner Aufstände heftiger aus. Dort kam es in der ersten Januarwoche zu Arbeitsniederlegungen. Die blutige Niederschlagung des Streiks in Königshütte mit 22 Toten, auf die bereits der Leipziger Aufruf der Arbeiter- und Soldatenräte hinwies, bildete den Auftakt für weitere Demonstrationen, deren zentrales Motto »Fort mit der Regierung Ebert« lautete. Schnell wuchs die Bewegung in den Städten Beuthen, Chorzow, Kattowitz und Tarnowitz an, verlief aber friedlich. Durch die vermittelnde Tätigkeit der Berliner Regierung zwischen Grubenbesitzern und Arbeitern gelang es, einen gewaltsamen Konflikt zu verhindern.

Weitaus dramatischer verliefen die Aufstände im Westen. In den stark industrialisierten Kernregionen Rheinland und Westfalen kam es zu gewaltsamen Protesten, in deren Verlauf Pressehäuser besetzt und reformunwillige Beamte abgesetzt wurden. Den Anfang machte der Arbeiter- und Soldatenrat in Düsseldorf. Gedeckt von einer überwiegend sozialistisch einge-stellten Arbeiterschaft beschloss das Gremium am 9. Januar 1919, den Regierungspräsidenten, den Oberbürgermeister und den Polizeichef abzusetzen. Gleichzeitig übernahmen die Arbeiter Polizeifunktionen und besetzten Bahnhöfe und Postämter. Die SPD nahm den Kampf gegen die Sozialisten auf. Bei Zusammen-stößen in Düsseldorf starben 19 Menschen.

Die Aufstände im Rheinland griffen schnell auf das benach-barte Ruhrgebiet über. Ebenfalls am 9. Januar hatte die Streik-bewegung bereits ein Ausmaß angenommen, angesichts dessen sich die Regierung zum Handeln gezwungen sah. Die Arbeiter erhoben neben wirtschaftlichen auch politische Forderungen, indem sie für eine umgehende Verstaatlichung des Bergbaus eintraten und den Rücktritt der Regierung Ebert forderten. Am 14. Januar beschloss das preußische Kabinett, Gelder für die Niederschlagung des Aufstandes zu bewilligen. Doch noch hielten die demonstrierenden Arbeiter eindeutig das Heft des Handelns in ihren Händen. Sie besetzten das Gebäude des Rheinisch-Westfälischen Kohlensyndikats in Essen und wählten den Landrichter Ernst Ruben zum Verantwortlichen für die beabsichtigte Sozialisierung. Dort konstituierte sich auch die »Neunerkommission« des lokalen Arbeiter- und Soldatenrats. In ihm waren je drei Vertreter von SPD, USPD und KPD vertreten. Die Kommission arbeitete zügig auf die Sozialisierung des Bergbaus im Revier hin. Ausdrücklich richteten sich die Räte des Ruhrgebiets gegen eine bürgerlich-kapitalistische Republik. Ihnen war die Verstaatlichung der Gruben bitterer Ernst. Der Regierung gelang es aber, mäßigend zu wirken. Karl Kautsky bescheinigte der nach Berlin gereisten Neunerkommission, »übereilt« gehandelt zu haben, die Sozialisierungskommission verweigerte ihr ebenfalls jegliche Unterstützung. Ein Gespräch zwischen Friedrich Ebert und Ernst Ruben am 18. Januar 1919 entspannte die Lage. Beide einigten sich auf die Wahl von Arbeiterausschüssen, das Ruhrgebiet stand vorerst unter der Kontrolle von drei Regierungskommissaren.

Das Ergebnis des Berliner Januaraufstandes und der reichsweiten Aufstandsbewegungen war für beide Seiten wenig zufriedenstellend. Zwar gelang es der Regierung in Berlin, die Aufstände gewaltsam zu unterdrücken, doch war damit das oppositionelle Potential keineswegs ausgeschaltet. Eher im Gegenteil schien es so, dass sich durch die ständig größer werdende Gegenrevolution das Gewaltpotential auf Seiten der Radikalen steigerte. Aber auch für die Aufständischen fiel die Bilanz durchwachsen aus. In Berlin erlitten sie eine klare militärische Niederlage, da keine bewaffnete Truppe zu den Kämpfenden überging. In den industriellen Zentren des Rheinlands und des Ruhrgebiets formierte sich eine feste Front für die Sozialisierung, die es aber nicht auf eine Konfrontation mit Berlin ankommen ließ. Der Regierung gelang es durch Verhandlungen, die brisante Lage vorerst zu entschärfen. Die Demonstrationen in den Staaten Braunschweig, Sachsen und Württemberg gegen die Regierung Ebert zeigten einen ähnlichen Verlauf, waren in ihrer Intensität aber gänzlich verschieden. Die heftigsten Auseinandersetzungen fanden dabei in Dresden statt. Die politischen Auswirkungen bestanden oftmals in dem Bruch der bis zum Januar 1919 bestehenden Regierungen zwischen SPD und USPD. Angesichts der Bereitschaft der SPD, Gewalt gegen die Demonstranten anzuwenden und auch Dutzende Tote in Kauf zu nehmen, sahen die USPD-Politiker keinerlei Basis mehr für eine Zusammenarbeit. Linke Kräfte standen entschlossenen sozialdemokratischen Regierungen in Berlin und in den Bundesstaaten gegenüber, die mit militärischer Gewalt gegen Revolutionäre vorgingen. Die Gewalt der Freikorps und der Militärs trug ganz entscheidend zum Selbstverständnis der linken Kräfte bei: Sie wussten nunmehr sehr genau, dass sie bereits mit der Gegenrevolution kämpften. Hier hatten sie nur eine Chance, wenn sie mit gleicher Härte antworteten. Die Radikalisierung der Aufstände hatte begonnen.

4.2 Die Ermordung Karl Liebknechts und Rosa Luxemburgs

Oft ist in der Literatur von einer »vergessenen Revolution« die Rede, die nur wenige Spuren hinterlassen habe. Ein Ereignis sticht aber bis heute heraus: die Ermordung von Karl Liebknecht und Rosa Luxemburg am 15. Januar 1919. Die in der Presse umgehend verbreitete Darstellung, Liebknecht sei auf der Flucht erschossen und Luxemburg von einer wütenden Menge getötet worden, war eine gezielte Lüge. Vielmehr handelt es sich hier um die Taten der von der Regierung herbeigerufenen Eliteeinheiten, für die Mord und Totschlag an politischen Gegnern durchaus legitim erschienen. Diese Einheiten standen der im Dezember 1918 von Eduard Stadtler gegründeten Antibolschewistischen Liga nahe. Sie verfügte über ein Vermögen von mehreren Millionen Mark, das sie für politische Zwecke nutzte. Das Geld stammte u. a. von den Großindustriellen Hugo Stinnes, Ernst von Borsig und Felix Deutsch.

Die Hetze gegen Luxemburg und Liebknecht setzte schon Anfang Dezember 1918 ein. In den Straßen Berlins fanden sich überall Plakate wie das folgende: »Arbeiter, Bürger! Das Vaterland ist dem Untergang nahe. Rettet es! Es wird nicht bedroht von außen, sondern von innen: Von der Spartakusgruppe. Schlagt ihre Führer tot! Tötet Liebknecht! Dann werdet ihr Frieden, Arbeit und Brot haben! Die Frontsoldaten«. Dabei war die Zeile »Tötet Liebknecht« plakativ in sehr großer Schrift gedruckt und sprang sofort ins Auge. Dieser eindeutige Mordaufruf ist auch unter einem weiteren Aspekt von besonderer Bedeutung. Er ist unterzeichnet mit »Die Frontsoldaten«, die aber zu diesem Zeitpunkt noch gar nicht in der Stadt waren. Derartige Aktionen hatten ihren Ausgangspunkt mit großer Wahrscheinlichkeit in der Stadtkommandantur von Otto Wels. Dort setzte man alles daran, Liebknecht und Luxemburg ausfindig zu machen und zu hetzen, damit sie ihrer redaktionellen Arbeit an der *Roten Fahne* nicht weiter nachkommen konnten. Doch aus dem ursprünglichen Ziel, die beiden führenden Köpfe der KPD von ihrer Arbeit abzuhalten, entwickelte sich schnell ein Mordplan.

In der Nacht zum 10. Dezember 1918 gab es bereits einen Mordversuch an Karl Liebknecht, der in der Redaktion der *Roten Fahne* von Soldaten des Zweiten Garderegiments erschossen werden sollte. Die Motivation, Karl Liebknecht zu ermorden, wurde durch eine Prämie von 50 000 Mark (trotz des Verfalls der Mark um 50 % ihres Wertes gegenüber Friedenszeiten ein enormer Betrag) noch gewaltig gesteigert. Das Geld stammte von Georg Sklarz, einem Freund Philipp Scheidemanns. Vor der Ermordung am 15. Januar 1919 finden sich in dem *Mitteilungsblatt der freiwilligen Hilfskorps in Berlin* und im *Vorwärts*, beides zentrale SPD-Publikationen, weitere Hetzartikel gegen Liebknecht und Luxemburg. Besonders schändlich ist ein im *Vorwärts* abgedrucktes »Gedicht« mit dem Refrain: »Vielhundert Tote in einer Reih' – Proletarier! Karl, Rosa, Radek und Kumpanei – es ist keiner dabei, es ist keiner dabei! Proletarier!« Dieser kaum verhüllte Mordaufruf dürfte wohl das Schändlichste sein, was das auch heute (wieder) erscheinende Blatt der deutschen Sozialdemokratie hervorgebracht hat.

Diese Veröffentlichungen waren den Betroffenen bekannt. Sie wussten um die Gefahr, wechselten häufiger ihre Wohnung und arbeiteten bis zu ihrer Verhaftung am 15. Januar an Artikeln für die *Rote Fahne*. Am Abend dieses Tages drangen Soldaten in die Wohnung in der Mannheimer Straße 53 ein und verhafteten Karl Liebknecht und Rosa Luxemburg. Beide wurden in das Hotel Eden an der Budapester Straße gebracht, das sich unweit der Kaiser-Wilhelm-Gedächtniskirche befand. Dort erwartete sie Hauptmann Waldemar Pabst von der Garde-Kavallerie-Schützen-Division. Er stellte kurz die Personalien der bereits schwer Misshandelten fest. Dann folgte ein Telefongespräch in die Reichskanzlei, verbunden war Pabst mit Gustav Noske. Es gibt verschiedene Darstellungen des Gesprochenen, Kapitänleutnant Horst von Pflugk-Harttung sagte 1932 in einem Interview, Noske habe die Ermordung befohlen. Nach einer anderen Darstellung soll Pabst an Noske die Frage gerichtet haben, ob er den Befehl zur Tötung der Festgehaltenen bekomme. Als Noske sagte, er könne diesen Befehl nicht geben, und ausführte, Pabst solle sich an den Freikorpsführer von Lüttwitz wenden, wandte Pabst ein, von Lüttwitz würde nie die Erlaubnis erteilen. Die entscheidenden Worte Noskes sollen sinngemäß gewesen sein: »Dann müssen Sie wissen, was zu tun ist.« Was diese Aussage in der Situation nach dem blutig niedergeschlagenen Aufstand und der vorherigen Hetze gegen die beiden führenden Köpfe der KPD, auch durch den *Vorwärts*, bedeutete, war klar. Keinesfalls hat Noske irgendetwas unternommen oder gesagt, was die zu erwartende Ermordung verhinderte. Er hätte beispielsweise den Befehl erteilen können, Luxemburg und Liebknecht in ein Zuchthaus zu sperren. Das ist ausdrücklich nicht gesagt worden.

So übergab Pabst Liebknecht und Luxemburg ihren Mördern. Auf dem Weg zu einem Auto, das sie angeblich in eine Haftanstalt bringen sollte, trafen zuerst Liebknecht, etwas später Luxemburg furchtbare Schläge mit einem Gewehrkolben, ausgeführt von Jäger Runge. Karl Liebknecht wurde schwer verwundet Richtung Tiergarten gefahren. An dem Mord waren sechs Offiziere und ein Jäger beteiligt. Alle trugen, gleichsam als Tarnung, Mannschaftsuniform. Am Neuen See im Tiergarten täuschten die Soldaten eine Panne vor und ließen Liebknecht aussteigen. Horst von Pflugk-Harttung fragte ihn, ob er es allein bis zur Charlottenburger Chaussee schaffe. Als Karl Liebknecht wenige Meter in die angegebene Richtung gegangen war, wurde er von hinten erschossen. Vier Offiziere schossen: Horst von Pflugk-Harttung, Heinrich Stiege, Ulrich von Ritgen und Rudolf Liepmann. Die Mörder trugen seine Leiche in das Auto zurück und fuhren sie zum nächstgelegenen Leichenschauhaus. Sie gaben den ermordeten Karl Liebknecht als unbekannten Toten ab.

Die Mörder von Rosa Luxemburg machten noch kürzeren Prozess. Nach dem schweren Kolbenschlag, den ebenfalls der Jäger Runge ausführte, sprang bei der Abfahrt des Wagens der Freikorpsoffizier Hermann Souchon auf das Trittbrett und begleitete die Fahrt. Nach wenigen hundert Metern zog er seine Waffe und erschoss Rosa Luxemburg mit einem aufgesetzten Kopfschuss. Der angeklagte und später verurteilte Oberleutnant Vogel war nicht der Mörder. Anschließend warfen die Mörder die Leiche in den Landwehrkanal. Sie wurde erst Monate später am 1. Juni 1919 an einer Schleuse gefunden. In der Edition *Ich umarme Sie in großer Sehnsucht – Briefe aus dem Gefängnis 1914–1918* findet sich übrigens eine Fotografie des Leichnams – den Anblick sollte man sich besser ersparen.

In zahlreichen deutschen Städten fanden in den folgenden Tagen Protestkundgebungen gegen die Ermordung Karl Liebknechts und Rosa Luxemburgs statt. Aber auch aus Frankreich kamen Stimmen der Empörung. Literaturnobelpreisträger Romain Rolland klagte die deutschen Sozialdemokraten scharf an: »Für alle Zeiten werden Ebert, Scheidemann und Noske in der Geschichte das Makel dieses niederträchtigen Mordes tragen.« Die Beerdigung von Karl Liebknecht und 31 Toten der Berliner Januaraufstände fand am 25. Januar 1919 statt. Trotz massiven Polizeiaufgebots nahmen zehntausende Menschen an der Trauerfeier teil, die zu einer Demonstration für die Toten wurde.

Die Beerdigung von Karl Liebknecht und weiteren Spartakisten

Die Morde an Rosa Luxemburg und Karl Liebknecht besaßen auch symbolischen Charakter. Die beiden Vordenker der Kommunisten hatten in der gesamten Revolutionsphase bis zum Ende der Januaraufstände keine führende Funktion. Sie wurden weder in die entscheidenden Rätekongresse gewählt noch steuerten sie die Kämpfe in den Straßen, die in erster Linie von den Berliner Revolutionären Obleuten gelenkt wurden. Ihre Tätigkeit bestand darin, die Ereignisse schonungslos zu kommentieren und offenzulegen, wie sehr die Regierung um Friedrich Ebert bemüht war, revolutionäre Bestrebungen weitgehend dem Wunsch nach Ruhe und Ordnung unterzuordnen. Liebknecht und Luxemburg waren keine maßgeblichen Gestalter der Revolution, sondern scharfsichtige und unerbittliche Beobachter, wovon gerade ihre letzten Artikel Zeugnis ablegen. Sie sahen die Revolution durch die Politik der SPD verraten und erkannten den Sieg der Gegenrevolution. Ihre klaren Worte machten sie zu den greifbaren Feinden in einer weitgehend anonymen revolutionären Masse. Ihr Tod sollte symbolisch den Tod der Revolution markieren.

Die Morde blieben praktisch ungesühnt. Die neue Regierung von Philipp Scheidemann – Friedrich Ebert war bereits zum Reichspräsidenten gewählt worden – lehnte es ab, die Täter vor ein Sondergericht zu stellen, und ließ sie durch ein Gericht der eigenen Division am 14. Mai 1919 verurteilen. Die Strafen fielen erwartungsgemäß äußerst milde aus. Das Feldkriegsgericht der Garde-Kavallerie-Schützen-Division verurteilte den Husar Otto Runge, der die Kolbenschläge ausgeführt hatte, zu zwei Jahren Gefängnis. Oberleutnant Vogel, der Rosa Luxemburg erschossen haben sollte, erhielt zwei Jahre und vier Monate Gefängnis. Der tatsächliche Mörder Hermann Souchon war nur als Zeuge geladen und nicht angeklagt. Die Strafen mussten die beiden Verurteilten kaum ableisten, da ihnen die Flucht ermöglicht wurde. Die Mörder Karl Liebknechts, namentlich Leutnant Liepmann und Kapitänleutnant Horst von Pflugk-Harttung, wurden freigesprochen. Das Urteil löste wie zu erwarten Empörung aus, glich es doch eher einer Absolution als einer Verurteilung. Obwohl selbst konservative Sozialdemokraten empört waren, unterzeichnete Gustav Noske den »Schuldspruch«, wodurch er rechtskräftig wurde.

Der Verantwortliche für die Ermordung Liebknechts und Luxemburgs, Hauptmann Waldemar Pabst, wurde nie angeklagt. In einem Privatbrief aus dem Jahr 1969 äußerte er sich über den Tathergang und die Rolle der Regierung bei den Morden. Dieser äußerst wichtige Brief (zitiert nach Klaus Gietinger: Eine Leiche im Landwehrkanal) lautet wörtlich: »Tatsache ist: die Durchführung der von mir angeordneten Befehle ist leider nicht so erfolgt, wie es sein sollte. Aber sie ist erfolgt, und dafür sollten diese deutschen Idioten Noske und mir auf den Knien danken, uns Denkmäler setzen und nach uns Straßen und Plätze benannt haben! Der Noske war damals vorbildlich, und die Partei (bis auf ihren halbkommunistischen linken Flügel) hat sich in dieser Affäre damals tadellos benommen. Dass ich die Aktion ohne Noskes Zustimmung gar nicht durchführen konnte (mit Ebert im Hintergrund) und auch meine Offiziere schützen musste, ist klar. Aber nur ganz wenige Menschen haben begriffen, warum ich nie vernommen oder unter Anklage gestellt worden bin, und warum die kriegsgerichtliche Verhandlung so verlaufen ist, Vogel aus dem Gefängnis befreit wurde usw. Als Kavalier habe ich das Verhalten der damaligen SPD damit quittiert, dass ich 50 Jahre lang das Maul gehalten habe über unsere Zusammenarbeit. [...] Wenn es nicht möglich ist, an der Wahrheit vorbeizukommen und mir der Papierkragen platzt, werde ich die Wahrheit sagen, was ich auch im Interesse der SPD gern vermeiden möchte.«

Die Ermordung von Karl Liebknecht und Rosa Luxemburg ist das folgenschwerste Kapitel der Januarkämpfe, vielleicht sogar der ganzen deutschen Revolution. Nach den durch Gietinger vorgelegten Dokumenten kann kein Zweifel daran bestehen, dass die SPD-Regierung den Mord billigte, wenn nicht gar befahl. Die telefonischen Kontakte zwischen Hauptmann Pabst und Gustav Noske kurz vor dem Mord bestätigen das. Eine direkte Beteiligung der Antibolschewistischen Liga, die zwar die Rahmenbedingungen für die Ermordung schuf, kann – entgegen den Behauptungen Stadtlers – nicht belegt werden. Die Regierung schuf zwei Märtyrer der Revolution. Intelligenten Sozialdemokraten war sofort klar, dass die eigene Parteiführung hinter dem Mord stand, und sie zogen, wie es auch Herbert Marcuse Anfang 1919 tat, umgehend ihre Konsequenzen, indem sie aus der Partei austraten. Eine Verständigung von KPD und dem linken Flügel der USPD mit der SPD war nicht mehr möglich. Die KPD war empfindlich getroffen, ihre prominentesten Vertreter waren tot. Das hatte auch Auswirkungen auf die weitere Entwicklung der Partei, da sie in Rosa Luxemburg eine brillante Theoretikerin besessen hatte, die auch die Auseinandersetzung mit Moskau nicht gescheut hatte. Ohne ihre intellektuelle Schärfe und ohne die

Persönlichkeit Karl Liebknechts geriet die KPD dann zusehends in eine Abhängigkeit von der Kommunistischen Partei der Sowjetunion. Der Bruch zwischen Sozialdemokratie und KPD war nicht mehr zu überwinden und bestand in aller Deutlichkeit bis in die letzten Tage der Weimarer Republik. Das verfeindete linke Lager trug somit nicht unerheblich zum Untergang der Republik bei.

4.3 Die Bremer Räterepublik

Während in Berlin die für den weiteren Verlauf der Revolution so entscheidenden Januarkämpfe ausgetragen wurden, begründeten in Bremen linke USPD-Anhänger und Kommunisten die Bremer Räterepublik. Sie sollte die Berliner Kämpfer militärisch entlasten und moralisch stützen. Die weitgehend in Vergessenheit geratene Bremer Bewegung ist aber in erster Linie ein Modell für die Möglichkeiten und Grenzen einer existierenden Räteherrschaft und soll deshalb neben der wesentlich bekannteren Münchener Räterepublik unter Kurt Eisner eingehend beschrieben werden.

Die Revolution des Jahres 1918 erreichte Bremen am 6. November. Spontan bildeten sich Arbeiter- und Soldatenräte, die mehrheitlich von linksradikalen Kräften geführt und von den Mehrheitssozialdemokraten unterstützt wurden. Die Bevölkerung trat schnell auf die Seite der Revolution, da sie zu einem ganz großen Teil durch das äußerst ungerechte Acht-Klassen-Wahlrecht von jeglicher politischer Mitsprache ausgeschlossen war. Am 14. November setzte die Führung der Bremer Arbeiter- und Soldatenräte die bis dahin noch bestehenden städtischen Gremien Bürgerschaft und Senat ab. Damit beließen es die Räte nicht wie in vielen Teilen Deutschlands bei einer Kontrolle der bis dahin verantwortlichen Organe, sondern ersetzten diese durch die Arbeiter- und Soldatenräte, die nunmehr selbst die Macht ausübten. Das war die entscheidende Voraussetzung für die kommende Räterepublik. Durch das Ausscheiden der SPD aus den Räten der Hansestadt im Dezember 1918 verschärfte sich die Lage. Nunmehr regierten USPD und die neu gegründete KPD in der Stadt. Bremen beschritt einen Weg, der entgegen der Berliner Entwicklung verlief. Während die USPD den Rat der Volksbeauftragten Ende 1918 verließ, schied in Bremen die SPD aus der Räteregierung aus. Die Arbeiter und Soldaten organisierten das öffentliche Leben der Stadt und konnten allen gegenrevolutionären Bestrebungen erfolgreich entgegentreten. So gelang es bei der Heimkehr des Bremer Infanterie-Regiments Nr. 75, dessen Offiziere die Wiedereinsetzung des Senats forderten, die Soldaten zu entwaffnen.

Auf dieser Grundlage war es den Bremer Räten möglich, ihre revolutionären Vorstellungen in die Tat umzusetzen. Als die Berliner Kämpfe am 9. Januar 1919 ihrem Höhepunkt entgegengingen, waren die Bremer bereit, zu handeln und ein Zeichen für die Unterstützung der Berliner Revolutionäre zu setzen. Die Räte riefen zu einer Großdemonstration auf. Vor dem Rathaus versammelten sich am 10. Januar rund 30 000 bewaffnete Arbeiter und Soldaten. Der im Rathaus tagende Aktionsausschuss des Arbeiter- und Soldatenrats verkündete nach kurzer Verständigung mit den Demonstrierenden die Bremer Räterepublik. Adam Frasunkiewicz von der USPD teilte der Menge mit, in der Stadt regiere fortan ein Rat der Volkskommissare (wohlgemerkt nicht der Volksbeauftragten!), Senat und Bürgerschaft als Vertreter der alten Macht seien endgültig abgesetzt. Als deutlichstes Zeichen der neuen Zeit in Bremen erhielten revolutionäre Arbeiter zusätzliche Waffen. In der Stadt galt nunmehr das Standrecht. Das war, ganz anders als in der Hauptstadt, eine wirkliche soziale Revolution. Folgerichtig schickten die Bremer Räte ein Telegramm nach Berlin, in dem sie die Regierung Ebert zum Rücktritt aufforderten.

Am selben Abend traten in Bremen die neu zusammengesetzten Arbeiter- und Soldatenräte zur ihrer ersten Sitzung zusammen. Der gewählte Rat der Volkskommissare hatte die ausführende Regierungsgewalt inne. Der Vollzugsrat stand ihm kontrollierend zur Seite, USPD und KPD arbeiteten sehr eng zusammen. Höchstes Gremium der Bremer Republik blieb aber weiterhin der Arbeiter- und Soldatenrat. Er konnte Beschlüsse revidieren und Volkskommissare absetzen. Die Hoffnung aber, mit der Räterepublik ein Zeichen für weitere deutsche Städte gegeben zu haben, um die Berliner Revolutionäre zu unterstützen, ging nicht in Erfüllung. Die Beschlüsse der Hansestadt fanden allenfalls im näheren Umland Beachtung.

Schwierigkeiten innerhalb der revolutionären Gremien bereitete die wichtige Frage nach der Wahl zur Verfassunggebenden Nationalversammlung. Die KPD trat für einen Boykott ein und folgte der Linie ihres Parteitagsbeschlusses. Die USPD befürwortete hingegen die Wahlen und konnte sich schließlich, auch durch die Unterstützung aus den Soldatenräten, durchsetzen. Somit wurde auch in Bremen am 19. Januar 1919 gewählt. Einigkeit herrschte hingegen bei der Bewaffnung der Arbeiter-Bataillone, die schnell und zielstrebig voranschritt. Sie waren selbstständige revolutionäre Einheiten und unterstanden nicht dem Soldatenrat. Diese Entwicklung betrachteten die Soldaten der alten Armee mit zunehmender Skepsis. Doch vorerst blieb es ruhig, und so konnte die neue Regierung erste politische Maßnahmen einleiten. Ihr blieb dafür nur rund eine Woche Zeit, da der Stadt dann auf Veranlassung der Reichsregierung jegliche Kredite gesperrt werden sollten. In dieser kurzen Spanne erhöhte Bremen die Bezüge der Arbeiter und Beamten und die Entschädigungen für Kriegerwitwen. Die nach wie vor nur in geringen Mengen vorhandenen Lebensmittel sollten gerechter verteilt werden, indem die Volkskommissare Schwarzhändlern den Kampf ansagten. Auch in den Bremer Schulen änderte sich einiges. Im Unterricht war sowohl jegliche Glorifizierung des Kaiserreichs wie auch Kritik an der revolutionären Bewegung strikt untersagt.

Doch all die Reformversuche blieben im Anfangsstadium stecken: Die finanziellen Möglichkeiten waren nach der Kreditsperre erschöpft, und der Berliner Regierung gelang es am 12. Januar 1919 die Aufstände in der Hauptstadt niederzuschlagen. Nunmehr konnte die Reichsregierung Truppen für den Einsatz in Bremen bereitstellen. Gegenrevolutionäre Kräfte entmachteten die Räte in Cuxhaven und Umgebung und nahmen Kurs auf Bremen. Am

14. Januar kam es bereits zu ersten Zusammenstößen mit reaktionären Truppen, die Todesopfer forderten. Doch vorerst gelang es den Bremer Werftarbeitern, den Angriff zurückzuschlagen. Die Berliner Offiziere setzten aber in Verhandlungen durch, dass die Arbeiter einen großen Teil ihrer Waffen abgeben mussten, was die Bremer Kommunisten entschieden ablehnten. Die KPD forderte im Gegenteil, Soldaten zu entwaffnen, Arbeiter zu bewaffnen und eine eigene »Rote Armee« zu begründen.

In dieser Lage wurde die Bremer Räterepublik durch eine wirtschaftliche Maßnahme aus Berlin bedroht. Zahlreiche Großbanken der Hauptstadt entzogen den abhängigen Bremer Banken die Kredite. Somit waren die Bremer Banken genötigt, ihrer Regierung ebenfalls den Kredit aufzukündigen. Die Zahlungen an die Beamten, Angestellten und Bezieher von Unterstützungen waren nicht länger gewährleistet. Die Räteregierung musste nunmehr der Wahl einer Konstituierenden Versammlung zustimmen, die das weitere Geschick der Hansestadt bestimmen sollte. Der Aufruf zum Generalstreik vom 20. Januar 1919 blieb weitgehend folgenlos, reiche Bremer Kaufleute waren unterdessen in Berlin, um über militärische Schritte zu beraten. Sie erreichten ihr Ziel: Am 25. Januar beschloss Noske nach Rücksprache mit General von Lüttwitz die Entsendung einer Freiwilligendivision unter Führung von Oberst Gerstenberg. Das Freikorps durfte eigenmächtig vorgehen und hatte den Auftrag, bewaffneten Widerstand rücksichtslos zu brechen. Als der Bremer Regierung am 30. Januar 1919 mitgeteilt wurde, dass bewaffnete Verbände die Stadt einnehmen würden, um wieder »geordnete Zustände« zu schaffen, war klar, was den Einwohnern bevorstehen würde. Deshalb waren die Bremer Volksbeauftragten bereit, zurückzutreten, und die Arbeiter gewillt, ihre Waffen abzuliefern. Die Reichsregierung reagierte auf die Erklärung mit verschärften Bedingungen. Alle Waffen sollten dem Freikorps übergeben und die Räteherrschaft sollte gänzlich beseitigt werden. Die vollkommene Unterwerfung wollten die Bremer Kommunisten nicht hinnehmen, boten aber doch am Ende des 3. Februars 1919 weitere Verhandlungen an. Darauf wollte sich Noske nicht mehr einlassen. Die Division Gerstenberg hatte bereits den schriftlichen Befehl, in Bremen einzurücken.

Damit stand für den 4. Februar ein Massaker bevor. Mehr als 3500 komplett ausgerüstete, kampferprobte Soldaten trafen auf unterlegene revolutionäre Kräfte. Deren Zahl belief sich auf rund 1000 Arbeiter und Soldaten. Die Freikorpssoldaten rückten schnell vor, brachen jeden Widerstand energisch und beschossen strategisch wichtige Punkte mit schwerer Artillerie. Ganz so wie im Krieg. Gegen diese militärische Macht verteidigten sich die revolutionären Kämpfer entschlossen, mussten aber einen Stützpunkt nach dem anderen aufgeben und beendeten um 22 Uhr die Kämpfe. Dem größten Teil der Unterlegenen gelang es, nach Cuxhaven zu fliehen. Damit war der Sieg der Noske unterstellten Truppen komplett. Von Bremen aus unternahm die Division Gerstenberg weitere militärische Schritte gegen Bremerhaven und Cuxhaven. Die Nachbarstädte kapitulierten aber rechtzeitig, um ein Blutvergießen wie in Bremen zu verhindern.

Die Reichsleitung nutzte den Sieg sofort politisch aus. Fortan regierten in Bremen fünf eingesetzte rechte Sozialdemokraten in einer provisorischen Regierung. Sie verkündete umgehend den Belagerungszustand und setzte die Räteregierung ab. Es folgten willkürliche Verhaftungen unter den revolutionären Arbeitern, linke Blätter wurden verboten. Nach dieser ersten Phase der Konsolidierung fanden am 9. März Wahlen statt. Es gelang der SPD nicht, die Mehrheit zu erreichen. Die Sozialdemokraten bildeten mit den bürgerlichen demokratischen Parteien eine Koalition, in der sie zehn der 18 Senatoren stellten. Eine Zusammenarbeit mit der USPD oder gar den Kommunisten war in Bremen nach der blutigen Niederschlagung der Räterepublik auf absehbare Zeit undenkbar.

Die Geschichte der Bremer Räterepublik ist auf das Engste mit den Berliner Januarkämpfen verbunden. Ursprünglich zur Entlastung der Kämpfenden gedacht, indem sie Regierungstruppen binden sollte, entwickelte sie schnell eine eigene Dynamik und versuchte, soziale Reformen ansatzweise durchzusetzen. In der Kürze der Zeit gelang Erstaunliches, zumal die Macht der Regierung von bewaffneten Arbeitern abgesichert war. Bemerkenswerterweise war es dann eine wirtschaftliche Kampfmaßnahme, die den Anfang vom Ende der Bremer Räterepublik einleitete. Durch die gekündigten Kredite konnte sie die angestoßenen finanziellen Verbesserungen nicht weiter ausbauen und musste schließlich in die Wahl einer Konstituierenden Versammlung einwilligen. Doch anstatt diesen Weg fortzuschreiten, der wahrscheinlich sogar eine bürgerliche Mehrheit erbracht hätte, zog die Regierung in der Hauptstadt die Beseitigung der Räte durch militärische Gewalt vor. Die Auswirkungen auf die Bevölkerung waren nach den Berliner Kämpfen abzusehen, wurden aber bewusst in Kauf genommen. Somit blieb die Bremer Räterepublik eine Episode, die Erinnerung an sie verblasste vor den wichtigeren Berliner Kämpfen. Sie zeigt aber, dass es lokal durchaus Ansätze zu einer umfassenden Sozialisierung gab, die freilich auch in Bremen noch in den Anfängen steckten. Dieser Entwicklung wollte die Reichsregierung unter Friedrich Ebert energisch entgegentreten.

4.4 Der Freistaat Bayern unter Kurt Eisner

In Bayern nahm die Revolution einen ganz anderen Verlauf als in Preußen. Zwar glichen sich die Ereignisse in einzelnen Details, erfolgten aber in einer zeitlich wesentlich längeren Abfolge. Der Revolution selbst schloss sich unter Ministerpräsident Kurt Eisner eine friedliche, auf Ausgleich bedachte Phase an, die bis zu seiner Ermordung Ende Februar 1919 andauerte. Erst danach spitzten sich die Ereignisse zu, es kam zur Bildung einer kommunistischen Räteregierung und zur Konterrevolution. Die bis Anfang Mai 1919 amtierende Räteregierung unterlag schließlich in einem äußerst brutal geführten Kampf, der mehrere Tausend Menschen das Leben kostete.

Wegen der zwei gänzlich verschiedenen Abschnitte der bayerischen Revolution wird in diesem Kapitel die Regierung von Kurt Eisner behandelt. Die mehr als 700-jährige Regierungszeit der Wittelsbacher war sang- und klanglos untergegangen, die USPD übernahm die Regierung ohne Blutvergießen. Die Geschichte der bayerischen Revolution ist vor allem durch einen großen Politiker geprägt: Kurt Eisner stand dem Freistaat vom November 1918 bis zu seiner Ermordung im Februar 1919 als Ministerpräsident vor. Die Biographie Eisners ist erstaunlich und passt so gar nicht zu Bayern. Aus einer wohlhabenden jüdischen Berliner Familie stammend, verfügte er als Intellektueller über ausgezeichnete theoretische Kenntnisse. Dass aber Kurt Eisner als Preuße, Jude und Denker die Geschicke des Staates mehr als drei Monate erfolgreich leitete und dabei auf die breite Zustimmung der Bevölkerung zählen konnte, lag sicher an seiner einzigartigen Persönlichkeit. Geboren 1867 in Berlin als Sohn eines erfolgreichen Kaufmannes, galten seine Neigungen schon früh den schönen Künsten. 1907 ging er nach München, eines der bedeutendsten kulturellen Zentren Deutschlands. Eisner trat der SPD bei und entwickelte erst während des Krieges eine eher linke Haltung. Vor diesem neuen politischen Hintergrund organisierte er maßgeblich den großen Münchener Januarstreik 1918. Die Behörden reagierten umgehend, Eisner verbrachte neun Monate in Untersuchungshaft und war erst im Oktober 1918 wieder ein freier Mann. Die Münchener Revolution war ganz entschieden das Werk Eisners. Er hatte die organisatorischen Fähigkeiten und die Durchsetzungskraft, die bayerische Monarchie als erste in ganz Deutschland einfach abzuschaffen.

Eisner konnte die Revolution weitgehend nach seinen Vorstellungen lenken, weil die Münchener SPD unter Erhard Auer ihren Gegenspieler fahrlässig unterschätzte. Die SPD beantragte für den 7. November eine große Demonstration in München, auf der das Ende der Monarchie und der Sturz der Regierung gefordert wurden. Auer hatte der königlichen Regierung aber zuvor schon zugesichert, dass nichts weiter passieren würde,

Kurt Eisner

da er für seine Anhänger einstehe. Und so löste sich die Demonstration der SPD-Anhänger wie zugesagt nach einem Marsch in die Innenstadt friedlich auf. Nun aber schlug Eisners große Stunde. Er sah, dass ein großer Teil der Demonstranten durchaus bereit war, den revolutionären Worten Taten folgen zu lassen. Eisner führte, zusammen mit Ludwig Gandorfer vom Bayerischen Bauernbund, den sich abspaltenden Zug zu den Kasernen der Stadt. Unter den Marschierenden befanden sich bereits zahlreiche Soldaten in ihren Uniformen, die die Seite gewechselt hatten und rote Fahnen schwenkten. Sie hatten schon an der Kundgebung teilgenommen und ermöglichten es ihren Kameraden in den Kasernen, ohne große Überlegungen zu den Revolutionären überzutreten. Ein Augenzeuge spricht davon, die Soldaten in den Kasernen hätten »nur darauf gewartet, daß wir kommen«. Widerstand leisteten nur ganz wenige Offiziere. Da sie aber keinerlei Rückhalt besaßen, brach ihr Widerstand sehr schnell in sich zusammen. Thomas Dehler, später bekannter Politiker in der frühen Bundesrepublik, sah, wie Soldaten ihre Gewehre fortwarfen. Er musste zugeben: »Das hat mich stark erschüttert, besonders die Ohnmacht des Staates.«

Das bisherige Staatsoberhaupt, König Ludwig III., konnte den Geschehnissen nur zusehen und in Absprache mit seinem Ministerium die Konsequenzen ziehen. Am selben Tag noch entschloss er sich, mit seiner Familie die Residenzstadt München zu verlassen und auf einem Schloss weitab der Stadt Zuflucht zu suchen. In dieser aufgebrachten Situation, als sich aus einem Massenprotest eine Revolution abzeichnete, vollzog Erich Mühsam den entscheidenden Schritt. Der Schriftsteller rief am Nachmittag die Republik aus und forderte die Wahl von Arbeiter-, Soldaten- und Bauernräten. Diese Räte traten bereits am selben Abend zusammen. Ihr Vorsitzender war der Sozialdemokrat Franz Schmitt. Um 23 Uhr, wir sind immer noch am 7. November 1918, begaben sich die Räte mit ihren Delegierten und Kurt Eisner in den Bayerischen Landtag. Dort hielt der reichlich erschöpfte Eisner noch eine große Rede. Er stellte den

Sieg der Revolution fest und rief zu besonnenem Handeln auf. Eine im Anschluss formulierte Proklamation verkündete den Beginn der Republik als Freistaat. Mit diesem Begriff verwiesen die Revolutionäre nachdrücklich auf das Ende der Monarchie, von der Bayern nunmehr frei sei.

Die Münchener Räte wählten anschließend ihre neue Regierung. An der Spitze stand Eisner als Ministerpräsident und Außenminister, der SPD-Vorsitzende Auer trat als Innenminister in das neue Kabinett ein. Neben zwei weiteren Sozialdemokraten bekleidete noch ein Unabhängiger Sozialdemokrat, Edgar Jaffé, ein Ministeramt. Durch die Revolution verlor der alte Landtag aus den Zeiten des Königs seine Legitimation. Der Provisorische Nationalrat, gebildet aus den Räten, Gewerkschaften und Verbänden sowie der Landtagsfraktion der Sozialdemokratie, trat an seine Stelle. Das Ganze spielte sich in weniger als 24 Stunden ab, alles blieb friedlich. Aber am Ende des Tages war auch klar, dass die SPD von den Ereignissen doch sehr überrascht worden war.

Noch in der Nacht auf den 8. November fand eine kurze Besprechung zwischen dem ehemaligen königlichen Innenminister von Brettreich und dem neuen Minister Auer statt. Auer betonte, die Entwicklung des Tages weder gewollt noch befördert zu haben. Ein Aktenvermerk von Brettreichs über diese Unterhaltung enthält die Bemerkung Auers, die siegreiche Revolution könne nur noch in dieser Nacht bekämpft werden, am folgenden Tag sei es bereits zu spät. Wie sich die Haltungen führender Sozialdemokraten in Berlin und München glichen! Auer schien ebenso wie Ebert von der Revolution mitgerissen worden zu sein und dachte bereits am ersten Tag an reaktionäre Maßnahmen. Doch die Revolution hatte alle Soldaten auf ihrer Seite. Somit waren vorerst keine Aktionen gegen den Freistaat Bayern möglich.

Kurt Eisner hielt am 8. November 1918 eine weitere bedeutende Rede, die sich zentral mit der Friedensfrage auseinandersetzte. Deutschland war immer noch im Kriegszustand mit den Alliierten. Für einen erträglichen Frieden sei es aber unbedingt erforderlich, sich von den Belastungen des Kaiserreichs zu lösen, da das demokratische Deutschland sonst für die Verfehlungen der Monarchie würde büßen müssen. Um die Demokratie und die revolutionären Errungenschaften zu festigen, sei vorerst die spontane Volksherrschaft unumgänglich. Erst später, in ruhigeren Zeiten, könne eine gewählte Nationalversammlung der Republik ihr endgültiges Gepräge geben. Doch auf Drängen der Sozialdemokraten fiel der Wahltermin schon auf den 12. Januar 1919 und lag somit noch vor der Wahl zur Verfassunggebenden Nationalversammlung. In ganz Bayern ging die Revolution beinahe schon geräuschlos vonstatten. Ernst Niekisch, Vorsitzender des Zentralen Arbeiter- und Soldatenrats und Mitglied der USPD, berichtet für Augsburg von einem harmonischen Zusammenarbeiten von Partei und Soldatenrat und innerhalb der Räte selbst. Die meisten Offiziere seien froh gewesen, dass der Krieg vorbei gewesen sei. Außenpolitisch versuchte Eisner alles, um einen verträglichen Frieden zu erlangen. Aus diesem Grund entschloss er sich, die deutsche Schuld am Kriegsbeginn einzugestehen, und ließ durch Karl Kautsky entsprechende Dokumente veröffentlichen. Kautsky, bekannt durch seine linke Position in der Auseinandersetzung mit dem revisionistischen Konzept Eduard Bernsteins, fand zahlreiche Belege der offensiven deutschen Politik des Julis 1914, konnte das vollständige Material aber erst gegen Ende des Jahres 1919 publizieren. So nutzte die Herausgabe einzelner Dokumente vor dem Versailler Vertrag wenig, brachte Eisner aber die Feindschaft der reaktionären »Thulegesellschaft« ein. Aus ihren Reihen ging sein Mörder hervor.

Eisner räumte ein, dass die Revolutionsregierung eine Übergangsregierung sei. Sie griff nur wenige Vorhaben auf, setzte diese dann aber entschlossen und erfolgreich um. So führte der Ministerpräsident den Achtstundentag für Arbeiter ein und verbesserte die Unterstützung für Erwerbslose. Eine weitere bleibende Maßnahme war der Wechsel in der Schulaufsicht. Sie ging von der kirchlichen auf die staatliche Gewalt über. Ein Plan, politisch mit Österreich zusammenzugehen und eine Donaukonföderation zu begründen, blieb Utopie. Allerdings zeigt das Konzept die Neigung Bayerns, an eine im 19. Jahrhundert unter preußischer Vorherrschaft unterbundene Entwicklung anzuknüpfen. Im Vorfeld der deutschen Einigung von 1871 blieb lange offen, ob das neue Reich mit oder ohne Österreich ins Leben gerufen werden sollte; Preußen setzte sich durch. Eine mögliche Verbindung Bayerns mit seinem Nachbarn gewann aber in der Novemberrevolution zumindest kurzfristig wieder an Aktualität.

Für die bayerische Bevölkerung änderte sich erst einmal sehr wenig. Was das tägliche Leben betraf, blieb vieles wie zuvor. Die Beamten versahen nach der Lösung des Treueeides durch den ehemaligen König weiter ihre gewohnte Arbeit. Gänzlich unangetastet blieben die Besitzstrukturen. Die Sozialisierung von Betrieben war kein Thema, wurde aber auch nicht von den Räten gefordert. Die Arbeiter standen hinter dieser Position. Die Gewerkschaften sahen es als wichtigstes Ziel an, ihre Mitglieder stärker durch bessere Löhne an den Gewinnen zu beteiligen. Auch das ist ein klares Zeichen, dass die deutschen Räte weitestgehend nicht kommunistisch beeinflusst waren und sich als eine Kontrollfunktion der im Amt gebliebenen Beamtenschaft verstanden. Die Soldatenräte unterstützten ebenfalls ihren Ministerpräsidenten Kurt Eisner. Das war ein entscheidender Faktor, weshalb es in Bayern nicht zu gewaltsamen Übergriffen oder gegenrevolutionären Unternehmen kam. Sie hätten einfach keine Chance gehabt. Zu den überzeugten Verteidigern Kurt Eisners gehörte übrigens auch ein junger Soldat des Ersten Weltkrieges: Adolf Hitler bekleidete sogar die Stellung eines soldatischen Vertrauensmannes und dürfte mit großer Wahrscheinlichkeit eine rote Armbinde getragen haben.

Eisner arbeitete politisch eng mit der SPD zusammen und machte ihr große Zugeständnisse. Das Verhältnis zwischen Räten und Parlament war bis dato nicht eindeutig geklärt, doch zeichnete sich das parlamentarische System als bestimmendes Machtorgan ab. So sah das bayerische Staatsgrundgesetz vom 4. Januar 1919 überhaupt keine Räte mehr vor und setzte ganz auf die parlamentarische Demokratie. Die Sozialdemokraten im Freistaat waren damit auf der gleichen Linie wie ihre preußischen Parteifreunde. Die Räte begehrten nicht offen auf, ihr Widerstand regte sich aber im Verborgenen. In dieser politisch ungeklärten Situation mit mehreren Optionen fanden die Landtagswahlen statt. Sie fielen genau in die Zeit, als der Berliner revolutionäre Aufstand seinem Höhepunkt entgegenstrebte. Dieses Ereignis mag gerade viele bürgerliche Wähler bewogen haben, vertraute konservative Kräfte zu wählen. Eindeutiger Gewinner war die Bayerische Volkspartei mit 66 von 180 Sitzen im neuen Landtag, gefolgt von der SPD mit 61 Mandaten. Die Deutsche Volkspartei errang 25 Sitze, die Deutschnationale Volkspartei neun. Verlierer der Wahlen waren der Bayerische Bauernbund mit 16 Mandaten und ganz besonders die USPD des Ministerpräsidenten. Sie erhielt nur drei Mandate für den zukünftigen Landtag. Eisner zeigte sich tief enttäuscht über das Abschneiden seiner Partei.

Die erste Sitzung des Landtags war für den 21. Februar 1919 anberaumt. In der Zwischenzeit waren auch die Räte wieder erstarkt und nicht willens, spurlos aus dem politischen Leben abzutreten. Am 16. Februar organisierten Gustav Landauer und Erich Mühsam eine große Demonstration in München und forderten das Rätesystem für den Freistaat. Auf der anderen Seite formierte sich eine neuen Regierung auf der Grundlage des Wahlergebnisses. Eine Verständigung zwischen SPD und liberalen Kräften zeichnete sich bereits ab. Eisner verfügte lediglich bei den Räten über Rückhalt und war bereit, sein Amt an den SPD-Vorsitzenden abzugeben und selbst die Führung der Räte zu übernehmen. Sein oberstes Ziel war es, das Rätesystem in der neuen Verfassung festzuschreiben. Die Situation war vor der ersten Landtagssitzung völlig offen, eine Verständigung zwischen Parlamentarismus und Rätesystem schien immer noch möglich. Damit sie gelingen konnte, hatte sich Eisner am Morgen des 21. Februars 1919 bereits zum Rücktritt entschlossen und eine entsprechende Rede geschrieben. Doch halten konnte er sie nicht mehr. Kurz vor Betreten des Landtags schoss ihn ein

Student nieder und verletzte den Ministerpräsidenten sofort tödlich. Der Täter, der rechtsradikale Anton Graf von Arco auf Valley, entstammte dem Kreis der Thulegesellschaft.

Mit diesem Mord endete die erste Phase der Revolution im Freistaat Bayern, die als Musterbeispiel einer friedlichen Volkserhebung gelten kann. Ohne jegliche Gewaltanwendung übernahmen die Räte am 7. und 8. November 1918 die Macht. Unter der Führung Kurt Eisners blieb die politische Lage weitgehend ruhig. Das lag zu einem großen Teil daran, dass sich die neue Regierung als provisorisch betrachtete und baldige Wahlen zum Landtag in Aussicht stellte. Die Spannungen zwischen Rätesystem und Parlamentarismus blieben aber bestehen. Dennoch schien ein Ausgleich mit der Mehrheit des Landtags möglich, da sich eine von der SPD geführte Regierung mit den Liberalen andeutete und Eisner seinen Platz für Auer räumen wollte. Die zweite Revolutionsphase war hingegen durch politische Radikalisierung auf revolutionärer und restaurativer Seite, ganz so wie in Preußen und in weiten Teilen des Reichs, gekennzeichnet.

4.5 Freistaat Preußen

Die Revolutionsereignisse in Berlin hatten in erster Linie Auswirkungen auf die in der Hauptstadt tagende Reichsleitung, die zuerst als Rat der Volksbeauftragten und ab Januar 1919 wieder als Reichsregierung amtierte. Dabei wird aber oft übersehen, dass die Revolution im preußischen Staat selbst massive Veränderungen bewirkt hat. Diese Vorgänge müssen schon allein deshalb angemessen berücksichtigt werden, da Preußen auch nach den Gebietsabtrennungen des Versailler Vertrages noch mit Abstand der größte deutsche Staat war und dementsprechendes Gewicht auf Länderebene besaß. Der alte Spruch aus dem Kaiserreich »Wer Preußen hat, hat das Reich« besaß nach wie vor seine Berechtigung. Deshalb werfen wir im Folgenden den Blick auf die Veränderungen im neuen Freistaat Preußen vom

9. November 1918 bis unmittelbar vor dem Kapp-Putsch 1920, der ganz gegen seine Absichten die junge Demokratie durch den erfolgreichen Widerstand festigte.

Als Max von Baden die Regierungsgeschäfte am Nachmittag des 9. Novembers 1918 an Friedrich Ebert übergab, vollzog er damit einen weiteren äußerst wichtigen Rechtsakt. Da der Prinz auch das Amt des Preußischen Ministerpräsidenten bekleidete, ging dieses ebenfalls an Ebert über. Gleichzeitig bestand das Königreich Preußen nach der verkündeten Abdankung des Kaisers und Königs nicht mehr. Preußen war seit diesem Tag ein republikanischer Freistaat. Friedrich Ebert war mit der übernommenen Staatsführung und der Regierung im Rat der Volksbeauftragten mehr als ausgelastet. Somit war es zwingend notwendig, die Macht in Preußen an einen Vertrauten zu delegieren. Der Fraktionsvorsitzende im preußischen Abgeordnetenhaus Paul Hirsch übernahm diese wichtige Aufgabe. Paul Hirsch, geboren 1868, entstammte einer jüdischen Familie des Charlottenburger Bürgertums und studierte in Berlin Nationalökonomie. In seiner Tätigkeit als Journalist stand er in den 1890er-Jahren der SPD nahe und konnte sogar als einer der ersten Sozialdemokraten 1908 in den preußischen Landtag einziehen. In der Revolution vertraute ihm Friedrich Ebert die Führung Preußens an, der er als Ministerpräsident und späterer Innenminister nachkam.

Hirsch setzte mit revolutionärer Legitimation der Berliner Arbeiter- und Soldatenräte am 12. November 1918 die bisherige preußische Regierung ab. Er erließ als Beauftragter des Vollzugsrats umgehend einen Aufruf an alle Preußen, den bisherigen Hort des Militarismus und der politischen Reaktion in eine Volksrepublik zu überführen. Die Staatsdiener hatten die Aufgabe, weiterhin ihrer Arbeit nachzugehen. Am folgenden Tag besaß Preußen eine neue Regierung. Sie führte die Bezeichnung Rat der Volksbeauftragten für Preußen und war in ihrer Zusammensetzung mit drei Sozialdemokraten und drei Unabhängigen dem Rat im Reich nachempfunden. Auch hier herrschte Parität, was sich besonders in der Besetzung der Ministerien zeigte, die von einer Doppelspitze geführt wurden. Die Leitung des preußischen Rats lag bei Paul Hirsch und Heinrich Ströbel von der USPD. Ströbel, 1869 im hessischen Bad Nauheim geboren, stammte ebenfalls aus gutbürgerlichen Verhältnissen und schloss sich früh der SPD an. Er stieg schnell in die Parteispitze auf und wurde wie Hirsch 1908 in das Preußische Abgeordnetenhaus gewählt. Als Chefredakteur des *Vorwärts* hatte Ströbel eine maßgebliche Stellung in der Sozialdemokratie inne. Während des Krieges stand er der Burgfriedenspolitik zunehmend skeptisch gegenüber und schloss sich 1917 der USPD an. Das Kabinett bestand zudem aus parteilosen Fachministern oder Ministern aus bürgerlichen Parteien. Auch hier sollte möglichst viel Kompetenz in den einzelnen Ministerien vertreten sein. Die wichtigsten Ordnungspfeiler des Staates überstanden die Revolution unbeschadet. Die Landräte versahen weiterhin ihren Dienst und sollten ausdrücklich für Ruhe und Ordnung in Preußen sorgen. Um der konservativen Machtelite aber ihren politischen Rückhalt zu nehmen, löste die Regierung das Herrenhaus ebenso wie das noch nach dem Drei-Klassen-Wahlrecht zusammengesetzte Abgeordnetenhaus auf.

Die neue Revolutionsregierung zerbrach aber wie die Reichsleitung Ende Dezember 1918, als die Unabhängigen Sozialdemokraten aus Protest gegen die Weihnachtsunruhen das Kabinett verließen. Deshalb kam den Wahlen vom 26. Januar 1919 zur verfassunggebenden preußischen Landesversammlung eine besondere Bedeutung zu. Hier gab es ein ähnliches Ergebnis wie bei der Wahl zur Nationalversammlung, als die SPD stärkste Kraft vor dem Zentrum und der DDP wurde. Umgehend regelte die Landesversammlung die politischen Zuständigkeiten. An die Stelle des Königs trat das Staatsministerium, das auf das Vertrauen der Landesversammlung zwingend angewiesen war und vom Präsidenten der Landesversammlung berufen wurde. Die wichtigste Aufgabe blieb die Ausarbeitung der neuen Verfassung. Die im Parlament vertretenen Parteien delegierten Abgeordnete in den Verfassungsausschuss, wobei die SPD mit elf von 27 Politikern am stärksten vertreten war, freilich ohne die Mehrheit zu besitzen. Die Verfassung zeichnete sich durch eine starke Hervorhebung der demokratisch gewählten Organe aus. Zum einen besaß der von Männern und Frauen gleichermaßen gewählte Landtag eine starke Position, da über dem Parlament und der aus ihm hervorgehenden Regierung kein Staatspräsident stand. Die Richtlinienkompetenz des Ministerpräsidenten erwies sich als stabilisierend und gestattete es der prägenden preußischen Persönlichkeit der 1920er-Jahre, Otto Braun von der SPD, einer starken Regierung vorzustehen. Zum anderen waren als weiteres demokratisches Element Volksabstimmungen vorgesehen.

Aus den Wahlen vom 25. März 1919 ging die neue Regierung Hirsch hervor. Die Abgeordneten von SPD, Zentrum und DDP bildeten die Weimarer Koalition. Sie verfügte mit 298 von 401 Sitzen in der Landesversammlung über eine komfortable Mehrheit. Die Aufgaben der neuen Regierung waren vielfältig. Zunächst galt es erst einmal, den Freistaat Preußen zu erhalten, da sich an seinen Peripherien deutliche Abspaltungsbestrebungen regten. So konnte sich das katholische Rheinland ebenso wie die Bevölkerung in Hannover oder in Schlesien durchaus einen eigenen Staat vorstellen. In der Provinz Posen traten viele Bewohner für eine Eingliederung in den neuen polnischen Staat ein. In den Rheinlanden beförderte die geplante Trennung von Kirche und Staat separatistische Bewegungen und ließ sogar Erinnerungen an den Kulturkampf aufkommen, als Reichskanzler von Bismarck in den 1870er-Jahren die Katholiken pauschal verdächtigt hatte, der kirchlichen Autorität in Rom mehr Gehör zu schenken als der eigenen Regierung. Aber nicht zuletzt das Beharren der SPD und der USPD auf ein starkes Preußen verhinderte die Abspaltung einzelner Landesteile. Auch die von Hugo Preuß erwogene Aufteilung des Staates in acht selbstständige Gebiete wurde nicht durchgeführt. Die Entwicklung in Preußen verlief somit weitgehend wie die im Deutschen Reich und zeichnete sich dadurch aus, dass umfangreiche Sozialisierungsmaßnahmen sowohl im Bergbau als auch in der Landwirtschaft unterblieben.

Die im Freistaat Preußen gewählte Regierung bewährte sich über das Frühjahr 1920 hinaus, als restaurative Kräfte durch den Kapp-Putsch versuchten, die Staatsgewalt an sich zu reißen. Die preußische Regierung verblieb in Berlin und nahm den Kampf gegen die aus den östlichen Provinzen Preußens kommenden Putschisten auf. Der von einer breiten gesellschaftlichen Mehrheit getragene Generalstreik ließ den Umsturzversuch ins Leere laufen. In Preußen stand die Mehrheit der Oberpräsidenten hinter der legitimen Führung. Allerdings traten die meisten Landräte, die zu einem großen Teil noch aus dem Kaiserreich stammten, für die Aufrührer ein. Dabei ist ein deutlicher Unterschied zwischen den einzelnen Landesteilen festzustellen. Während der Westen die Regierung stützte, war der Osten auf Seiten Kapps. Der junge Freistaat ging als Sieger aus dieser Auseinandersetzung hervor. Die neue Regierung unter Otto Braun verstand es zudem, die unzuverlässigen Amtsträger gänzlich aus ihren Positionen zu entfernen und durch Demokraten zu ersetzen. Die Parteien der Weimarer Koalition rückten in Preußen enger zusammen und verteidigten den Staat für lange Jahre erfolgreich.

So war die Periode zwischen dem 9. November 1918 und der Ernennung von Ministerpräsident Otto Braun im März 1920 für Preußen eine Zeit tiefgreifender Veränderungen. Das am 18. Januar 1701 begründete Königreich Preußen bestand nach der Revolution nicht mehr. An seine Stelle trat der Freistaat Preußen mit einer demokratischen Verfassung. Der neue Staat musste sich neben den auch für das Reich belastenden Ereignissen wie den Weihnachtsunruhen, dem Januaraufstand 1919, der Ermordung von Karl Liebknecht und Rosa Luxemburg sowie den Märzunruhen 1919 auch noch mit separatistischen Bestrebungen auseinandersetzen. Dass er daran nicht zerbrach, sondern nach einer neuerlichen schweren Belastungsprobe durch den Kapp-Putsch und die sich anschließenden Sozialisierungsbestrebungen sogar gestärkt daraus hervorging, zeigt das demokratische

Potential Preußens für die Weimarer Republik. Die Grundlage dafür boten eine demokratische Verfassung und die Erfahrungen der unmittelbaren Nachkriegszeit, als nicht wenige Deutsche den preußischen Staat verlassen wollten oder gar daran dachten, ihn in seinem territorialen Bestand deutlich zu verkleinern. Diese Ereignisse verbanden die preußischen Demokraten über alle Parteigrenzen hinaus und festigten den Freistaat. Preußen wurde wider alle Erwartungen vom konservativsten, reaktionärsten deutschen Staat zum Bollwerk der Demokratie. Eine äußerst bemerkenswerte Entwicklung.

4.6 Parteien

Als die Entscheidung für die Wahl einer Verfassunggebenden Nationalversammlung gefallen war, konnten sich die Parteien nach der Revolution neu formieren und ihre Programmatik auf die Demokratie hin ausrichten. Die beiden sozialdemokratischen Parteien SPD und USPD sind in ihrer Entwicklung und Zielsetzung bereits ausführlich behandelt worden, da sie den Revolutionsverlauf ganz maßgeblich prägten. Wie es aber politisch weitergehen sollte, hing zukünftig auch von den anderen Parteien ab. Durch den Schritt, demokratische Wahlen zu ermöglichen, bekamen die bürgerlichen Parteien ein ganz neues Gewicht, da sie ebenso wie die Sozialdemokratie über einen etablierten Stamm an Wählern verfügten, der durch Wählerinnen erheblich erweitert wurde: Frauen durften zum ersten Mal in der deutschen Geschichte an Wahlen teilnehmen – ein großes Verdienst der Revolution und der jungen Republik. Da die KPD sich nicht an den Wahlen beteiligte, konnten sich die Wähler und Wählerinnen zwischen bürgerlich-liberalen, nationalen und sozialdemokratischen Parteien entscheiden. Die Wahl zur Verfassunggebenden Nationalversammlung war von entscheidender Bedeutung, weil die dort auszuarbeitende Verfassung die Grundlage für das politische Leben der Republik bildete. Da die

Grundsätze der Parteien mit in die Verfassungsgestaltungen einflossen und die parlamentarische Demokratie von den Parteien getragen wurde, ist ein genauerer Blick auf die Programmatik und Zielsetzung der einzelnen Parteien sehr hilfreich für das Verständnis des politischen Lebens der Revolutionszeit und der jungen Weimarer Republik.

Betrachten wir zuerst die große Konstante der deutschen Parteienlandschaft: die katholische Zentrumspartei. Ihre politische Heimat hatte die Partei im Kaiserreich als verbindendes Glied aller deutschen Katholiken in dem evangelisch dominierten preußischen Staat. Die Partei war in ihrer Programmatik liberal und verfügte über eine äußerst heterogene Wählerschaft, die sowohl Arbeiter als auch Angestellte und Akademiker umfasste. Allein auf dieser Grundlage musste sie bereits grundverschiedene Interessen ausgleichen und sehr konsensfähig sein. Das prädestinierte sie dafür, zu einer der führenden Parteien der Weimarer Republik zu werden, zumal sie einer politischen Zusammenarbeit mit anderen Parteien weitgehend offen gegenüberstand.

Der Start war allerdings schwierig. Das Zentrum wurde von der Revolution vollkommen überrascht. Somit entschlossen sich einzelne Landesverbände, schnell zu handeln. Während sich das Zentrum in Baden, Württemberg und Hessen an der provisorischen Regierung beteiligte, bildete sich in Bayern mit der Bayerischen Volkspartei eine eigene Zentrumspartei. In den ersten Nachkriegsmonaten nahm die Parteiführung zahlreiche personelle Veränderungen vor. Nunmehr standen stets demokratisch eingestellte Mitglieder an der Spitze der Partei. Weiterhin stärkte das Zentrum seinen Einfluss auf die Arbeiterschaft und bei den christlichen Gewerkschaften. Drei Schwerpunkte bestimmten die konkrete politische Arbeit: Zuerst sollte die Revolution eingedämmt werden, Forderungen nach einer umfangreichen Sozialisierung waren mit dem Zentrum nicht umzusetzen. Der Partei war es weiterhin wichtig, die Rechte der katholischen Kirche festzuschreiben, und drittens, die bundesstaatliche Struktur des Reiches beizubehalten. Da es dem Zentrum gelang, seine Vorstellungen in der Verfassung der Weimarer Republik weitgehend umzusetzen, stand die Partei fest auf dem Boden der jungen Demokratie. In allen späteren Belastungsproben war sie eine Stütze des Staates.

Das traf auch auf die Deutsche Demokratische Partei (DDP) zu. Sie war die entschieden liberale, demokratiebejahende Kraft der Weimarer Republik. Führende Köpfe der DDP waren der bekannte Chefredakteur des *Berliner Tageblatts* Theodor Wolff, der damals bereits weltbekannte Physiker Albert Einstein und der Finanzexperte Hjalmar Schacht. Die am 20. November 1918 neu gegründete Partei verfolgte ähnliche Ziele wie die SPD. Sie trat für die Demokratie ein und betrachtete sozialistische Forderungen eher skeptisch. Die Partei arbeitete engagiert an der Ausarbeitung der neuen Verfassung mit und stimmte ihr geschlossen zu. Sie stand auch bei schweren Belastungen stets zur Republik, was sich 1920 während des Kapp-Putsches zeigte, als die DDP mit zum Generalstreik aufrief und die anderen schwankenden liberalen Parteien DVP und DNVP scharf angriff.

Die Deutsche Volkspartei (DVP) stand dem neuen Staat kritisch gegenüber. Sie ging aus der Nationalliberalen Partei des Kaiserreichs hervor und konnte sich nicht mit der liberalen Neugründung der DDP auf gemeinsame Ziele verständigen. Das lag auch an den führenden Persönlichkeiten der beiden Parteien. Während die DDP mit Theodor Wolff und Robert Friedberg zwei überzeugte Demokraten an ihrer Spitze hatte, stand der DVP mit Gustav Stresemann ein Politiker aus der Kaiserzeit vor, der während des Weltkrieges als bekennender Annexionist auf sich aufmerksam gemacht hatte und auch nach der Revolution konservativeren Positionen zuneigte. Diese oppositionelle Haltung isolierte die Partei anfänglich, zumal sie die Verfassung ablehnte, sich an der Vorbereitung des Kapp-Putsches beteiligte und sich gegen den rettenden General-streik aussprach. Die Wandlung des Vorsitzenden Stresemann zu einem der führenden Politiker der Weimarer Republik gehört zu den bemerkenswertesten Entwicklungen in der politischen Geschichte Deutschlands. Von einer eher antidemokratischen Haltung und der Ablehnung des jungen Staates herkommend, übernahm Stresemann als Reichskanzler und Außenminister maßgeblich Verantwortung. Für sein Wirken erhielt er 1926 den Friedensnobelpreis und ist deshalb auch heute noch im deutschen Bewusstsein gegenwärtig.

Während die DVP unter Stresemann zu einer solchen Entwicklung in der Lage war, verblieb die Deutschnationale Volkspartei (DNVP) stets in ihrer antidemokratischen Haltung. Sie wurde in ihrer Gründung maßgeblich von den konservativen Parteien unterstützt, wobei den preußischen Konservativen eine führende Rolle zukam. Sie richteten die Partei sehr erfolgreich als konservatives, antidemokratisches Sammelbecken aus. Das Potential der Partei lag bis zum Ende der 1920er-Jahre zwischen 15 % und 20 % der Wählerschaft. In ihrer politischen Arbeit verfolgte sie hauptsächlich die Bekämpfung von Republik und Parlamentarismus und trat für die Einführung der Monarchie ein. Dabei verklärte sie die preußische Geschichte stark und stellte das aus ihrer Sicht erfolgreiche, positiv besetzte Preußen der Weimarer Republik entgegen. Als Gegenpol zum Zentrum trat die DNVP für die Stärkung der evangelischen Kirche im Reich ein und beschritt auch in der Außenpolitik eigene Wege. Sie war nicht zu einer Aussöhnung mit Frankreich bereit. Bereits 1920 nahm sie auch klar antisemitische Positionen in ihr Grundsatzprogramm auf und besetzte somit bis zum Erstarken der NSDAP Ende der 1920er-Jahre den politisch äußerst rechten Rand der Gesellschaft. An diesen Positionen änderte auch eine kurzzeitige Regierungsbeteiligung nichts. Die DNVP blieb antidemokratisch und gelangte schließlich unter Alfred Hugenberg zu einer Annäherung an die NSDAP. Aber gerade das Erstarken der Nationalsozialisten war der Untergang der DNVP, die nach ihrem besten Wahlergebnis mit mehr als 20 % im Dezember 1924 auf nur noch 5,4 % im Juli 1932 abrutschte. Der hohe Stimmenanteil von bis zu 20 % bis zum Ende der

1920er-Jahre zeigt auch, wie groß der Anteil der politischen Widersacher der jungen Demokratie war.

Und dennoch sind 20 % Ablehnung bei Weitem nicht die Mehrheit. In der politischen Landschaft der Weimarer Republik besaßen die demokratischen Parteien ein klares Übergewicht. Neben die sozialdemokratischen traten um die Jahreswende 1918/19 mehrere bürgerlich-liberale Parteien, die sich der Wahl zur Verfassunggebenden Nationalversammlung stellten und das politische Gefüge der Weimarer Republik für mehr als ein Jahrzehnt mitbestimmten. Dabei kam dem Zentrum eine besondere Bedeutung zu, da es am häufigsten den Reichskanzler stellte und sowohl mit der Sozialdemokratie als auch mit den liberalen Parteien zusammenarbeitete. Die Weimarer Republik verdankte ihre politische Festigung neben dem politischen Wirken der SPD in erheblichem Maße den bürgerlichen Parteien. Und das ließ sie bis zur Weltwirtschaftskrise 1929 zu einem weitgehend gefestigten Staat heranreifen.

4.6.1 Die Verfassunggebende Nationalversammlung

Der Reichsrätekongress legte den Wahltermin für die Verfassunggebende Nationalversammlung auf den 19. Januar 1919 fest. Er entschied sich damit für den frühestmöglichen Termin, den auch die SPD, im Gegensatz zur USPD, bevorzugte. Die frühe Wahl hatte aus Sicht der SPD zwei Vorzüge. Zum einen konnte sie für demokratische Verhältnisse sorgen, da der Rat der Volksbeauftragten immer noch durch die Revolution legitimiert war. Das wollte insbesondere Friedrich Ebert ändern, der sich seit Ende Dezember 1918 wieder Reichskanzler nannte – ganz so wie am 9. November, als er das Amt von Prinz Max übernommen hatte. Da aber die Amtsübergabe nicht der gültigen Verfassung entsprach – nur der Kaiser hätte mit Zustimmung des Reichstags einen neuen Reichskanzler ernennen können –, verständigten sich Ebert und Prinz Max bei der Amtsübergabe auf eine Konstituante, die über die zukünftige Staatsform entscheiden sollte. Der frühe Wahltermin diente dazu, die noch schwebenden Legitimations- und Verfassungsfragen schnell und endgültig zu klären. Zum anderen verstand sich der Rat der Volksbeauftragten ausdrücklich als Provisorium, als Übergang vom Kaiserreich zur demokratischen Republik. Auch deshalb sollte dieser vorübergehende Zustand baldmöglichst beendet werden, da die SPD, anders als die USPD, unter diesen Voraussetzungen keine gravierenden politischen Entscheidungen treffen wollte und die Regierungsarbeit auf das täglich anfallende Geschäft beschränkte.

Die Wahlen am 19. Januar waren richtungsweisend für die Weimarer Republik. Bereits in den schon zuvor durchgeführten regionalen Wahlen zeigte sich, dass es der SPD, auch zusammen mit der USPD, wohl nicht gelingen würde, die absolute Mehrheit zu erzielen. In den sechs zuvor durchgeführten Landtagswahlen erreichten sie nur in Anhalt und Braunschweig, vormals zwei kleinere Herzogtümer des Deutschen Reiches, die Mehrheit. Im ehemaligen Großherzogtum Mecklenburg-Strelitz trat auf sozialdemokratischer Seite nur die SPD an und erlangte ebenso viele Stimmen wie die bürgerlichen Parteien. Wichtiger als Indikator für die Wahl zur Nationalversammlung waren die Ergebnisse aus den größeren ehemaligen Staaten. Und hier erreichten die SPD und USPD bei den Wahlen in Baden, Württemberg und Bayern keine Mehrheiten.

Das Ergebnis der Wahl zur Nationalversammlung bestätigte diese Entwicklung. Die SPD gewann 37,9 % der Stimmen und war klar die stärkste politische Kraft. Die USPD erzielte 7,6 %, was für die sozialdemokratischen Parteien zusammen 45,5 % ergab. Das reichte nicht für eine Regierungsbildung, sofern die USPD dazu überhaupt noch bereit gewesen wäre. So mussten Koalitionspartner aus den Reihen der bürgerlichen Parteien gefunden werden. Von ihnen war das katholische Zentrum, zusammen mit der Bayerischen Volkspartei, mit 19,7 % die stärkste Kraft. Nur knapp dahinter lag die Deutsche Demokratische Partei (DDP) mit 18,5 %. Die Deutsche Volkspartei kam immerhin auf 4,4 % und nahm an der Verfassunggebenden Nationalversammlung teil, da es keine Prozent-Hürde für den Einzug in das Parlament gab. Das konservative Lager musste Verluste hinnehmen. Die als Deutschnationale Volkspartei (DNVP) angetretenen ehemals Deutsch-Konservativen kamen auf 10,3 % der Stimmen. Insgesamt wiesen die Parteien der jungen Weimarer Republik eine große Ähnlichkeit mit der Parteienstruktur des Kaiserreichs auf. Auch in diesem Bereich herrschte eine große Kontinuität vor, wie sie für die Revolution insgesamt charakteristisch war.

Bemerkenswert war auf jeden Fall das neue Wahlrecht. Es setzte das Wahlalter auf 20 Jahre herab und ermöglichte es erstmals Frauen, an einer Wahl in Deutschland teilzunehmen. Durch diese Neuerungen wählten rund 21 Millionen mehr Menschen als noch zur Reichstagswahl von 1912, die absolute Zahl der Wahlberechtigten stieg von 14 auf fast 36 Millionen Menschen an. Die Frauen wählten aber weniger häufig die Sozialdemokratie, die ihnen die Wahlteilnahme erst ermöglicht hatte, als vielmehr Zentrum und DDP. Die Wahlbeteiligung von 83 % kann ambivalent betrachtet werden. Zum einen entspricht sie ziemlich genau der Beteiligung an der letzten Reichstagswahl des Kaiserreichs von 1912, als 84,9 % ihre Stimme abgaben. Zum anderen hätte angesichts der historischen Bedeutung der Wahl eine größere Beteiligung erwartet werden können. Es bleibt offen, inwieweit die stagnierende Beteiligung auf den Wahlboykott der KPD zurückzuführen ist. Somit hatten radikal eingestellte Bürger keine Partei, die ihre Interessen vertrat. Allerdings dürfte es sich dabei nur um einige wenige Prozent der Wählerschaft gehandelt haben. Als gesichert kann jedoch gelten, dass Frauen und Männer in gleichem Umfang von ihrem Wahlrecht Gebrauch machten.

Nach der Wahl begannen zügig durchgeführte Koalitionsgespräche. Die Politiker der Verfassunggebenden Nationalversammlung konnten auf eine bereits bewährte Konstellation zurückgreifen, die angesichts des vorliegenden Ergebnisses sehr tragfähig erschien: Bereits im Sommer 1917 waren Abgeordnete der SPD, des Zentrums und der Fortschrittlichen Volkspartei unter der Bezeichnung »Interfraktioneller Ausschuss« in einem informellen Gremium zusammengetroffen, in dem sie sich über die vom Parlament einzubringende Friedensresolution des Reichstags verständigten. Dieser Ausschuss bestand bis zum Ende des Weltkrieges und klärte in regelmäßigen Besprechungen die Fragen des parlamentarischen Alltags unter den beteiligten Parteien. Die Zusammenarbeit funktionierte gut, es bestand somit schon seit 1917 eine Reichstagsmehrheit als bedeutendes politisches Gewicht. Was war naheliegender, als an diese bewährte Übereinkunft anzuknüpfen?

Die konstituierende Sitzung des neuen Parlaments fand nicht in Berlin, sondern in Weimar statt. In erster Linie waren es nach der kurz zuvor erfolgten blutigen Niederschlagung der Januarkämpfe Sicherheitsbedenken, die gegen Berlin als Tagungsort sprachen. Da war Weimar als Hauptstadt des ehemaligen Großherzogtums Sachsen und nunmehr Kapitale des Freistaats Thüringen schon wesentlich sicherer. Und noch ein zweiter Aspekt dürfte in die Entscheidung mit eingeflossen sein. Weimar war das Zentrum der deutschen Klassik, das sofort mit der kulturellen Blüte Deutschlands durch Goethe, Schiller, Wieland und Herder in Verbindung gebracht wurde und immer noch wird. Das war natürlich auch in gebildeten Kreisen der ehemaligen Kriegsgegner bekannt, und so konnte die bewusste Wahl Weimars als Tagungsort unmittelbar nach dem grauenhaften Weltkrieg ein Zeichen sein, an zivile, humane Werte anzuknüpfen. Am 6. Februar war es dann so weit: Das Parlament trat zu seiner ersten Sitzung zusammen, Friedrich Ebert hielt eine wenig spektakuläre, aber ehrliche und richtungsweisende Rede. Nur durch die parlamentarische Demokratie lasse sich Deutschland wirtschaftlich und gesellschaftlich modernisieren, »ohne das Reich und sein Wirtschaftsleben zugrunde zu richten«. Das war eine klare Absage an revolutionäre Umsturzbestrebungen. Das wichtigste Anliegen des Rats der Volksbeauftragten sei es deshalb gewesen, die Wirtschaft überhaupt funktionsfähig zu erhalten.

Die Regierungsbildung vollzog sich schnell, da die Gespräche zwischen SPD, DDP und Zentrum erfolgreich verliefen. Als zwischen den zukünftigen Koalitionspartnern am 5. Februar bereits alles Wesentliche geklärt war, richtete die SPD noch eine Anfrage an die USPD, ob sie bereit sei, auf der Grundlage der parlamentarischen Demokratie in die Reichsregierung einzutreten. Die Ablehnung erfolgte umgehend. Die USPD könne erst dann in eine Regierung eintreten, wenn »die gegenwärtige Gewaltherrschaft beseitigt« sei und das Kabinett zusage, »die demokratischen und sozialistischen Errungenschaften der Revolution gegen die Bourgeoisie und gegen die Militärautokratie sicherzustellen«. Die Antwort zeigt, wie weit sich SPD und USPD im Februar 1919 bereits voneinander entfernt hatten. Es gab nach den ernüchternden Erfahrungen im Rat der Volksbeauftragten keine Grundlage mehr für eine weitere Zusammenarbeit der sozialdemokratischen Parteien. Das Parlament kam seinem eigentlichen Auftrag umgehend nach. Am 10. Februar 1919 billigte es die vom Staatssekretär des Innern Hugo Preuß ausgearbeitete provisorische Verfassung. Das Deutsche Reich stand somit wieder auf einer verfassungsrechtlichen Grundlage, wenngleich der Entwurf längst noch nicht alle relevanten Fragen, wie beispielsweise die Stellung des Reichskanzlers, endgültig klärte. Auf dieser Verfassungsgrundlage wählten die Abgeordneten Friedrich Ebert am 11. Februar 1919 zum Reichspräsidenten und damit zum führenden Mann im Staat. Seine erste Amtshandlung bestand darin, Philipp Scheidemann den Auftrag zu einer Regierungsbildung zu erteilen. Werfen wir an diesem Punkt einen Blick zurück auf den 9. November 1918: Scheidemann hatte die deutsche Republik ausgerufen, wofür er von seinem Parteivorsitzenden heftig getadelt und belehrt worden war, über Deutschlands Zukunft werde eine Konstituante entscheiden. Beide Politiker wurden an diesem 11. Februar bestätigt.

Deutschland war jetzt eine Republik, die auf den Beschluss einer gewählten Volksvertretung zurückging.

Das Kabinett kam schnell zusammen und tagte erstmals am 13. Februar 1919. Mit dieser ersten Sitzung war der Rat der Volksbeauftragten Geschichte. Der Vorsitzende Scheidemann führte wegen der noch uneindeutigen Verfassungslage den provisorischen Titel Reichsministerpräsident, war aber durch seine Autorität de facto als Reichskanzler anerkannt. Die SPD stellte sechs Minister, darunter Otto Landsberg als Justizminister, Rudolf Wissel als Wirtschaftsminister und Gustav Noske als Minister für die neu zu gründende Reichswehr. Das Zentrum stellte vier Minister, darunter Matthias Erzberger, den führenden Kopf und Lenker der Partei und erfolgreichen Unterhändler der Waffenstillstandsverhandlungen, als Minister ohne Geschäftsbereich. Fünf Ministerämter entfielen auf die DDP, die mit Eugen Schiffer den stellvertretenden Reichskanzler und Finanzminister stellte. Hugo Preuß bekleidete das wichtige Amt des Innenministers. Der der DDP nahestehende Graf Ulrich von Brockdorf-Rantzau wurde Außenminister – eine sehr unglückliche Entscheidung, da sich Brockdorf-Rantzau durch sein überhebliches Auftreten in Versailles bei den ehemaligen Kriegsgegnern äußerst unbeliebt machte und keineswegs dazu beitrug, das Misstrauen gegenüber Deutschland als autoritärem Staat abzubauen. Insgesamt aber kannten sich die Kabinettsmitglieder bereits seit Jahrzehnten, arbeiteten im Interfraktionellen Ausschuss zusammen und bildeten unter Prinz Max eine erste parlamentarische Regierung. Somit konnte das Kabinett Scheidemann auf einer sehr soliden, vertrauensvollen Grundlage seine Arbeit aufnehmen.

Wenn man die Ereignisse zwischen dem 19. Januar und dem 13. Februar 1919 als geschlossenen Zeitraum betrachtet, vollzog sich in diesen wenigen Wochen etwas für die deutsche Geschichte Richtungweisendes: Aus den nachrevolutionären Verhältnissen heraus fanden freie und sichere Wahlen statt, an denen sich die Parteien des gesamten politischen Spektrums beteiligen konnten. So trat auch die konservative DNVP an, wohl wissend, keine Mehrheit erzielen zu können. Sie war aber im Parlament vertreten, somit als politische Kraft sichtbar. Die KPD verweigerte sich der Wahl. Sie trat, entgegen der Empfehlung von Rosa Luxemburg, nicht zur Wahl an und dachte mehrheitlich an revolutionäre Veränderung außerhalb des Parlaments und der Demokratie. Allein diese Abstimmung mit einem völlig offenen Ergebnis ermöglicht zu haben, ist ein großes Verdienst des Rats der Volksbeauftragten. Nach der ordnungsgemäß durchgeführten Wahl beschlossen die Abgeordneten eine provisorische Verfassung, auf deren Grundlage der Reichspräsident gewählt wurde. Das Staatsoberhaupt beauftragte dann auf der Basis des Wahlergebnisses einen führenden Abgeordneten mit der Regierungsbildung. Diese kam, nicht zuletzt durch ein seit 1917 eingespieltes Parteiengefüge, schnell zustande, offenbarte aber auch schon nicht mehr zu überbrückende Differenzen zwischen den Parteien SPD und USPD. Damit hatte sich mit der parlamentarischen Demokratie eine Regierungsform durchgesetzt, die nach der Bildung der vorläufigen Reichswehr am 6. März 1919 auch wirksam geschützt werden konnte. Es stand nach den entscheidenden Wochen Anfang Februar 1919 fest, dass die Weimarer Republik eine bürgerliche demokratische und keine sozialistische sein würde.

Mit diesem historischen Ereignis hätte die deutsche Revolution in zwei Phasen friedlich in eine Demokratie münden können, da es keine wirkliche Alternative mehr gab. Doch die schweren Märzunruhen in Berlin, die zum Teil chaotischen Verhältnisse in der bayerischen Räterepublik und ihre leider allzu blutige Niederschlagung führten zu einer dritten Revolutionsphase, bis letztlich im Sommer 1919 die Verfassung der Weimarer Republik endgültig verabschiedet werden konnte.

5. Die dritte Revolutionsphase

5.1 Märzunruhen 1919

Waren die revolutionären Kämpfe des Januars 1919 eine auf der Straße geführte Auseinandersetzung um eine noch nicht endgültig geklärte Zukunft Deutschlands als parlamentarischer Staat oder eine von Räten getragene Gesellschaft, hatten die Märzunruhen einen anderen Charakter. Nach den Wahlen vom Januar, der Verkündung einer Verfassung, der Ernennung des Reichspräsidenten und der Bildung eines Kabinetts entstand die Weimarer Republik. Von nun an waren Generalstreiks und Straßenschlachten revolutionärer Gruppen ein Kampf gegen die neue Ordnung. Er wurde zunehmend in den industriellen Regionen West- und Mitteldeutschlands geführt, getragen von einer kleineren Schicht als die Revolution vom 9. November 1918. Dafür nahmen die Auseinandersetzungen an Härte zu. Die sich entwickelnden Streikbewegungen griffen dabei auch auf die Hauptstadt über, wobei politische Forderungen im Vordergrund standen. Die Reichsregierung als Träger der neuen verfassungsgemäßen Ordnung war entschieden bereit, sich gegen jeden Umsturz zu wehren. Aber auch sie reagierte mit unverhältnismäßiger Gewalt und trug zu einem innenpolitisch stark aufgeheizten Klima bei.

Für die Ereignisse des März 1919 waren die bereits in den Ansätzen unterbundenen Sozialisierungsforderungen besonders im Bereich des Bergbaus ausschlaggebend. Mit dem Stinnes-Legien-Abkommen ließen sich Fortschritte bei der Arbeitszeitgestaltung und der Lohnentwicklung erzielen, aber durch den schwindenden Wert der Mark trat bei den Reallöhnen so gut wie keine Verbesserung ein. Die Lösung der gesamten Problematik sahen radikalere Bestrebungen deshalb in einer Verstaatlichung der Zechen oder – weniger radikal – in der Kontrolle der Betriebe durch Arbeiterräte. Auf jeden Fall bildete sich in diesem zentralen

Wirtschaftsbereich ein großes Widerstandspotential gegen die Regierungspolitik heraus.

Als Erstes regte sich der Protest gegen die ausbleibende Sozialisierung der Betriebe und die mangelnde Arbeitnehmermitsprache im mitteldeutschen Industrierevier um Halle an der Saale. Hier kam eine politische Besonderheit mit ins Spiel. Zwar schnitt die USPD bei den Wahlen zur Verfassunggebenden Nationalversammlung insgesamt eher bescheiden ab, doch hatte sie in dieser Industrieregion ihre besten Ergebnisse, da sie weit über 40 % der Stimmen auf sich vereinigen konnte. Die Protestbewegung war deshalb zu einem großen Teil von den linken Kräften in der USPD getragen. Anfang 1919 schwebte ihnen eine paritätische Werksleitung aus Unternehmern und Betriebsräten vor. Den Räten sei dabei jederzeit Einblick in alle Unterlagen zu gewähren. Sollte es zu Differenzen zwischen Werksleitung und Räten kommen, läge die endgültige Entscheidung bei den Arbeitern. In diesem System wären die Eigentümer der Betriebe nach wie vor die Besitzer, die wirtschaftliche Entscheidungsgewalt ginge aber auf die Arbeiter über. Das entsprach recht genau den Vorstellungen der Essener Neunerkommission. Unter der Leitung von Wilhelm Koenens trafen Arbeiterdelegationen bei der neuen Regierung in Weimar ein und trugen ihre zentralen Punkte vor. Das Ergebnis war wenig befriedigend, am 23. Februar verkündete ein Bergarbeiterkongress den Generalstreik. Das war eine scharfe Kampfansage an die Regierung, zumal sich die Arbeiter aus der chemischen Industrie und aus den Versorgungsbetrieben Mitteldeutschlands an dem Streik beteiligten. Wenige Tage nach Ausruf des Generalstreiks waren rund drei Viertel der Arbeiter im Ausstand. Philipp Scheidemann musste reagieren. Zwar leitete er erste militärische Maßnahmen ein, musste aber einsehen, dass eine derartig umfassende Bewegung nicht niedergeschlagen werden konnte. So griff er auf die Empfehlungen der Sozialisierungskommission zurück und versprach grundlegende Änderungen in den Betrieben.

In den Anfang März beginnenden Verhandlungen sagte die Regierung Scheidemann zu, die Rechte der Betriebsräte zu stärken. Sie würden in allen Unternehmen, nicht nur im Montanbereich, eingeführt und in der Verfassung verankert. Die Betriebsräte sollten ein umfangreiches Recht auf Informationen über die betrieblichen Prozesse erhalten. Der Gesetzentwurf ermöglichte ihnen auch die Mitsprache bei Einstellungen und Entlassungen von Beschäftigten. Im Gegenzug behielten die Unternehmer die Werksleitung. Das war weniger als von der USPD gefordert, fand aber die mehrheitliche Zustimmung der Arbeiter. Somit konnte Reichsministerpräsident Scheidemann einen großen Erfolg verbuchen, als es ihm gelang, den von breiter Unterstützung getragenen Generalstreik friedlich zu beenden. Die Zugeständnisse bildeten eine klare Verbesserung der Arbeiterrechte, änderten jedoch nichts an der bisherigen Werksleitung durch die Unternehmer. Für dieses zentrale Ziel streikten dann aber die Bergleute im Ruhrgebiet.

Doch erst einmal blieb es im Januar und Februar 1919 ruhig im Revier. Die am 13. Januar 1919 gegründete Neunerkommission aus je drei Vertretern von SPD, USPD und KPD nahm vor dem Hintergrund der stockenden Sozialisierungsbestrebungen der Reichsleitung das Heft in die Hand und trug ihre Vorstellungen in den gewählten Zechenräten vor. Die Neunerkommission besetzte das zentrale Kohlensyndikat in Essen, ein Büro, das den Vertrieb der Ruhrkohle steuerte, und ernannte einen Volkskommissar für die Sozialisierung des Bergbaus. Die Kommission appellierte erfolgreich an die Eigenverantwortlichkeit der Bergleute, die Arbeit in den Zechen verlief ungestört. Der Anfang 1919 noch amtierende Rat der Volksbeauftragten machte angesichts der machtvollen Organisation Konzessionen, die in erster Linie auf die Einsetzung eines Bergbaubevollmächtigten hinausliefen. Dieser sollte die Betriebe bis zu einer noch zu klärenden Beteiligung der Arbeiter an den Erträgen des Unternehmens überwachen. Da der Bergarbeitervertretung dieses Zugeständnis aber nicht ausreichte, musste der Rat der Volksbeauftragten weiteren Forderungen entsprechen. Am 8. Februar 1919 genehmigte er die Bildung paritätischer Arbeitskammern als vorbereitende Maßnahme zur Sozialisierung der Betriebe. Aber auch jetzt verstand die Regierung unter Sozialisierung in erster Linie eine Beteiligung der Arbeiter an den Erträgen – und damit etwas ganz anderes als die Anerkennung gleichberechtigter Zechenräte, die im Zweifel eine betriebliche Entscheidung hätten treffen können. Eine Übernahme wirtschaftlicher Verantwortung durch Arbeitervertreter wollte die Regierung nicht einführen. Mit ihren Vorschlägen gelang es der Regierung, die Arbeiterbewegung zu spalten. In der Folge kam es dann zu umfassenden Streiks.

Die Regierung reagierte bereits im Vorfeld mit militärischer Stärke. Noch vor dem kommunistischen Aufruf zum Generalstreik Mitte Februar 1919 entsandte sie das Freikorps Lichtschlag in das Ruhrgebiet. Es nahm am 10. Februar Münster ein und entmachtete den dort tagenden Generalsoldatenrat. Als nach einem Zwischenfall in Hervest-Dorsten ein Bürovorsteher erschlagen wurde, besetzten Freikorpstruppen die Stadt und ermordeten 38 Arbeiter. Im Gegenzug riefen lokale Räte am 20. Februar den Generalstreik aus. Dem Appell folgte rund die Hälfte der Arbeiter im Revier. Nach Kämpfen zwischen Freikorps und Arbeitern waren weitere Tote zu beklagen, allein in Bottrop starben 92 Männer. Wie weit die bewaffneten Arbeiter aber untereinander verfeindet waren, zeigten die Gefechte bei Sterkrade. Die von der SPD organisierten Sicherheitswehren fielen den kommunistischen Kämpfern dort in den Rücken. Bei einer solchen Uneinigkeit machte der Generalstreik keinen Sinn mehr. Er wurde per Beschluss einer Delegiertenkonferenz mit den Stimmen der SPD beendet.

Ende März erhielten die Ereignisse aber eine ganz andere Dynamik. Im östlichen Ruhrgebiet kam es in Witten am 24. und 25. März zu gewaltsamen Auseinandersetzungen zwischen Demonstranten, die endlich Fortschritte bei der Sozialisierung sehen wollten, und der Polizei. Dabei starben elf Arbeiter. Im

Herzen des Ruhrbergbaus zwischen Bochum und Dortmund begannen jetzt große politische Streikbewegungen. Zentrale Anliegen waren die Anerkennung der Arbeiter- und Soldatenräte, die Sechs-Stunden-Schicht, Bekämpfung der militärischen Autorität und Entwaffnung der Polizei.

Am 30. März nahm der Protest seine endgültige Form an. Auf einer Montankonferenz in Essen, an der nur USPD- und KPD-Delegierte teilnahmen, traten die Anwesenden aus den Gewerkschaften aus und bildeten eine Bergarbeiterunion, die auf dem Rätesystem basierte. Der neu gebildete Zechenzentralrat löste die bis dahin bestehende Neunerkommission ab. Zum Abschluss des Kongresses riefen die Delegierten den Generalstreik aus. Um den 10. April waren drei Viertel der Ruhrgebietsbelegschaft, rund 300 000 Arbeiter, im Ausstand. Es schien, als ob diesmal die ausgebliebene Sozialisierung mit aller Entschlossenheit durchgesetzt werden sollte.

Die Regierung Scheidemann taktierte erfolgreich: Sie verhängte auf der einen Seite den Belagerungszustand über das Ruhrgebiet und sandte Freikorpstruppen. Dabei kam es zu vereinzelten Gefechten zwischen radikalen Bergarbeitern und Soldaten. Auf der anderen Seite griff Scheidemann auf ein altes, wirkungsvolles Mittel zurück: Streikenden entzog die Regierung Lebensmittelzulagen, dafür bekamen die Arbeitenden mehr. Wenn man dann noch berücksichtigt, dass es keine nennenswerte Unterstützung für die Streikenden gab, war es naheliegend, dass die tägliche Not die Menschen wieder an die Arbeit brachte. Und in der Tat flaute der Generalstreik gegen Mitte April 1919 ab, zum Mai gab es keine Störungen mehr in einer der deutschen Schlüsselindustrien. Die Streikenden waren nicht in der Lage gewesen, ihre politischen Forderungen durchzusetzen. Der Streik zog weitreichende Konsequenzen für die etablierten Gewerkschaften nach sich. Gerade junge Arbeiter wandten sich von ihnen ab und organisierten sich in radikaleren Verbänden wie der »Freien Arbeiter-Union Deutschlands«.

Der Streikverlauf muss aber auch zu den Anfang März 1919 teilweise parallel verlaufenden Berliner Unruhen in Beziehung gesetzt werden. Der mit äußerster Gewalt niedergeschlagene Aufstand schwebte praktisch als Warnung über den Arbeitern Westdeutschlands. Da es in der Hauptstadt kaum relevante Industrien für eine Verstaatlichung gab, standen vor allem politische Forderungen im Vordergrund. Zentrale Anliegen des am 4. März 1919 ausgerufenen Generalstreiks, der auch von vielen Mehrheitssozialdemokraten mitgetragen wurde, waren die Anerkennung der Arbeiter- und Soldatenräte, die Durchführung der militärischen Reformen, wie sie der Reichsrätekongress forderte, Freilassung politischer Gefangener, Auflösung der Freikorps und die Bildung einer Arbeiterwehr. Doch schon am 7. März traten die SPD und die Gewerkschaften aus der Streikfront aus, nachdem es zu Differenzen in der Frage gekommen war, ob die Versorgungsbetriebe der Hauptstadt mit in den Streik einbezogen werden sollten. Nur einen Tag später verließ auch die USPD die Streikleitung, nur noch die Kommunisten hielten an dem ausgerufenen Generalstreik fest. Bereits zwischen dem 4. und dem 7. März kam es zu heftigen Gefechten zwischen Resten der Volksmarinedivision und Freikorps am Alexanderplatz sowie in Neukölln und Lichtenberg. Über Berlin, Spandau und zwei umliegende Landkreise war bereits der Belagerungszustand verhängt, als Reichswehrminister Noske am 9. März 1919 einen Befehl erließ, der zu den furchtbarsten Gewalttaten in der deutschen Revolution führte.

Aufgrund der Falschmeldung, Spartakisten hätten in Berlin-Lichtenberg 60 Polizisten ermordet, ordnete er an, »jede Person, die mit Waffen in der Hand gegen Regierungstruppen kämpfend angetroffen wird, ist sofort zu erschießen«. Der Befehl entbehrte jeglicher gesetzlichen Grundlage. Noske hielt ihn bis zum 16. März aufrecht, obwohl sich längst herausgestellt hatte, dass er auf einer falschen Information beruhte. Die Mitteilung ging wahrscheinlich auf Hauptmann Pabst zurück, der bereits für die Morde an Karl Liebknecht und Rosa Luxemburg verantwortlich war. Mit dieser fingierten Meldung brachte er Noske dazu, den berüchtigten Befehl zu erteilen, der den Freikorps faktisch freie Hand zum Wüten unter den Berliner Arbeitern ließ. Besonders in Lichtenberg mordeten Freikorps gänzlich enthemmt. Erschütternde Augenzeugenberichte schilderten das Abschlachten von unbewaffneten Menschen auf offener Straße. Alfred Döblin, später weltbekannt durch seinen Roman *Berlin Alexanderplatz*, berichtete von zahlreichen Morden auf einem kleinen Berliner Friedhof. Gefangene ereilte das gleiche Schicksal. Am 11. März ließ Oberleutnant Otto Marloh 29 ehemalige Volksmarinedivisionäre willkürlich erschießen. Ein entsetzter Zeuge des Massakers, der vier Jahre lang als Feldwebel an der Westfront gekämpft hatte, sagte aus, so etwas Schlimmes habe er im Weltkrieg nicht erlebt. Da die Morde ganz überwiegend von der Garde-Kavallerie-Schützen-Division verübt wurden, war es für sie naheliegend, nach Rosa Luxemburg und Karl Liebknecht weitere kommunistische Politiker ausfindig zu machen und zu ermorden. Es gelang der Garde, den neuen Vorsitzenden der KPD Leo Jogiches zu verhaften. Jogiches wurde durch einen Kopfschuss im Moabiter Gefängnis ermordet. Das gleiche Schicksal ereilte zwei Monate später den ehemaligen Führer der Berliner Volksmarinedivision, Heinrich Dorrenbach. Auch er wurde im selben Gefängnis vom selben Täter, Kriminalwachtmeister Ernst Tamschick, ermordet.

Die Zahl der Getöteten lag mit Sicherheit weit über 1000, Noske selbst bezifferte sie auf rund 1200. Dem standen 75 Tote der Freikorps gegenüber. Mit der blutigen Niederschlagung der kommunistischen Kämpfe war der letzte Berliner Versuch, eine Räterepublik durchzusetzen, gescheitert. Noske war es gelungen, »Ruhe und Ordnung« wiederherzustellen. Aber rechtfertigte das den tausendfachen Mord an einer wehrlosen Zivilbevölkerung? Viele Zeitgenossen verneinten diese Frage. Für sie hatte die Regierung unter Philipp Scheidemann jeglichen moralischen Anspruch verwirkt. In der Arbeiterschaft blieben Hass und Verbitterung zurück, die auch in den folgenden Jahren nicht wichen. Die Berliner Märzmassaker waren innenpolitisch die schwerste Bürde für die junge Weimarer Republik.

5.1.1 Die Münchener Räterepublik

Unmittelbar nach der Ermordung Kurt Eisners setzte in Bayern die entscheidende Phase der Revolution ein, die durch die Machtübernahme der Räte gekennzeichnet war. Sie fiel durch konterrevolutionäre Bestrebungen sehr radikal aus. Die Gegensätze prallten nunmehr direkt aufeinander, das ungeklärte Verhältnis Räteregierung und Parlamentarismus wurde durch Gewalt entschieden.

Der 21. Februar 1919 war durch mehrere Bluttaten gekennzeichnet. Als die Meldung von der Ermordung Eisners wie ein Lauffeuer durch das Parlament und die Stadt ging, flammte sofort helle Empörung auf. Der junge Metzgergeselle Alois Lindner, Mitglied des Revolutionären Arbeiterrats, bewaffnete sich und stürmte in den Landtag. Er schoss auf Auer und verletzte ihn schwer. Der Täter war sich nach der Ermordung von Liebknecht und Luxemburg, die die SPD unter Ebert und Noske zu verantworten hatte, absolut sicher, dass nur die bayerische SPD als Schwesterpartei den Mord beauftragt haben konnte. Ein für Auer beinahe tödlicher Irrtum. Lindner schoss auch noch auf den Abgeordneten Paul von Jahreiß, der ihn an der Flucht hindern wollte. Jahreiß erlag seinen Verletzungen. In dieser unübersichtlichen Lage ereignete sich noch ein weiterer politischer Mord. Ein Unbekannter erschoss von der Zuschauertribüne des Landtags aus den konservativen Abgeordneten Heinrich Osel. So waren am Ende dieses Tages die führenden Köpfe von USPD und SPD tot bzw. schwer verletzt.

In München brach das Chaos aus. Nachdem mehrere verantwortliche Minister aus der Stadt geflohen waren, war die Regierung nicht mehr handlungsfähig. Lediglich drei Minister versahen ihr Amt, waren aber auf sich allein gestellt. Die USPD verkündete den Generalstreik im Freistaat und rief für München

Von Regierungstruppen vermutlich in Lichtenberg
standrechtlich erschossene Matrosen, März 1919

den Belagerungszustand aus. Die Macht ging auf den Zentralrat der Bayerischen Republik unter Ernst Niekisch über. In der Stadt herrschte für kurze Zeit Anarchie. Es kam zu Prügeleien und willkürlichen Verhaftungen vermeintlicher Gegenrevolutionäre. Die Beerdigung Eisners rief hunderttausende Menschen in die Stadt und war eine letzte Verneigung vor der Person und dem Wirken Kurt Eisners in München.

Aber das politische Leben musste weitergehen. In diesem Augenblick war nur eine Kraft tatsächlich in der Lage, politische Verantwortung zu übernehmen: die Räte. Der Bayerische Räte-kongress in München entschied sich am 28. Februar 1919 noch mit 234 gegen 70 Stimmen gegen den Vorschlag Erich Mühsams, die sozialistische Räterepublik auszurufen. Doch als sich die Konfrontation zwischen den Befürwortern des Rätesystems und der parlamentarischen Demokratie weiter zuspitzte, ernannte der Rätekongress am 1. März 1919 Martin Segitz von der SPD zum Vorsitzenden der Regierung. Das aus SPD- und USPD-Politikern bestehende Ministerium tagte erstmals am 2. März in Nürnberg, da die Sicherheitslage in der Hauptstadt noch sehr prekär war. Die wichtigsten Beschlüsse bestanden in der Einberufung des Landtags und der Bildung der sozialistischen Minderheitsregierung, der wiederum vom Landtag besondere Vollmachten erteilt werden sollten. Die Räte besaßen demnach nur noch eine beratende Funktion und waren somit von der politischen Entscheidungsfindung erst einmal ausgeschlossen. Das Kabinett Segitz verstand sich als Übergangsregierung. Bereits am 8. März entschied der Rätekongress, den Landtag für den 17. März zu seiner ersten Sitzung nach dem Blutbad vom 21. Februar einzuberufen.

An diesem 17. März wählte der Landtag mit der Unterstützung der konservativen Parteien eine Minderheitsregierung unter Johannes Hoffmann von der SPD. Die bürgerliche Zustim-mung beruhte wesentlich auf dem Umstand, dass an diesem Tag die vorläufige Verfassung, die den Ausschluss der Räte aus dem politischen System vorsah, bestätigt wurde. Das war

Trauerzug zur Beisetzung Kurt Eisners am 26.02.1919

eine Kampfansage an die Rätebewegung, die ihrerseits neuen Aufschwung erhielt, als Béla Kun zeitgleich das sozialistische Rätesystem in Ungarn einführte. Waren um den 22. März 1919 alle Hoffnungen für ein Rätesystem in Deutschland nach der blutigen Niederschlagung der Märzunruhen geschwunden, richtete sich der bayerische Blick nach Osten. In der Folge loderte das revolutionäre Feuer in München erneut auf, die Regierung Hoffmann floh Anfang April nach Bamberg.

Damit war der durchaus komplizierte Weg für die Räterepublik frei. Den Grundstein legte Ernst Niekisch in Augsburg, als er offen die Räterepublik forderte. Am 4. April 1919 traten dann im Münchener Ministerium für militärische Angelegenheiten führende Vertreter der SPD und USPD sowie einzelne radikale Kräfte für die Bildung einer Räterepublik ein. Der Hausherr, Militärminister und stellvertretende Ministerpräsident Ernst

Schneppenhorst von der SPD war bereits einverstanden, als die Kommunisten unter Eugen Leviné zu der Versammlung stießen und ihren Protest vortrugen. Für alle völlig überraschend, sprach sich Leviné gegen eine Beteiligung der KPD an der Räteregierung aus, da er Anfang des Jahres in Berlin die Erfahrung gemacht habe, dass die Sozialdemokraten ebenso wie die Unabhängigen die Arbeiter erneut verraten würden. Nach diesem Paukenschlag verzögerte sich die Regierungsbildung um drei Tage. Sie erfolgte dann aber doch am 7. April 1919, als sich zuvor die SPD Oberbayerns mit großer Mehrheit dafür ausgesprochen hatte und die in München maßgebende USPD ebenfalls zustimmte. Die neue Regierung unter Ernst Niekisch besaß aber nur in der Linie Augsburg, München und Rosenheim die tatsächliche Macht, da auf Bestreben der nunmehr in Bamberg amtierenden Regierung Hoffmann viele nördlichere Städte Bayerns wie Würzburg, Nürnberg oder Fürth ihre Verbindung nach München vorerst einstellten.

Die Münchener Räterepublik erwies sich als wenig handlungsfähig. Sie verfügte nach der Übergabe des Vorsitzes im Zentralrat von Ernst Niekisch auf Ernst Toller über keine gestaltende Kraft, zumal Anarchisten wie Gustav Landauer und Erich Mühsam tragende Ämter bekleideten, sie aber nie mit ernsthafter Arbeit ausfüllten. So passierte erst einmal – gar nichts. Die Regierung nahm kein einziges Vorhaben in Angriff, die Besitzverhältnisse blieben wie sie waren, und die Beamten versahen ihren Dienst wie immer. Die Münchener Regierung bestand zu einem großen Teil aus Anarchisten, die ihren Idealen anhingen. Gustav Landauer, der für die Volksaufklärung zuständig war, glaubte weiterhin an eine »Umbildung der Seelen« für eine friedliche Welt, in der die alltäglichen Probleme überwunden werden konnten. Der Volkskommissar sah die gegenwärtige Räterepublik als den Versuch, einen nichtmarxistischen, gleichsam idealen Sozialismus zu begründen. In diesem politischen Klima meldeten sich dann auch Gruppen zu Wort, die in der Kaiserzeit als Außenseiter galten. Die bedeutendste von ihnen war die der

»Lebensreformer«. Sie ließ dem Zentralrat allerlei Zukunfts-
entwürfe, die oftmals wenig schlüssig waren, zukommen. Die
Anarchisten beschäftigten sich tatsächlich mit diesen Utopien
und waren allen praktischen Arbeiten gegenüber bis hin zum
Unterzeichnen von Erlassen abgeneigt.

Die immer noch bestehende Regierung Hoffmann erkannte
hier ihre Chance, gegen die realitätsfernen Träumer in München
zuzuschlagen. Einzig die KPD hatte ein klares Kalkül und organisierte militärische Kräfte gegen die sich abzeichnende Reaktion
aus Bamberg. Und tatsächlich hatten die kommunistischen
Truppen dann am Palmsonntag, den 13. April 1919, ihre erste
Bewährungsprobe. An diesem Tag putschte die republikanische
Schutztruppe unter dem Befehl von Alfred Seyffertitz gegen die
Räterepublik. Sie besaß durch den Kommandanten des Haupt-
bahnhofs Aschenbrenner enge Beziehungen zu den Münchener
Sozialdemokraten. Die Angreifer besetzten den strategisch
wichtigen Bahnhof, um eine Verbindung mit weiteren konter-
revolutionären Truppen, die in Ingolstadt standen, herstellen
zu können. In einer ersten Aktion nahmen die Aufständischen
Erich Mühsam und zwei weitere Volkskommissare gefangen,
stießen dann aber auf starken Widerstand. Die Truppen der
Räteregierung unter dem ehemaligen Kieler Matrosen Rudolf
Eglhofer schlugen erfolgreich zurück. Nach fünf Stunden Kampf
um den Münchener Hauptbahnhof zogen sich die Einheiten der
Regierung Hoffmann, die hinter dem Putsch stand, zurück. 21
Tote waren zu beklagen. An diesem Abend riefen die Münchener
Räte als Reaktion auf den Putschversuch die »Kommunistische
Räterepublik« aus. Die Macht ging auf einen Aktionsausschuss
unter Leviné über. Aus diesem Gremium heraus wählten die
Mitglieder einen vierköpfigen Vollzugsrat, der die Geschicke
nunmehr weitgehend bestimmte. Damit war die Räterepublik
unter kommunistische Vorherrschaft gelangt. Leviné hatte eine
klare Konzeption. Er wollte das Rätemodell innerhalb der Arbeiterschaft etablieren und im Falle einer vorläufigen Niederlage
als zukünftige Option wachhalten.

Die Arbeitertruppen konnten sogar einen wichtigen Sieg über die Putschisten verzeichnen, als drei Tage später ihre Verbände bei Dachau erneut gegen Einheiten der Regierung Hoffmann siegten. Dabei gelang es Arbeiterfrauen, die angreifenden Soldaten durch die Aufforderung, nicht auf ihre Brüder zu schießen, vom Kämpfen abzuhalten. Leviné wurde durch die Ereignisse in seiner Auffassung bestätigt, dass der Bestand der Räterepublik nur mit militärischer Kraft zu sichern war. Die Truppen unter Eglhofer erreichten in der Folge eine Stärke von bis zu 10 000 Mann, Ernst Toller übernahm das stellvertretende Oberkommando. Leviné ergriff in Erwartung der bevorstehenden Kämpfe drastische Maßnahmen. Er ließ Lebensmittel beschlagnahmen und auf dem Höhepunkt der Kämpfe politische Geiseln nehmen.

Während sich die Räteregierung auf weitere Kämpfe vorbereitete, blieb die Regierung Hoffmann nicht untätig. Sie erkannte, mit eigenen Kräften den Räten nicht wirksam begegnen zu können. Der Ausweg war naheliegend, aber in seiner Konsequenz furchtbar. Hoffmann rief am 17. April 1919 Noske um Hilfe, der neben den schon bereitstehenden Freikorps umgehend 35 000 Soldaten der Reichswehr unter der Führung des preußischen Generals von Oven schickte. Der Münchener Räteregierung blieb nicht verborgen, dass sich etwas gegen sie zusammenbraute. Ihr gelang es, eine kampffähige Truppe von rund 15 000 Mann zu stellen. Allein, sie blieb zu schwach, um in dem bevorstehenden Kampf erfolgreich zu sein.

Angesichts der anrückenden Streitmacht zwang Toller Leviné am 29. April zum Rücktritt und versuchte noch Verhandlungen mit der Regierung Hoffmann einzuleiten. Doch der Schritt kam zu spät. An diesem Tag eroberten die Freikorps bereits Dachau, das nur wenige Kilometer vor München liegt. Am 30. April wurden auch die am 28. April gefangen genommenen Geiseln als Anhänger einer konterrevolutionären Bewegung erschossen. Neben sieben Toten der Thulegesellschaft starben noch zwei Offiziere sowie ein Kunstprofessor eines gewaltsamen Todes. Die Verantwortlichen für diese Morde konnten nie ermittelt werden,

Barrikaden am Münchener Gärtnerplatz

stammten mit Sicherheit aber aus dem linksradikalen Bereich der kommunistischen Regierung. Doch auch dieser spontane Gewaltausbruch konnte die militärische Entwicklung nicht aufhalten. Am 1. Mai war München komplett eingeschlossen. Nur noch die Kommunisten sprachen sich für den bewaffneten Widerstand aus, während der größte Teil der Arbeiter die Sinnlosigkeit des Kampfes erkannte. So kam es in München am 1. und 2. Mai 1919 zu vereinzelt heftigen Straßenkämpfen, die aber schnell zugunsten der Regierungstruppen entschieden waren.

Was dann in München folgte, belastete das politische Klima der nächsten Jahre stärker als Revolution und Räteherrschaft. Die in die Stadt eindringenden preußischen Soldaten wüteten willkürlich unter der Zivilbevölkerung. Insbesondere in den Arbeitervierteln erschossen sie wahllos Menschen oder nahmen

Verhaftungen vor. Es herrschte der blanke Terror, vor dem kein Münchener sicher war. Hohe Persönlichkeiten der Räteregierung, wie der ehemalige Propagandakommissar Gustav Landauer, wurden noch während der Haft geschlagen, dann mit Pistolenschüssen verletzt und von einer Horde Soldaten zu Tode getreten. Auch der Oberkommandeur der Roten Armee Rudolf Eglhofer fiel der spontanen Gewalt zum Opfer, als ihn Freikorpssoldaten während eines Verhörs am 3. Mai 1919 erschossen. Verhaftete Kommunisten wurden von den Siegern besonders grausam misshandelt. Oftmals pferchten sie die Festgenommenen in Kerkern zusammen, ließen sie dursten und hungern, um sie dann willkürlich zu erschießen. Aber auch Frauen waren vor Gewalt nicht sicher. Die als »Spartakusweiber« bezeichneten Arbeiterfrauen wurden oftmals Opfer sexueller Gewalt. Die Berichte über den Terror der ersten Maitage in München sind zahlreich und allesamt grausam. Unter ihnen ragt aber ein Massaker heraus, das preußische Truppen am 6. Mai begingen. Sie hielten die Mitglieder des katholischen Gesellenvereins St. Joseph irrtümlich für Spartakisten und führten sie in einen Keller. Ohne den Festgehaltenen die Möglichkeit zu geben, sich auszuweisen, wurde einer nach dem anderen erschossen. Dabei verloren 21 junge Gesellen ihr Leben. Insgesamt starben mindestens 577 Münchener eines gewaltsamen, oftmals grausamen Todes. Die nachfolgenden Prozesse gegen Revolutionäre zeichneten sich ebenfalls durch eine kompromisslose Linie aus. Die Richter sprachen zahlreiche Todesurteile aus und verhängten in weiteren mehr als 2000 Prozessen langjährige Haftstrafen. Eugen Leviné wurde als Anführer der Räterepublik am 5. Juni 1919 zum Tode verurteilt und umgehend erschossen. Seine Weggefährten Ernst Toller und Erich Mühsam verbüßten langjährige Haftstrafen. Die Morde und Übergriffe der Freikorpssoldaten blieben ungeahndet.

Mit der Niederschlagung der Münchener Räterepublik wiederholte sich das Ende von bereits besiegten Räteherrschaften in Deutschland. Ein Vergleich mit Bremen zeigt, dass die Räte ebenfalls mit einer militärischen Übermacht konfrontiert waren und sich verhandlungsbereit zeigten. Die Berliner Regierung hielt aber an dem ursprünglichen Plan fest, hart durchzugreifen, und nahm bewusst Tote in Kauf. Das brutale Vorgehen der Freikorps in München hatte wiederum ein Vorbild in den Berliner März-kämpfen. Auch hier griffen Soldaten willkürlich zur Waffe und töteten Tausende Zivilisten in der Absicht, jegliche revolutionäre Bestrebung der Bevölkerung im Keim zu ersticken. Damit war das Ziel für die Niederschlagung der Münchener Räterepublik vorgegeben. Die letzte sozialistische Regierung unter Führung der Kommunistischen Partei sollte für alle Zeiten unschädlich gemacht werden. Die Regierung des sozialdemokratischen Ministerpräsidenten Hoffmann erreichte ihr Ziel. Dass sie aber preußische Truppen dafür anheuerte, haben ihr viele Bayern sehr lange nicht verziehen.

5.2 Die Verfassung der Weimarer Republik

Die grausamen Kämpfe des Frühjahrs 1919 verbitterten weite Teile der Arbeiterschaft. Die von ihnen vertretenen Ideen einer Sozialisierung der Wirtschaft oder einer Räteherrschaft hatten keine realistische Aussicht auf Erfolg mehr. Im Zuge einer ver-stärkten Konfrontation stand Gewalt gegen Gewalt. Und fast gleichzeitig zu den eskalierenden Entwicklungen in einzelnen Landesteilen arbeitete eine Gruppe gewählter Abgeordneter an den Grundlagen für Deutschlands Zukunft.

Die wohl bedeutendste Leistung der deutschen Revolution von 1918/19 war die Verfassung der Weimarer Republik. Mit ihr konnte das deutsche Volk zum ersten Mal in seiner Geschichte die Zukunft selbst gestalten. Die Verfassung knüpfte an den frei-heitlichen Entwurf der Frankfurter Paulskirchenversammlung an und führte noch über diesen hinaus, da sie keine Rücksicht mehr auf die vererbten Rechte von Fürsten nahm. Als ihr Vater kann der liberale Berliner Professor Hugo Preuß gelten, der bereits vor seiner Ernennung zum Innenminister den Auftrag zur Gestaltung einer demokratischen Verfassung erhalten hatte. Preuß (1860–1925) stammte aus einer wohlhabenden jüdischen Kaufmannsfamilie und studierte Rechtswissenschaften in Heidelberg und Berlin. Nach seiner Habilitation im Jahr 1889 bekam er erst 1906 eine Professur an der Berliner Handelsschule, nachdem sein politisches Engagement für den Liberalismus eine Berufung an die Universität verhindert hatte. Während des Krieges verfasste Preuß mehrere Schriften zum Verhältnis von Staat und Bürger, die seine demokratische Überzeugung klar hervortreten ließen. Bereits im Kaiserreich Mitglied der Fortschrittlichen Volkspartei, wurde er 1918 Mitbegründer der DDP.

Preuß veröffentlichte seinen ersten Verfassungsentwurf am 20. Januar 1919, dem Tag nach der Wahl zur Verfassunggebenden Nationalversammlung, im *Reichsanzeiger*. Der erste Abschnitt beinhaltete »Das Reich und die deutschen Freistaaten«, während erst der zweite die Grundrechte der Deutschen verbürgte. Mit dieser Anordnung verfolgte Preuß das Ziel, die staatliche Struktur des Deutschen Reiches auf eine ganz neue Grundlage zu stellen, auf der wiederum die individuellen Rechte basierten. Der Verfasser beabsichtigte, die Vorherrschaft Preußens in Deutschland zu brechen, indem er den bis dahin größten Bundesstaat in acht kleinere eigenständige Territorien aufteilen wollte. Ebenso wichtig war die Aufhebung kleiner und kleinster Fürstentümer. Dieses Vorhaben misslang und scheiterte – fast schon ironischerweise – am Widerstand Bayerns, das sein eigenes großes Territorium in Gefahr sah.

So erklärten die Ministerpräsidenten der Länder am 25. Januar 1919 ihren Widerstand gegen den Verfassungsentwurf und bestanden auf einer Mitarbeit an der zukünftigen Verfassung. Die Reichsregierung, noch in der Form des sozialdemokratischen Rats der Volksbeauftragten, fügte sich dem Protest und wies Hugo Preuß an, einen neuen Entwurf vorzulegen. Dieser berücksichtigte die Stellung der Länder und ihrer Vertretung im Reichsrat wesentlich umfassender als der vorherige. Dennoch

Friedrich Eberts Eröffnungsrede der
Nationalversammlung am 06.02.1919

war der neue Reichsrat nicht annähernd so einflussreich wie der Bundesrat im Kaiserreich, der die deutsche Politik maßgeblich mitgestaltet hatte. Und es gelang Preuß, die im Kaiserreich bestehende sehr enge Verbindung zwischen Preußen und dem Deutschen Reich zu durchbrechen. Der Reichskanzler musste in seinem Entwurf nicht mehr zwingend das Amt des preußischen Ministerpräsidenten bekleiden.

Auf der Grundlage des von Hugo Preuß vorgelegten Verfassungsentwurfes konstituierte sich nach der Wahl vom 19. Januar 1919 die Verfassunggebende Nationalversammlung. Gleichfalls ermöglichte das Provisorium die Wahl des Reichspräsidenten und die Ernennung des Kabinetts Scheidemann. Dank der umfangreichen Vorarbeiten von Preuß konnten die Abgeordneten gleich am 24. Februar 1919 die Verfassungsberatungen aufnehmen und bis zum 31. Juli 1919 abschließen. In diesen fünf Monaten fanden intensive und auch konträre Verhandlungen statt, die aber bereits ganz im Sinne einer Demokratie durch Kompromisse und Zugeständnisse zu gemeinsamen Ergebnissen führten. Nach der Unterzeichnung in Schwarzburg durch Friedrich Ebert am 11. August 1919 trat die Verfassung des Deutschen Reiches am 14. August 1919 durch Verkündigung in Kraft.

Ein Blick auf die Präambel einer Verfassung sagt bereits vieles über ihren Charakter aus. Für die Weimarer Verfassung lautet sie folgendermaßen: »Das Deutsche Volk, einig in seinen Stämmen und vom Willen beseelt, sein Reich in Freiheit und Gerechtigkeit zu erneuern und zu festigen, dem inneren und äußeren Frieden zu dienen und den gesellschaftlichen Fortschritt zu fördern, hat sich diese Verfassung gegeben.« Diese Worte zielten nach dem Weltkrieg und der durchaus ereignisreichen Revolutionszeit auf den inneren Ausgleich und eine kontinuierliche gesellschaftliche Entwicklung. Artikel 1 stellte somit eindeutig fest: »Das Deutsche Reich ist eine Republik. Die Staatsgewalt geht vom Volke aus.« Damit sind wir bereits im ersten Teil der Verfassung zu dem Komplex »Aufbau und Aufgaben des Reichs«, der die Artikel 1–108 umfasst. In

Die erste Sitzung des Kabinetts Scheidemann in Weimar

freien Wahlen durften die Bürger, Männer und Frauen, ab dem vollendeten 20. Lebensjahr wählen.

Sie bestimmten alle vier Jahre den Reichstag und in einer direkten Wahl, anders als heute, alle sieben Jahre das Staatsoberhaupt, den Reichspräsidenten. Bei besonders drängenden Problemen besaß das Volk nach Artikel 73 die Möglichkeit, durch Volksbegehren eine Gesetzesinitiative einzuleiten. Damit das parlamentarische System in seiner täglichen Arbeit funktionieren konnte, strebte die Verfassung einen Ausgleich zwischen präsidialer Macht und parlamentarischer Kompetenz an. So ernannte und entließ das Staatsoberhaupt den Reichskanzler und die Minister, die aber wiederum vom Vertrauen des Reichstags abhängig waren. Auch bei den wichtigen Fragen von Krieg und Frieden waren die Zuständigkeiten aufgeteilt. Der Reichspräsident hatte den Oberbefehl über das Heer und vertrat Deutschland nach außen. Die Entscheidungsgewalt in diesen Fragen besaß jedoch das Parlament, das einzig über den Kriegsfall zu entscheiden hatte. Die Gesetzgebung lag ebenfalls in der Hand des Reichstags, der Reichspräsident verkündete die Beschlüsse lediglich. Allerdings verfügte der Reichspräsident über zwei wichtige Machtmittel. Er besaß das Recht, den Reichstag aufzulösen, der sich nach einer Neuwahl spätestens binnen 90 Tagen zu seiner konstituierenden Sitzung zusammenfinden musste. Artikel 48 erlaubte es dem Präsidenten, »wenn im deutschen Reiche die öffentliche Sicherheit und Ordnung erheblich gestört oder gefährdet wird«, einzugreifen und die Ordnung notfalls mit Gewalt wiederherzustellen. Artikel 50 legte aber fest, dass er dazu die »Gegenzeichnung durch den Reichskanzler« oder eines Fachministers benötigte. Auch hier findet sich der Anspruch, die Kräfte im Gleichgewicht zu halten, wieder. Allerdings hatten die beiden Kompetenzen des Reichspräsidenten, die Auflösung des Reichstags und das Eingreifen bei Gefährdung nach Artikel 48, in der Praxis weitreichende Auswirkungen. So beendete der Präsident während der Weimarer Republik jede Legislaturperiode vorzeitig und erließ zahlreiche Notverordnungen. Diese Machtfülle war aus der Überlegung entstanden, mit dem Reichspräsidenten eine handlungsfähige Institution zu besitzen, falls das Parlament seinen Aufgaben nicht in dem erforderlichen Maße nachkommen sollte.

Allerdings bewirkte diese Absicherung in der Praxis oft das Gegenteil, da die Parteien sich der Regierungsverantwortung im Vertrauen auf die Kompetenzen des Reichspräsidenten entzogen. Diese Scheu des Parlaments vor der eigenen Verantwortung hatte für die Weimarer Republik weitreichende Folgen, da das Ansehen des Reichstags stark zurückging. Die lange siebenjährige Amtszeit führte auch dazu, dass in der zeitgenössischen Kritik der Reichspräsident als »Ersatzkaiser« bezeichnet wurde. Diese Fehler sollte das Grundgesetz der Bundesrepublik nicht wiederholen und billigte dem Staatsoberhaupt nur sehr geringe, überwiegend repräsentative Rechte zu. Die neue Verfassung änderte das Verhältnis des Reichs zu den Einzelstaaten nachhaltig. Während der Kaiserzeit war das Reich in seiner zentralen Kompetenz für die Außenpolitik verantwortlich gewesen und stand ansonsten finanziell auf sehr schwachen Füßen. Die monarchisch regierten Bundesstaaten hatten ebenso wie die drei Freien Städte auf ihrem eigenen Finanzsystem beharrt, das ihnen einen Großteil der zu entrichtenden Steuern sicherte. Das änderte sich grundlegend. Das Reich nahm nunmehr die Einkommens-, Körperschafts- und Umsatzsteuer für sich in Anspruch. Auch in der konkreten Ausgestaltung des Verfassungslebens nutzte das Reich die Möglichkeit, durch sein eigenes Gesetzgebungsrecht das Recht der Länder zu beschneiden. Grundlage dafür war der Artikel 13, wonach galt: »Reichsrecht bricht Landrecht.«

Der zweite Hauptteil der Verfassung widmete sich dem Thema »Grundrechte und Grundpflichten der Deutschen«. Im ersten Abschnitt regelte das Gesetz die Rechte und Pflichten der Einzelperson. So besagte der Artikel 109, dass alle Deutschen vor dem Gesetze gleich seien und Männer und Frauen über die gleichen Rechte und Pflichten verfügten. Die Gleichberechtigung war also ausdrücklich in der Verfassung verankert. Weiterhin enthielt dieser Abschnitt ganz existenzielle Grundrechte, die das Grundgesetz der Bundesrepublik übernommen hat: das Recht auf Freizügigkeit, Freiheit der Person, Unverletzlichkeit der Wohnung, das Briefgeheimnis und das Recht auf freie Meinungsäußerung.

Der zweite Abschnitt beschäftigte sich mit dem Gemeinschaftsleben. In ihm wurde die besondere Bedeutung der Ehe hervorgehoben und das Wohl der Kinder festgelegt, das auch uneingeschränkt für uneheliche Kinder galt. In diesem Abschnitt fanden sich auch Rechte auf Demonstrationsfreiheit, Vereinsgründungen und die Regelung der freien Wahlen. Der folgende Abschnitt war dem Verhältnis von Staat und Kirche vorbehalten. Er zeichnete sich durch große Liberalität aus und erlaubte jedem Bürger und jeder Bürgerin die freie

Religionsausübung. Das Schulwesen war klar gegliedert und stand unter staatlicher Aufsicht. Allerdings führte dieser Aspekt auch zu den größten Auseinandersetzungen unter den Abgeordneten, da zwischen Liberalen und Zentrum ein heftiger Streit über konfessionelle Schulen und den Einfluss der Kirche auf das Schulwesen entbrannte. Aber auch hier ermöglichte die gegenseitige Verständigung eine zufriedenstellende Übereinkunft. Die Sozialdemokratie trat vor allem für mehr Bildungsgerechtigkeit ein. Dazu setzte sie den Artikel 146 durch, der es auch begabten Jugendlichen aus armen Familien ermöglichen sollte, höhere Schulen zu besuchen. Das dazu erforderliche Geld war durch die Institutionen Gemeinde, Land oder Staat aufzubringen. Diese Regelung basierte auf dem vierten Abschnitt, der die Freiheit der Kunst, Wissenschaften und Lehre herausstellte und ihre Finanzierung regelte.

Vor dem Hintergrund der revolutionären Auseinandersetzungen um die Frage der wirtschaftlichen Gestaltung der jungen Demokratie kam dem fünften Abschnitt besondere Bedeutung zu. Die Verfassung war hier ganz eindeutig. Es blieb bei der privatwirtschaftlichen Regelung und einer eingeschränkten Arbeitnehmervertretung in den Betrieben. Artikel 153 schrieb das Eigentum fest. Eine beabsichtigte Enteignung bedurfte der Begründung, dass dadurch das Gemeinwohl gefördert würde. Artikel 156 präzisierte die Überführung von privaten wirtschaftlichen Unternehmungen in Gemeineigentum. Sie konnte theoretisch vorgenommen werden, musste aber gegen eine angemessene Entschädigung erfolgen. In der Praxis sollte sich dann erweisen, dass eine Sozialisierung der Privatindustrie kaum mehr möglich war. Der Schutz des Privateigentums war ebenso wie die zu leistende Entschädigung eine zu hohe Hürde, um insbesondere die Schlüsselindustrien Bergbau und Industrieunternehmungen überführen zu können. Was blieb für den Arbeiter? Artikel 157 sagte doch recht lapidar: »Die Arbeitskraft steht unter dem besonderen Schutze des Reichs.« Das war nicht viel – und ein Blick auf den Artikel 165 über die

Arbeitnehmervertretungen zeigte eine zwar theoretisch mögliche umfassende Vertretung der Arbeiter in den Unternehmen in Form von Bezirksarbeiterräten und einem Reichsarbeiterrat, doch bestanden diese Entwürfe nur auf dem Papier. In der Praxis gab es lediglich ab 1920 Betriebsräte mit doch recht eingeschränkten Kompetenzen. Auch die Idee einer berufsständischen Vertretung in Form eines Wirtschaftsparlaments war nicht Bestandteil der Reichsverfassung. Gefordert von dem zweiten Kongress der Arbeiter-, Bauern- und Soldatenräte Deutschlands Anfang April 1919, fand dieser Vorschlag so gut wie keine Unterstützung.

Dieser fünfte Abschnitt zeigt, dass zentrale Forderungen der deutschen Revolution nicht umgesetzt wurden. Eine Sozialisierung im Bergbau unterblieb, obwohl gerade hier nach Meinung der Sachverständigen eine Überführung in das Gemeinwohl möglich gewesen wäre. Generell bewirkte das Stinnes-Legien-Abkommen vom November 1918, dass auf diesem Gebiet alle Möglichkeiten zur Sozialisierung aus der Hand gegeben wurden. Für den Achtstundentag und ihre Anerkennung als Verhandlungspartner hatten die Gewerkschaften auf alle wesentlich weitergehenden Optionen verzichtet. Diese in der Verfassung dann festgeschriebenen Folgen trugen ganz erheblich dazu bei, dass sich die Lage in dem wichtigsten Montan- und Industriebezirk des Ruhrgebiets im Jahr 1920 noch einmal explosiv entlud. In diesem Punkt erreichte die Verfassung nicht das erstrebte Ziel, die Revolution endgültig zu beenden.

Der Abschnitt über das Wirtschaftsleben verdeutlicht, dass die bürgerlichen Parteien ihre Ideen in der Verfassung sehr gut wiederfinden konnten. Sie waren mit ihren Vorstellungen insgesamt weiter durchgedrungen als die SPD oder gar die USPD. In der SPD bestanden deshalb Bedenken gegen die neue Verfassung, die sich im Abstimmungsergebnis niederschlugen. In der entscheidenden Sitzung vom 31. Juli 1919 über die Annahme der Verfassung stimmten nur 262 Abgeordnete mit Ja, obwohl die Regierungsparteien über 331 Stimmen verfügten. 75 Abgeordnete stimmten dagegen, 86 enthielten sich der Stimme, indem sie der Abstimmung fernblieben.

Die Geschichte hat dann aber gezeigt, dass eine Verfassung stets nur so gut sein kann wie die Menschen, die sie gestalten. Und hier wies die gut gemeinte und vermeintlich stärkende Position des Reichspräsidenten ein strukturelles Defizit auf. Die Notverordnungen nahmen unter dem zweiten Reichspräsidenten von Hindenburg inflationär zu und griffen mehr und mehr in das politische Leben ein. Das war so nicht gedacht und nicht gewollt. Die Verfassung enthielt auch keinen Schutz der ganz relevanten individuellen Rechte.

Das sogenannte Ermächtigungsgesetz aus dem Jahr 1933 setzte 14 Jahre nach der Entstehung dieser Verfassung einige wenige Artikel außer Kraft und ermöglichte die nationalsozialistische Gewalt- und Willkürherrschaft, obwohl die Verfassung des Deutschen Reiches von 1919 ansonsten bis 1945 in Kraft blieb.

Und dennoch war die Verfassung von 1919 ein Meilenstein in der deutschen Geschichte. Sie enthielt außergewöhnliche Verbesserungen für die Selbstbestimmung des Volkes. Alle Gewalt ging nunmehr von ihm aus, die von ihm gewählten Parlamente und der Reichspräsident waren dem Volk verantwortlich. Die Verfassung garantierte existenzielle Grundrechte wie das der Meinungsfreiheit, das Demonstrationsrecht oder die Freiheit von Wissenschaft und Kunst. Sie stellte auf staatlichem, gesellschaftlichem und kulturellem Gebiet einen großen Sprung nach vorne dar. So kam dem Sozialen eine ganz neue Bedeutung zu, als es beispielsweise begabten Schülern aus ärmeren Familien möglich wurde, eine höhere Schule zu besuchen. Generell stellte die Verfassung das Verhältnis zwischen Reich und Staaten auf eine neue, vernünftige Grundlage und überwand überalterte Strukturen. Insgesamt bot die Verfassung des Jahres 1919, hervorgegangen aus der Revolution, viele Ausgangspunkte für eine weitere Verbesserung der staatlichen und gesellschaftlichen Verhältnisse. Auch wenn sie Kompromisse enthalten musste angesichts der Zusammensetzung der Verfassunggebenden

Nationalversammlung, war sie in vielen Artikeln fortschrittlich. So sprach der Sozialdemokrat Eduard David am Tage der Verabschiedung der Verfassung durch die Nationalversammlung vom Sieg der Demokratie. Deutschland sei fortan »die demokratischste Demokratie der Welt«.

Der schwache Punkt der Verfassung bestand darin, dass sie sich selbst nicht ausreichend schützte. Der übergroße Optimismus der ersten Nachkriegszeit verhinderte die Verteidigung der Demokratie gegen mögliche Angriffe radikaler Gegner. Erst die Erfahrung des Endes der Republik veranlasste die Politiker bei der Ausarbeitung des Grundgesetzes für die Bundesrepublik dazu, die Demokratie noch stärker zu festigen. Doch das Scheitern von Weimar war nicht durch die Verfassung vorherbestimmt, ganz im Gegenteil: Sie bildete die Grundlage für eine stetige Entwicklung im Sinne ihrer Präambel, »den gesellschaftlichen Fortschritt zu fördern«.

5.3 Revolutionäres Aufbäumen 1920

Das Jahr 1919 brachte mehrere entscheidende Ereignisse, besonders weichenstellend waren darunter die Annahme der Verfassung vom 11. August und die Unterzeichnung des Versailler Friedensvertrages vom 28. Juni. Dieser legte sehr schwere Bedingungen bei den Reparationsleistungen fest, die sich auf Milliarden Goldmark beliefen und überwiegend in Sachwerten zu leisten waren. Dadurch verlor das geschwächte Deutschland Lokomotiven, Züge und industrielle Maschinen. Weiterhin sah der Vertrag umfangreiche Gebietsabtretungen Preußens vor. Ostpreußen war fortan vom restlichen deutschen Staatsgebiet getrennt, die Provinz Posen ging gänzlich im neuen polnischen Staat auf. Und auch im schlesischen Industriebezirk verlor Preußen wirtschaftlich wichtige Gebiete. Damit von Deutschland kein Krieg mehr ausgehen konnte, beschlossen die Sieger eine umfangreiche Verringerung seiner militärischen Stärke.

Und – das war für die damalige Zeit sehr demütigend – die Alliierten erklärten Deutschland für nicht würdig, weiterhin Kolonien zu besitzen. Zudem wiesen sie dem Deutschen Reich und seinen Verbündeten die Verantwortung am Kriegsausbruch zu, womit die Reparationsforderungen begründet wurden. Auch wenn der Vertrag als sehr erniedrigend empfunden wurde, beendete er doch den Krieg. Und beinahe gleichzeitig entstand das aus der freiheitlichen Verfassung hervorgehende demokratische Staatswesen.

Neben der weitgehenden Demokratisierung setzte jedoch zur gleichen Zeit in dem kleinen, aber sehr aktiven linken Spektrum eine zunehmende Radikalisierung ein, die schließlich zu einem letzten revolutionären Aufbäumen führte. Ausgangspunkt dafür waren Anfang Januar 1920 die Beratungen über das Betriebsrätegesetz im Reichstag, seit September 1919 Tagungsort der Nationalversammlung. Aus Sicht der USPD war das Gesetz für die betriebliche Praxis völlig unzulänglich. Die Partei organisierte für den 13. Januar 1920 eine Demonstration vor dem Plenum, die eskalierte. Schüsse fielen zuerst aus den Reihen der Arbeiter, die Polizei schoss ohne Warnung massiv zurück. 42 Tote und 105 Verletzte waren zu beklagen. Das war ein blutiges Vorspiel zu weiteren Unruhen und dem konterrevolutionären Staatsstreich vom März des Jahres 1920.

Die Ursachen für diesen Putsch gehen auf das Militär zurück. Innerhalb der neuen Reichswehr vollzogen sich nach der Ratifizierung des Versailler Vertrages gravierende Veränderungen. Aus Protest gegen die Beschränkung auf ein Heer von nur 100 000 Soldaten und 12 000 Matrosen legten von Hindenburg und Groener ihre Ämter nieder. Weiterhin musste der Generalstab, im Krieg als OHL bezeichnet, aufgelöst werden. Den Oberbefehl übernahm Reichswehrminister Gustav Noske. Höchster preußischer Militär wurde Oberst Walther Reinhardt, der der jungen Republik loyal gegenüberstand. Er war dem Chef des Truppenamtes Generalmajor Hans von Seeckt übergeordnet. Von Seeckt stand dem demokratischen

Staat weitaus distanzierter gegenüber, was in den kritischen Phasen des März 1920 fatale Folgen haben sollte. Anfang des Jahres konkretisierte sich das Problem der Truppenreduzierung, weil die Reichswehr mitsamt den freien und eingegliederten Freikorps noch rund 250 000 Soldaten besaß. Gegen die bevorstehende Auflösung der Freikorps erhob sich scharfer Protest. Ihr wichtigster Fürsprecher war General von Lüttwitz. Er trat mit unerfüllbaren Forderungen wie Neuwahlen, Ablösung ihm unbequemer Minister und Beibehaltung der Freikorps vor Reichspräsident Ebert. Obwohl klar geworden war, dass sich hinter diesen Anliegen eine unausgesprochene Putschandrohung verbarg, blieb von Lüttwitz im Amt. Hinter dem General stand die »Nationale Vereinigung«, eine reaktionäre Gesellschaft unter dem Einfluss Erich Ludendorffs und weiterer schon in der Revolution unrühmlich tätig gewordener Männer wie Hauptmann Pabst, dem Mörder von Karl Liebknecht und Rosa Luxemburg. Mit Wolfgang Kapp war ein weiterer Reaktionär vertreten, der in der Folge eine ebenfalls wenig ruhmreiche Rolle einnahm.

Halten wir in der Betrachtung der Geschehnisse Anfang 1920 kurz inne. Die junge Demokratie, versehen mit Verfassung und Friedensvertrag, sah sich von der linken Seite einer radikalisierten USPD und der KPD gegenüber, die ideologisch zunehmend von den Moskauer Kommunisten beeinflusst wurde. Hier machte sich der Mord an Luxemburg und Liebknecht umgehend bemerkbar, da die beiden Politiker das Format besessen hätten, der Partei ein eigenes Gepräge zu geben. Auf der anderen Seite erwachte die Reaktion schneller als von Ebert und Scheidemann für möglich gehalten. Besonders aus den Reihen des Militärs erwuchs Widerstand gegen die Demokratie. Der autoritäre militärische Geist war nach dem verlorenen Weltkrieg keineswegs gebrochen. Er lebte bei einigen hunderttausend entwurzelten Freikorpskämpfern und hohen Offizieren unbeschadet fort. Ein Funke genügte, um diese explosive Konstellation zu zünden.

Am 13. März 1920 war es so weit. General von Lüttwitz putschte gegen die Regierung. Auf seinen Befehl ging die als äußert brutal geltende Marinebrigade Ehrhardt auf die Hauptstadt zu. Sie hatte sich als Erkennungszeichen das Hakenkreuz gegeben und verbreitete unter diesem Symbol in der ersten Nachkriegszeit Angst und Schrecken. Während des Weltkrieges hatte übrigens ein Pilot das Hakenkreuz erstmals am Flugzeugrumpf geführt: Der jüdische Kampfflieger Vizefeldwebel Fritz Beckhardt aus Hessen hatte seine Maschine mit dem Symbol des Sonnenrades versehen.

Während die Brigade Ehrhardt auf Berlin marschierte, sollte Wolfgang Kapp die Reichskanzlerschaft übernehmen. Alles schien auf ein erfolgreiches Unternehmen hinauszulaufen, da die Reichswehr den Befehlen Noskes nicht gehorchte. General von Seeckt weigerte sich, Truppen gegen die Putschisten in Marsch zu setzen. So sah sich die Regierung gezwungen, aus der Hauptstadt in Richtung Dresden zu fliehen. Vizekanzler Schiffer blieb weiterhin in Berlin, um nicht den Eindruck einer Kapitulation aufkommen zu lassen. Von Sachsen aus erließ die rechtmäßige Regierung die einzig mögliche Maßnahme: Sie rief zum politischen Generalstreik auf. Durch die Zusammenarbeit des Allgemeinen Deutschen Gewerkschaftsbundes mit der Arbeitsgemeinschaft freier Angestelltenverbände und dem Deutschen Beamtenbund konnte der Streik erfolgreich durchgeführt werden. Daneben bestand noch eine eigene linke Streikleitung von KPD und USPD in Berlin. Maßgeblich war aber das Bündnis von Arbeitern, Angestellten und Beamten, das so in Deutschland noch nicht bestanden hatte. Durch ihren Zusammenschluss lief der Putsch ins Leere. Zwar hatte Kapp den Stuhl Eberts in der Reichskanzlei eingenommen, doch war er vollkommen hilflos. Die Beamten weigerten sich ganz einfach, auf Anordnungen zu reagieren. So mussten sich Kapp und von Lüttwitz bereits am 17. März zurückziehen. Beim Abzug aus der Hauptstadt richtete die Brigade Ehrhardt noch ein Blutbad an. Sie schoss nach Unmutsbekundungen der Bevölkerung wahllos in die Menge. Unter den zwölf Toten und Dutzenden Verletzten waren auch Kinder.

In dieser ohnehin äußerst angespannten Situation formierte sich in den Industrieregionen Westdeutschlands bewaffneter Widerstand gegen die Putschisten. Im Revier entstand die Rote Ruhrarmee. Sie schlug das bereits erwähnte Freikorps Lichtschlag und kontrollierte ab dem 22. März das gesamte Ruhrgebiet. Mit diesem Machtzuwachs linker Kräfte waren die alten Forderungen aus der unmittelbaren Revolutionszeit wieder aktuell geworden. Besonders die Frage der Sozialisierung des Bergbaus war ein zentrales und nach Verfassungslage sogar mögliches Ziel. In der Tat handelte es sich um eine proletarische Massenbewegung, die von KPD und USPD unterstützt wurde. Rund 50 000 bewaffnete Arbeiter gehörten der Ruhrarmee an. Um es nicht zum Kampf mit der Reichswehr kommen zu lassen, leitete die Regierung Bauer Verhandlungen ein; Bauer war Nachfolger von Scheidemann, dessen Kabinett im Juni 1919 an der Frage, ob der Versailler Vertrag zu unterzeichnen oder nicht zu unterzeichnen sei, zerbrochen war. In einer Übereinkunft vom 24. März 1920 sollte die schrittweise Entwaffnung erfolgen. Damit war ein Keil in die durchaus unterschiedlich radikalen lokalen Komitees getrieben. Während die gemäßigtere Hagener Zentrale das Abkommen unterstützte, gab es in Mülheim und Hamborn kämpferische Stimmen. Als die Lage in Duisburg kurz vor der Eskalation stand und ein erneuter Generalstreik beinahe das gesamte Ruhrgebiet betraf, ging die Reichswehr unter General von Seeckt zum Angriff gegen die Rote Ruhrarmee über. Sie bediente sich auch der Freikorps, die am 13. März noch gegen die Regierung geputscht hatten. Am 2. April begann der äußerst grausame Vormarsch der Freikorps. Ihre Angehörigen erschossen wahllos Gefangene und Verwundete, selbst Sanitäter und Sanitäterinnen fielen ihnen zum Opfer. Die meisten Gegner wurden durch Schüsse in den Rücken getötet, was auf vorsätzliche Tötung außerhalb des eigentlichen Kampfes schließen lässt. Den blutigen Kämpfen fielen mehr als 1000 Arbeiter zum Opfer, die Reichswehr verzeichnete 208 Tote und 123 Vermisste.

Was den Menschen in dauernder Erinnerung blieb, war die Brutalität des Kampfes mit Truppen, die von einer sozialdemokratischen Regierung entsandt worden waren. Auch das von der Regierung während der Verhandlungen gegebene Versprechen, den Bergbau zu sozialisieren, wurde nie eingelöst. Die Folgen waren für die politische Kultur der Weimarer Republik äußerst bedeutsam und zeigten sich bei der Reichstagswahl vom 6. Juni 1920.

Die SPD stürzte dabei auf nur noch 21,6 % der Wählerstimmen geradezu ab. Berücksichtigt man die um rund vier Prozent geringere Wahlbeteiligung im Vergleich mit der Wahl zur Verfassunggebenden Nationalversammlung vom Januar 1919, so hatte sich der Stimmenanteil der SPD halbiert. Demgegenüber erreichte die USPD 18,6 %. Auch die äußerst linke KPD bekam immerhin 1,7 % der Wählerstimmen. Das Zentrum hielt sich mit 18 % (einschließlich der Bayerischen Volkspartei, der Zentrumspartei im Freistaat) auf dem Niveau der Wahlen zur Verfassunggebenden Nationalversammlung. Innerhalb des bürgerlichen Spektrums fand ebenfalls eine gravierende Veränderung statt. Die liberale DDP büßte stark ein und erreichte nur noch 8,4 %, die konservative DVP hingegen 13,9 %. Das Ergebnis war eine eindeutige Polarisierung der Kräfte. Im linken Spektrum verlor die SPD stark an die USPD, während im rechten die DDP an die DVP Stimmen abgab.

Damit stand fest, dass die Parteienkonstellation aus SPD, Zentrum und Liberalen nicht mehr die Mehrheit besaß. Das auf das Jahr 1917 zurückgehende Bündnis verfügte im Januar 1919 über eine Zweidrittelmehrheit und konnte die Verfassung ausarbeiten. Nach der Reichstagswahl vom Juni 1920 konnten die drei Parteien nicht mehr weiterregieren. Besonders einschneidend war die zukünftige Regierungsbildung ohne Beteiligung der SPD. Die einzige politische Lösung aus dem Wahlergebnis bestand in einer bürgerlichen Minderheitsregierung unter

Führung des Zentrums, die von der SPD toleriert wurde. Dazu trugen auch innerparteiliche Überlegungen der SPD bei. Durch die Opposition hoffte sie, die weitere Erosion unter den eigenen Mitgliedern zu stoppen und es gemäßigten USPD-Mitgliedern zu ermöglichen, den Weg zur SPD zurückzufinden. So bestand das neue Kabinett aus Politikern des Zentrums, das mit Constantin Fehrenbach auch den Reichskanzler stellte, der DDP und der DVP. Als parteilosen Fachminister für das Verkehrswesen berief Fehrenbach den ehemaligen Ersten Generalquartiermeister General Wilhelm Groener. Das Regierungsprogramm beinhaltete als vorrangiges Ziel, die bestehenden Verhältnisse unter der Verfassung des Deutschen Reiches vom 11. August 1919 zu verbessern. Damit musste sich auch die DVP auf die Grundlage der jungen Demokratie stellen.

Mit diesem Wahlergebnis waren die politischen Kräfte in der Weimarer Republik auf Reichsebene für das kommende Jahrzehnt manifestiert. Nur noch ein einziges Mal konnte die SPD mit dem zweiten Kabinett Müller von 1928–1930 in einer großen Koalition den Reichskanzler stellen. An die Stelle der SPD als maßgebende Partei trat das Zentrum mit wechselnden Mehrheiten. Mit dem Ausgang der Wahlen vom Juni 1920 war Deutschland als bürgerliche Republik gefestigt. Die zentralen Revolutionsforderungen blieben weitgehend unerfüllt. Das Rätesystem war nach den Märzkämpfen endgültig ohne Perspektive, eine Sozialisierung wirtschaftlicher Unternehmen unterblieb, das Militär fungierte ganz nach seinen eigenen Vorstellungen als »Staat im Staate« und die Bürokratie behielt ihre zentrale Stellung. Die Spaltung der Sozialdemokratie hatte sich manifestiert und erschwerte die zukünftige politische Handlungsfähigkeit. Das waren die negativen Folgen der 1920 endgültig niedergeschlagenen Revolution.

Diesem aus sozialdemokratischer Sicht eher bescheidenen Ergebnis stand aber ein voller Erfolg im größten deutschen Staat Preußen gegenüber. Der Satz aus der Kaiserzeit »Wer Preußen hat, hat das Reich« traf auch weiterhin auf die SPD zu. Nach dem Kapp-Putsch musste der bis dahin regierende sozialdemokratische Ministerpräsident Paul Hirsch ebenso zurücktreten wie Finanzminister Albert Südekum. Beide waren zu Gesprächen mit den Putschisten bereit gewesen, was sie stark in Misskredit brachte. Da es ihnen auch nicht gelungen war, im Vorfeld die äußerst konservativen Landräte auf die Seite der Weimarer Republik zu ziehen, mussten sie einer neuen Führung weichen.

Nachfolger wurden Ministerpräsident Otto Braun und Innenminister Carl Severing, beide SPD. Sie griffen in Preußen hart durch. Mehr als 100 hohe Beamte mussten gehen, weil sie sich während des Putsches nicht rückhaltlos zur Demokratie bekannt hatten. Auf der Ebene der Landräte sowie der Ober- und Regierungspräsidenten kam es ebenso zu zahlreichen Neubesetzungen wie bei den Polizeipräsidenten. Das neue Kabinett machte aus dem reaktionären Preußen tatsächlich ein Bollwerk für die Demokratie. Man sprach gar vom demokratischen System »Braun-Severing«. So herrschten mehr als zehn Jahre lang stabile politische Verhältnisse, da der Staat kontinuierlich von SPD, Zentrum und Liberalen getragen wurde. Begünstigt wurde die Entwicklung durch die erst 1921 durchgeführte Landtagswahl. Während die Reichstagswahl unmittelbar nach der Niederschlagung der letzten revolutionären Aufstände stattfand und die SPD massiv Stimmen kostete, war das Ergebnis der um ein Jahr späteren Wahl für sie günstiger. Zwar verlor die SPD im Vergleich zu 1919 mehr als 10 % und kam noch auf 25,9 %. Auch das Zentrum büßte rund 4 % ein und erreichte 17,9 %. Der große Verlust der DDP um 10 % auf nur noch gut 6 % war ebenfalls ein herber Schlag. Die Weimarer Koalition konnte aber mit einer knappen Mehrheit von 224 der 428 Sitze weiterarbeiten. Somit war die von der DDP gewünschte Regierungsbeteiligung der mit 14 % erstarkten DVP nicht erforderlich.

Bemerkenswert war der Erfolg der KPD von 7,5 %, der aber angesichts der politischen Verweigerungshaltung der

Partei ohne praktische Auswirkungen blieb. Somit regierten in Preußen weiterhin überzeugte Demokraten. Diese positive Grundstimmung zum jungen Weimarer Staat ist wohl auch darauf zurückzuführen, dass Preußen bis 1918 der politisch rückständigste Staat des Reiches war und die Bevölkerung auf keinen Fall restaurative Kräfte an der Regierung sehen wollte, die, wie die DNVP, allen Ernstes beabsichtigten, wieder Herrscher aus den Reihen der Hohenzollern an die Spitze des Staates zu setzen.

Die preußische Bestätigung der Demokratie hatte wiederum positive Auswirkungen für das Deutsche Reich, da Preußen rund 60 % aller Deutschen beheimatete und mehr als 40 % der Stimmen im Reichsrat auf sich vereinigte. Diese politische Festigung relativierte den vorläufigen Verlust der Regierungsfähigkeit auf Reichsebene. Dort hatte die SPD durch den Reichspräsidenten Friedrich Ebert, der auf sieben Jahre gewählt worden war, ohnehin ein gewichtiges Wort mitzureden.

Zieht man Mitte des Jahres 1920 eine vorläufige Bilanz, so zeigt sich zweierlei: Die ausgebliebene Verstaatlichung weiter Teile der Privatwirtschaft und die brutale Niederschlagung von Aufständen gegen die Reichsregierung führten zu einer Verbitterung in Teilen der Arbeiterschaft, die einen massiven Stimmenverlust der SPD nach sich zog. Daneben entstand aber gleichzeitig die Weimarer Republik, die sehr wohl eine Zukunft besaß. Die demokratische Verfassung war in Kraft, und das Reich hatte einen, wenn auch viel gescholtenen, Friedensvertrag. Zukünftig lenkte das demokratische und gemäßigte Zentrum in einer bürgerlichen Regierung den Staat auf Reichsebene unter einem sozialdemokratischen Reichspräsidenten, der umfassende Vollmachten besaß. In dem größten und wirtschaftlich bedeutendsten deutschen Bundesstaat Preußen festigte die SPD ihre Position und sorgte für klare Verhältnisse. Und wie die mittleren Zwanzigerjahre bis zur großen Weltwirtschaftskrise 1929 bewiesen, war diese Zeit trotz aller innen- und außenpolitischen Belastungen, die sich aus dem Versailler Vertrag ergaben, ein großer Erfolg. Die wirtschaftliche, gesellschaftliche und kulturelle Entwicklung dieser Zeit ist auch heute noch unter dem Begriff der »Goldenen Zwanziger« in Erinnerung. So war das Ergebnis der deutschen Revolution sicher ganz anders als von den allermeisten Deutschen erwartet oder befürchtet. Aber es war kein schlechtes.

6. RÜCKBLICK UND AUSBLICK

Die deutsche Revolution gleicht einer Medaille mit zwei ganz unterschiedlichen Seiten. Auf der einen Seite finden sich die demokratischen Errungenschaften einer Verfassung und eines von gleichberechtigten Bürgern gewählten Parlaments, die beide die Grundlage der ungemein aufblühenden Kultur der Weimarer Republik bildeten und in den 1920er-Jahren stabile wirtschaftliche Verhältnisse gewährleisteten. Auf der anderen Seite stehen die gewalttätigen Auseinandersetzungen im Innern. Nach der Entscheidung für eine parlamentarische Demokratie nahmen die radikalen Proteste für eine Sozialisierung wichtiger Betriebe und nachhaltige Veränderungen in Militär und Bürokratie zu und wurden zu einem Teil gewaltsam ausgetragen. Linke Räterepubliken in Bremen und München entstanden. Ihre brutale Niederwerfung durch Militär und Freikorps zählt zu den dunklen Seiten der Revolution.

Oftmals wird in der Literatur die weniger schöne Seite zuerst, ja manchmal – wie bei Sebastian Haffners *Die verratene Revolution* – ausschließlich betrachtet. Damit wird man der Komplexität der Revolution aber keineswegs gerecht. Genauso verkehrt wäre es, eine Erfolgsgeschichte zu konstruieren, in der die brutalen militärischen Zusammenstöße ausgeblendet werden. Die deutsche Revolution und die aus ihr entstandene Weimarer Republik sind oft vom Scheitern der Demokratie aus gesehen worden. Dadurch werden die vorwiegend negativen Entwicklungslinien hervorgehoben. Betrachtet man aber die Weimarer Republik bis zum Beginn der Weltwirtschaftskrise 1929, entsteht ein wesentlich differenzierteres Bild, das die Errungenschaften der Revolution angemessen würdigt.

Ein Blick auf die Ausgangslage der Revolution vor dem November 1918 hat gezeigt, dass ihr Verlauf durch die maßgeblichen Akteure der Sozialdemokratie bereits vorgegeben war. Die Partei bejahte seit 1907 die Verteidigungsbereitschaft

Deutschlands und rückte von der Position ab, unter keinen Umständen Geld für das Militär zu bewilligen. Reichskanzler von Bethmann Hollweg stellte in der Julikrise 1914 Deutschland als den von seinen Feinden überfallenen Staat dar und war somit der sozialdemokratischen Bewilligung von Kriegskrediten gewiss. Die SPD erwartete dafür natürlich Gegenleistungen. Zum einen versprach der Kaiser in einer Rede die Demokratisierung des preußischen Wahlrechts und stimmte, allerdings viel zu spät, einer Verfassungsänderung zu, die zentrale Kompetenzen von dem Monarchen in das Parlament verlagerte. Mit diesem Schritt hatte die SPD im Prinzip alles erreicht, was sie forderte, Pläne zur Beseitigung der Monarchie bestanden in der Sozialdemokratie ohnehin nicht. Schon während des Weltkrieges war die SPD durch die Burgfriedenspolitik sehr eng mit den staatlichen Organen verbunden und befürwortete weitestgehend deren Entscheidungen.

Das zeigt sich besonders deutlich in der Matrosen-Erhebung des Sommers 1917, die als Vorläufer der Revolution rund ein Jahr später gesehen werden kann. Die Matrosen versuchten durch die organisierte Gehorsamsverweigerung ein Zeichen für das kämpfende Heer zu setzen, den Krieg endlich durch Befehlsverweigerung zu beenden. Ein solches Vorgehen fand in der SPD und bei ihrem Vorsitzenden Friedrich Ebert keinerlei Unterstützung. Die SPD war in der Beurteilung der revolutionären, aber keineswegs gewalttätigen Bestrebungen der Matrosen mit der Marineleitung vollkommen einig. Vor dem Hintergrund zweier vollstreckter Todesurteile an Max Reichpietsch und Albin Köbis war klar geworden, dass sich die SPD im Falle revolutionärer Bestrebungen kaum auf die Seite der Auflehnenden stellen würde. Sie war in den Jahren 1917 und 1918 so sehr im Kaiserreich verankert, dass ihr eine andere Staatsform wenig erstrebenswert erschien. Speziell nach den Verfassungsänderungen des Oktobers 1918 war sie eine staatstragende Partei geworden und sah sich am Ziel ihrer innenpolitischen Konzeption, als in Kiel die Revolution ausbrach.

Durch die Entsendung des durchaus geschickt verhandelnden Gustav Noske blieb die Lage in Kiel weitestgehend friedlich. Aber es gelang nicht, die bereits begonnene Revolution auf die Ostseestadt zu begrenzen. Mit rasender Geschwindigkeit und praktisch ohne Gegenwehr entstanden in Deutschland Arbeiter- und Soldatenräte, die die Kontrolle übernahmen. Die Räte waren entgegen vieler Befürchtungen mehrheitlich nicht radikal. Sie beschränkten sich meistens darauf, die Behörden zu überwachen und das Militär in eigener Verantwortung diszipliniert zu führen. Am 9. November erreichte die Bewegung die Hauptstadt Berlin. Das Stellvertretende Generalkommando verzichtete auf Widerstand, Arbeiter und Soldaten marschierten mit roten Fahnen nach Berlin ein. Die Monarchie war nicht mehr zu halten, Reichskanzler Max von Baden erklärte die Abdankung des Kaisers, und Philipp Scheidemann rief am frühen Nachmittag von einem Fenster des Reichstags die deutsche Republik aus. Nun war etwas eingetreten, was Ebert gar nicht erstrebte. Er übernahm die Reichskanzlerschaft, die er der Revolution verdankte. Und diesen Titel führte er auch nur einen Tag, da mit dem am 10. November gebildeten und vom Berliner Arbeiter- und Rätekongress legitimierten Rat der Volksbeauftragten ein neues Gremium geschaffen wurde, das die Politik gestaltete. Noch am selben Tag, an dem der Kongress radikale sozialistische Forderungen ablehnte, kam es zu einer Verständigung Eberts mit der OHL. Das war der erste, sehr frühe Schritt einer kontinuierlichen Entwicklung, der einen gesellschaftlichen Umbruch langfristig verhinderte. Ebert, der unbestritten führende Volksbeauftragte, gestand später auf der Nationalversammlung ein, er habe als Verwalter des Kaiserreichs gehandelt, wollte also das ihm als bewährt Erscheinende erhalten und mit in die Demokratie überführen. Dazu gehörte zum einen das Militär und zum anderen die Bürokratie. Beides war aber der Bevölkerung aus den Erfahrungen der vergangenen Jahrzehnte verhasst. Bürokratie und Militär verkörperten den preußischen Obrigkeitsstaat und waren in ihrer bestehenden Form mit einem Neuanfang nur schwerlich zu vereinbaren.

Der Rat der Volksbeauftragten sah sich in seiner täglichen Arbeit mit großen Herausforderungen konfrontiert. Das Acht-Millionen-Heer musste organisiert zurück in die Heimat geführt werden. Das war nur mit einem funktionierenden Militär möglich. Die deutsche Wirtschaft hatte zwei riesige Aufgaben zu bewältigen. Zum einen galt es, wieder für den zivilen Bereich zu produzieren, und zum anderen mussten die heimkehrenden Soldaten in ihren angestammten Beruf eingegliedert werden. Das war nur mit einem eingespielten bürokratischen Apparat möglich. So gesehen waren die Forderungen nach Ausschaltung von Militär und Verwaltung gerade in der Revolution gar nicht umzusetzen, wollte man nicht das vollkommene Chaos herbeiführen. Aber erst die Kooperation der Gewerkschaften mit den Arbeitgebern stellte diese Politik auf eine solide Grundlage. Die führenden deutschen Gewerkschaften fürchteten bei einer umfassenden Verstaatlichung von Betrieben während einer Revolution millionenfache Arbeitslosigkeit. Durch die Verständigung zwischen Hugo Stinnes und Carl Legien blieben die Unternehmer auch weiterhin Besitzer ihrer Betriebe, während die Gewerkschaften ihre zentralen Punkte wie den Achtstundentag durchsetzten. Mit diesen zwei Schritten der Verständigung zwischen Ebert und Groener sowie zwischen Stinnes und Legien war ein Höchstmaß an Kontinuität hergestellt. Das war genau das, was Friedrich Ebert anstrebte. Nun galt es, die Demokratie als zukünftige Staatsform zu legitimieren. Der Weg dahin führte über die Wahlen zur Verfassunggebenden Nationalversammlung. Sie brachten am 19. Januar 1919 einen Erfolg für die sozialdemokratischen Parteien, die aber nicht über die Mehrheit verfügten. Ihnen traten mit der DDP und dem Zentrum zwei ebenfalls demokratiebejahende Parteien zur Seite. Die Arbeit an der demokratischen Verfassung konnte beginnen.

Doch zahlreiche Menschen in Berlin und den industriellen Zentren Deutschlands hatten sich weit mehr von einer Revolution erhofft als das, was Friedrich Ebert ermöglichte. Ein zentrales Thema im Ruhrgebiet war die Sozialisierung des Bergbaus,

Mitglieder der Republikanischen Soldatenwehr, die sich
mit den Spartakisten solidarisiert haben, werden von
regierungstreuen Soldaten abgeführt, Januar 1919.

die Arbeiter in Berlin und in Mitteldeutschland setzten sich
für die Verstaatlichung großer Betriebe ein. So kam es Anfang
des Jahres 1919 zu Demonstrationen, die durch den Einsatz
militärischer Verbände gewaltsam niedergeschlagen wurden.
Die neu gebildeten Freikorps entzogen sich in ihrem Handeln
weitgehend staatlicher Kontrolle und gingen brutal gegen die
zivile Bevölkerung vor. Die gezielte Verfolgung und schließlich
Ermordung der Kommunisten Karl Liebknecht und Rosa Luxemburg zeigte, wozu diese Einheiten fähig waren. Dieses Ereignis
empörte weite Teile der deutschen Arbeiterschaft ebenso wie
ausländische Intellektuelle. Die Verantwortung für den Mord lag
eindeutig bei der SPD um Ebert und Noske. Die innenpolitischen

Folgen waren sehr weitreichend, da USPD und KPD noch weiter von der regierenden SPD abrückten.

Als ein Ergebnis entstanden bei lokal besonders starker USPD- und KPD-Präsenz im Jahr 1919 Räteherrschaften. Hier schien für kurze Zeit die Möglichkeit gegeben, weitergehende gesellschaftliche und wirtschaftliche Veränderungen anzustoßen. Besonders in Bremen beschloss die Räteregierung zahlreiche Verbesserungen für die ärmere Bevölkerung, bevor ihr die wirtschaftliche Grundlage durch die Reichsregierung entzogen wurde. Die Münchener Räterepublik hingegen verpasste diese Möglichkeiten, da sie von Utopisten geführt wurde, denen jegliche Arbeit fern lag. Die relativ kurzen Episoden in Bremen und München zeigten, bereits vor ihrer brutalen Niederwerfung, vor allem eins: Es kam sehr schnell zu unübersichtlichen Verhältnissen. Die Befürchtungen von Sozialdemokratie und Gewerkschaften waren durch die Räterepubliken bestätigt worden. Eine Übertragung dieses Entwurfs auf das Deutsche Reich hätte unkalkulierbare Folgen nach sich gezogen. So gesehen war die Bewahrung der demokratischen Errungenschaften des Kaiserreichs aus ihrer Sicht folgerichtig und fand sich auch in dem Verfassungsentwurf von Hugo Preuß wieder. Kritisch zu betrachten ist der umstrittene Einsatz von weitgehend zügellos agierenden Freikorps gegen militärisch unterlegene aufständische Kräfte. Das Vorgehen wirft vor allem da besonders dunkle Schatten, wo die Aufständischen bereits zur Kapitulation bereit waren. Das war in Bremen, Berlin und auch in München durchaus der Fall, ebenso wie in großen Teilen der Roten Ruhrarmee 1920. Dass die Regierung das Militär dennoch wüten ließ, führte zu dem negativen Revolutionserleben vieler erwerbstätiger Menschen in den industriellen Ballungszentren. Die dort entstandene Wut entlud sich folgerichtig in den Reichstagswahlen vom Juni 1920, die der SPD herbe Verluste brachte und sie ihrer Regierungsfähigkeit in der Weimarer Republik – von einer Ausnahme abgesehen – beraubte. Die Folgen waren aber noch weitreichender. Der Bruch zwischen SPD und KPD war nicht mehr zu überbrücken, die Kommunisten standen nicht hinter der Weimarer Republik. Und auch von rechts erfuhr der Staat von Nationalisten und Militärs zum Teil offene Ablehnung, was ihn mittelfristig in seiner Existenz bedrohte. Der demokratische Konsens wurde nach der Weltwirtschaftskrise von 1929 und der politischen Polarisierung einfach zu dünn.

Kontinuierlicher verlief die Entwicklung in Preußen. Nach dem Kapp-Putsch griff die SPD unter ihrem Ministerpräsidenten Otto Braun hart durch und entließ diejenigen Beamten, die sich nicht rückhaltlos zur Demokratie bekannten. Die Umbesetzung wichtiger Funktionen verlieh der preußischen Sozialdemokratie eine große Glaubwürdigkeit. Sie konnte bis 1932 in Koalitionen mit den liberalen Parteien den größten deutschen Staat zu einem Bollwerk der Demokratie ausbauen, das dann aber schließlich doch dem aufsteigenden Nationalsozialismus unterlag.

Im Reich trat das Zentrum nach 1920 als staatstragende, regierungsführende Partei an die Stelle der SPD. Die Zentrumspartei war dafür besonders prädestiniert, da sie primär die Interessenvertretung des deutschen Katholizismus war und sich somit auf Wähler der unterschiedlichsten Schichten stützte. Sie hatte Mitglieder und Wähler im Besitzbürgertum, bei den Beamten und Angestellten und nicht zuletzt in der Arbeiterschaft. Schon deshalb konnte sie nicht einseitig Partei ergreifen und musste politische Positionen stets ausbalancieren. Das Zentrum hatte zudem von allen Parteien die höchste regionale Stabilität ihrer Wählerschaft. Dort, wo das Zentrum im Kaiserreich stark war, blieb es auch in der Weimarer Republik die führende Kraft.

Das Zentrum trat damit das Erbe der SPD an, der es gelungen war, Deutschland geordnet durch die konfuse erste Nachkriegszeit zu führen. Ihr kommt das Verdienst zu, dass der Staatsapparat und die Wirtschaft allen politischen Umbrüchen zum Trotz weiterarbeiteten. Auf dieser Grundlage war es überhaupt erst möglich, die demokratische Gestaltung vorzunehmen, die von weiten Teilen der Bevölkerung mitgetragen wurde. Das schließt ausdrücklich die Arbeiter- und Soldatenräte der Revolution mit ein. Mit der freiheitlichen und demokratischen Verfassung, die ihrerseits in einem demokratischen Prozess entstand, wurde durch die Weimarer Republik ein zukunftsfähiger Staat geschaffen, der trotz der Belastungen des Versailler Friedens die Kraft zu einer langfristigen Entwicklung in sich trug. In dem Jahrzehnt zwischen 1919 und 1929 konnte die Weimarer Republik sich dann auch festigen und entwickeln. So war es nach dem Zweiten Weltkrieg für die Bundesrepublik naheliegend, wieder an die erste deutsche Demokratie anzuknüpfen. Schon deshalb bleiben die deutsche Revolution von 1918/19 und die Weimarer Republik bis heute von herausragender Bedeutung.

6.1 Zeitstrahl

1. Kaiserreich

1863	Gründung Allgemeiner Deutscher Arbeiterverein
1869	Gründung Sozialdemokratische Arbeiterpartei
1871	Reichsgründung
1875	Gründung Vereinigte Sozialistische Arbeiterpartei Deutschlands
1878	Sozialistengesetz: Verbot der Parteiarbeit
1890	Ende des Sozialistengesetzes
1890	Umbenennung in SPD mit marxistischem Programm
1899	Beginn des Revisionismusdebatte durch E. Bernstein
1907	SPD trägt Militärpolitik mit
1912	SPD stärkste Reichstagspartei mit 110 Mandaten
1913	Tod Bebels, Ebert und Haase Parteivorsitzende
1913	Verurteilung R. Luxemburgs wegen pazifistischer Rede

2. Erster Weltkrieg

04.08.1914	SPD für Kriegskredite, Beginn der Burgfriedenspolitik
02.12.1914	Liebknecht stimmt als Einziger gegen die Kriegskredite
02.02.1915	Votum der SPD gegen Liebknecht
18.02.1915	Luxemburg muss Haftstrafe von 14 Monaten antreten
09.06.1915	Linke Sozialdemokraten fordern Ende des Burgfriedens

12.01.1916 Liebknecht muss Reichstagsfraktion verlassen

27.01.1916 Zeitschrift *Spartakus* erscheint

24.03.1916 18 Sozialdemokraten müssen Fraktion verlassen

30.03.1916 Gründung der SAG durch Hugo Haase

01.05.1916 Rede Liebknechts gegen den Krieg, vier Jahre Zuchthaus

15.03.1917 Abdankung von Zar Nikolaus II.

04.–06.04.01917 Gründung der USPD in Gotha

01.08.1917 Unruhen in der Hochseeflotte

28.01.1918 Große Berliner Streiks in Rüstungsbetrieben

21.03.1918 Letzte deutsche Großoffensive im Westen

08.08.1918 Durchbruch der Kriegsgegner bei Gegenoffensive

27.09.1918 Ludendorff fordert sofortigen Waffenstillstand

04.10.1918 Waffenstillstandsgesuch an Präsident Wilson

25.10.1918 Bolschewistische Revolution in Russland

28.10.1918 Demokratische Verfassungsänderungen in Deutschland

05.11.1918 Alliierte stimmen Waffenstillstand zu

3. Revolution

02.11.1918 Beginn von Matrosendemonstrationen in Kiel

03.11.1918 Tote durch Schüsse auf Matrosen und Zivilisten

04.11.1918 Bildung erster Matrosenräte in Kiel

05.11.1918 Ausbreitung der revolutionären Bewegung im Umland

06.11.1918 Revolution in Hamburg und Bremen

07.11.1918 Revolution in Köln, Hannover, Oldenburg und München

Bayerische Monarchie als Erste gestürzt

08.11.1918 Revolution in Magdeburg und Leipzig
09.11.1918 Revolution in Berlin
SPD tritt aus Kabinett aus, Prinz Max verkün-
det Abdankung des Kaisers und Scheidemann
ruft Republik aus
Ebert neuer Reichskanzler
10.11.1918 Rat der Volksbeauftragten stellt neue
Regierung
Vollversammlung der Berliner Arbeiter- und
Soldatenräte
Bestätigung der Regierung Ebert/Haase
Ebert-Groener-Pakt
11.11.1918 Waffenstillstand unterzeichnet
15.11.1918 Stinnes-Legien-Abkommen
04.12.1918 Zentral-Arbeitsgemeinschaft (ZAG)
06.12.1918 Militär verhaftet willkürlich Räte
Bei Gefechten mit Arbeitern sterben 16
Menschen
10.12.1918 Sozialisierungskommission für Verstaatlichung des Bergbaus und der Stahlindustrie
16.–21.12.1918 Reichskongress der Arbeiter- und Soldatenräte
in Berlin
23.12.1918 Beginn der Weihnachtsunruhen
Volksmarinedivision gegen Regierung Ebert
und Militär
24.12.1918 Sieg der Volksmarine
USPD verlässt Rat der Volksbeauftragten
30. 12.1918 Reichskonferenz von Spartakus, Gründung
der KPD

05.01.1919 Beginn der Berliner Januarkämpfe
06.01.1919 Erste bewaffnete Auseinandersetzungen
09.01.1919 Heftige Kämpfe im Berliner Zeitungsviertel
10.01.1919 Bremer Räterepublik bis 4. Februar 1919

15.01.1919 Sieg des überlegenen Militärs in der
Hauptstadt
Ermordung von Karl Liebknecht und Rosa
Luxemburg durch Freikorpssoldaten mit
Billigung der Regierung

19.01.1919 Wahl zur Verfassunggebenden
Nationalversammlung
Keine sozialdemokratische Mehrheit

10.02.1919 Demokratische Verfassung angenommen

11.02.1919 Ebert Reichspräsident

13.02.1919 Regierung Scheidemann ernannt

21.02.1919 Ermordung Kurt Eisners in München

04.03.1919 Generalstreik in Berlin, Massaker des Militärs
mit mehr als 1000 Toten

24.03.1919 Heftige Kämpfe im Ruhrgebiet für die
Verstaatlichung von Stahlunternehmen und
Zechen

13.04.1919 Kampf gegen die Münchener Räterepublik

01.05.1919 Sieg der Regierungstruppen, die Gräueltaten
verüben

28.06.1919 Versailler Vertrag unterzeichnet

13.03.1920 Putsch des Militärs unter von Lüttwitz gegen
die Regierung
Erfolgreicher Generalstreik

17.03.1920 Putsch endgültig gescheitert

22.03.1920 Rote Ruhrarmee kontrolliert westdeutsches
Industriegebiet

02.04.1920 Kämpfe enden mit Erfolg von Freikorps
Mehr als 1000 Tote

06.06.1920 Reichstagswahl bringt der SPD starke Verluste,
sie ist auf Jahre nicht an der Regierungsbildung beteiligt

7. LITERATUR

7.1 Quellen

Altmaier, Jakob: Frankfurter Revolutionstage. Frankfurt am Main 1919.

Amtliche Kriegs-Depeschen. Nach Berichten des Wolff'schen Telegraphen-Bureaus. Berlin 1919.

Baden, Prinz Max von: Erinnerungen und Dokumente. Berlin und Leipzig 1927.

Bericht über den Gründungsparteitag der Kommunistischen Partei Deutschlands (Spartakusbund) vom 30. Dezember 1918 bis 1. Januar 1919. Berlin 1919.

Deutsche Verfassungsdokumente 1919–1933, aus: Dokumente zur deutschen Verfassungsgeschichte. Hg. von Ernst Rudolf Huber, Bd. 4, Stuttgart 1992.

Biographisches Handbuch der Reichsrätekongresse. Bearb. von Sabine Roß, aus: Handbücher zur Geschichte des Parlamentarismus und der politischen Parteien. Hg. von Rudolf Morsey und Gerhard A. Ritter, Bd. 11, Düsseldorf 2000.

Groß-Berliner Arbeiter- und Soldatenräte in der Revolution 1918/19. Dokumente der Vollversammlungen und des Vollzugsrates. Bd. 1: Vom Ausbruch der Revolution bis zum 1. Reichsrätekongreß, Bd. 2: Vom 1. Reichsrätekongreß bis zum Generalstreikbeschluß am 3. März 1919, Bd. 3: Vom Generalstreikbeschluß am 3. März 1919 bis zur Spaltung der Räteorgane im Juli 1919. Hg. und bearb. von Gerhard Engel, Bärbel Holtz, Gaby Huch und Ingo Materna, Berlin 1993–2002.

Die Pöhlands im Krieg. Briefe einer Arbeiterfamilie aus dem 1. Weltkrieg. Hg von Doris Kachulle, Köln 1982.

Die Regierung der Volksbeauftragten 1918/19. Eingel. von Erich Matthias, bearb. von Susanne Miller unter Mitwirkung von Heinrich Potthoff, aus: Quellen zur Geschichte des Parlamentarismus und der politischen Parteien. Hg. im Auftrage der Kommission für Geschichte des Parlamentarismus und der politischen Parteien von Werner Conze und Erich Matthias, Erste Reihe, Bd. 6, Düsseldorf 1969.

Die Regierung des Prinzen Max von Baden. Bearb. von Erich Matthias und Rudolf Morsey, aus: Quellen zur Geschichte des Parlamentarismus und der politischen Parteien. Hg. im Auftrage der Kommission für Geschichte des Parlamentarismus und der politischen Parteien von Werner Conze, Erich Matthias und Georg Winter, Erste Reihe, Bd. 2, Düsseldorf 1962.

Die Regierung Eisner 1918/19. Ministerratsprotokolle und Dokumente. Eingel. und bearb. von Franz J. Bauer unter Verwendung der Vorarbeiten von Dieter Albrecht, aus: Quellen zur Geschichte des Parlamentarismus und der politischen Parteien. Hg. im Auftrage der Kommission für Geschichte des Parlamentarismus und der politischen Parteien von Rudolf Morsey und Gerhard A. Ritter, Erste Reihe, Bd. 10, Düsseldorf 1987.

Die Verfassung des Deutschen Reichs vom 11. August 1919. Berlin 1919.

Dittmann, Wilhelm: Erinnerungen. Bearb. und eingel. von Jürgen Rojahn, 3 Bde., Frankfurt am Main und New York 1995.

Dokumente und Materialien zur Geschichte der deutschen Arbeiterbewegung. Hg. vom Institut für Marxismus-Leninismus beim Zentralkomitee der Sozialistischen Einheitspartei Deutschlands, Reihe II, Bd. 5, Januar 1919–Mai 1919, Berlin 1958.

Gerstl, Max: Die Münchener Räte-Republik. München 1919.

Kliche, Josef: Vier Monate Revolution in Wilhelmshaven. Rüstringen 1919.

Knüfken, Hermann: Von Kiel bis Leningrad. Erinnerungen eines revolutionären Matrosen 1917 bis 1930. Berlin 2008.

Kuttner, Erich: Die deutsche Revolution. Des Volkes Sieg und Zukunft. Berlin 1918.

Luxemburg, Rosa: Die Krise der Sozialdemokratie (Juniusbroschüre). Berlin 1919.

Müller, Richard: Geschichte der deutschen Revolution, Bd. 1: Vom Kaiserreich zur Republik, Bd. 2: Die Novemberrevolution, Bd. 3: Der Bürgerkrieg in Deutschland. Wien 1924 f., Berlin 1979.

Noske, Gustav: Von Kiel bis Kapp. Zur Geschichte der deutschen Revolution. Berlin 1920.

Popp, Lothar/Artelt, Karl: Ursprung und Entwicklung der Novemberrevolution 1918. Wie die deutsche Revolution entstand. Kiel 1918.

Rausch, Bernhard: Am Springquell der Revolution. Die Kieler Matrosenerhebung. Kiel 1918.

Reich und Länder. Texte zur deutschen Verfassungsgeschichte im 19. und 20. Jahrhundert. Hg. von Hans Boldt, München 1987.

Revolution und Räterepublik in München 1918/19 in Augenzeugenberichten. Hg. von Gerhard Schmolze, München 1978.

Ritter, Gerhard A./Miller, Susanne: Die deutsche Revolution 1918–1919. Dokumente. Hamburg 1975.

Scheidemann, Philipp: Der Zusammenbruch. Berlin 1921.

Severing, Carl: 1919/1920. Im Wetter- und Watterwinkel. Bielefeld 1927.

Spethmann, Hans: Die Rote Armee an Ruhr und Rhein. Aus den Kapptagen 1920, Berlin 1930.

Werner, P. (Paul Frölich): Die Bayrische Räterepublik. Tatsachen und Kritik. Leipzig 1919.

Wilhelm Groener: Lebenserinnerungen. Jugend, Generalstab, Weltkrieg. Hg. von Friedrich Frhr. Hiller von Gaertingen, aus: Deutsche Geschichtsquellen des 19. und 20. Jahrhunderts. Hg. von der Historischen Kommission bei der Bayerischen Akademie der Wissenschaften, Bd. 41, Göttingen 1957.

Wollenberg, Erich: Als Rotarmist vor München. Reportage aus der Münchener Räterepublik. Berlin 1929.

Quellen zur Geschichte der deutschen Gewerkschaftsbewegung im 20. Jahrhundert. Begr. von Erich Matthias, hg. von Hermann Weber, Klaus Schönhoven und Klaus Tenfelde, Bd. 1: Die Gewerkschaften in Weltkrieg und Revolution 1914–1918, bearb. von Klaus Schönhoven, Bd. 2: Die Gewerkschaften in den Anfangsjahren der Republik, bearb. von Michael Ruck. Köln 1985.

Zwischen Revolution und Kapp-Putsch. Militär und Innenpolitik 1918–1920. Bearb. von Heinz Hürten, aus: Quellen zur Geschichte des Parlamentarismus und der politischen Parteien. Hg. im Auftrage der Kommission für Geschichte des Parlamentarismus und der politischen Parteien von Erich Matthias und Hans Meier-Welcker, Zweite Reihe, Bd. 10, Düsseldorf 1977.

7.2   Literatur

Ay, Karl-Ludwig: Die Entstehung einer Revolution. Die Volksstimmung in Bayern während des Ersten Weltkrieges, aus: Beiträge zu einer historischen Strukturanalyse Bayerns im Industriezeitalter. Hg. von Karl Bosl, Bd. 1, Berlin 1968.

Bachem, Karl: Vorgeschichte, Geschichte und Politik der Deutschen Zentrumspartei. Zugleich ein Beitrag zur Geschichte der katholischen Bewegung, sowie zur allgemeinen Geschichte des neueren und neuesten Deutschland. Köln 1927.

Bernstein, Eduard: Die deutsche Revolution, ihr Ursprung, ihr Verlauf und ihr Werk, aus: Geschichte der Entstehung und ersten Arbeitsperiode der deutschen Revolution. Bd. 1, Berlin 1921.

Bieber, Hans-Joachim: Gewerkschaften in Krieg und Revolution. Hamburg 1981.

Bieber, Hans-Joachim: Bürgertum in der Revolution. Bürgerräte und Bürgerstreiks in Deutschland 1918–1920. Hamburg 1992.

Bollmeyer, Heiko: Der steinige Weg zur Demokratie. Die Weimarer Nationalversammlung zwischen Kaiserreich und Republik. Frankfurt am Main 2007.

Brand, Peter: 1918/19. Ein Lesebuch. Berlin 1979.

Brand, Peter: *Deutschland 1918/19 – Revolution und Konterrevolution*, in: Die deutsche Revolution 1918/19. Hg. von Helga Grebing, Berlin 2008, S. 283–304.

Büttner, Ursula: Weimar. Die überforderte Republik 1918–1933. Leistung und Versagen in Staat, Gesellschaft, Wirtschaft und Kultur. Stuttgart 2008.

Buse, Dieter K.: Friedrich Ebert – Sein Weg zum Politiker von nationaler Bedeutung (1915–1918). Heidelberg 1992.

Canning, Kathleen: *Das Geschlecht der Revolution – Stimmrecht und Staatsbürgertum 1918/19*, in: Die vergessene Revolution von 1918/19. Hg. von Alexander Gallus, Göttingen 2010, S. 84–116.

Carsten, Francis Ludwig: Revolution in Mitteleuropa 1918–1919. Köln 1973.

Carsten, Francis Ludwig: Eduard Bernstein 1850–1932. Eine politische Biographie. München 1993.

Demeter, Karl: Das deutsche Offizierskorps in Gesellschaft und Staat 1650–1945. Frankfurt am Main 1962.

Drabkin, Jakov Samojlovic: Die Novemberrevolution 1918 in Deutschland. Berlin 1968.

Erdmann, Karl Dietrich: Der Erste Weltkrieg. München 1980.

Euchner, Walter: *Die Deutschen und ihre Revolutionen*, in: Die deutsche Revolution 1918/19. Hg. von Helga Grebing, Berlin 2008, S. 329–352.

Gietinger, Klaus: Eine Leiche im Landwehrkanal. Die Ermordung Rosa Luxemburgs. Berlin 1995.

Gietinger, Klaus: Der Konterrevolutionär. Waldemar Pabst – eine deutsche Karriere. Hamburg 2009.

Glanz und Elend in der Weimarer Republik. Hg. von Ingrid Pfeiffer, München 2017.

Görlitz, Walter: November 1918. Bericht über die deutsche Revolution. Oldenburg 1968.

Gordon, Harold J.: Die Reichswehr und die Weimarer Republik 1919–1926. Frankfurt am Main 1959.

Grau, Bernhard: Kurt Eisner 1867–1919. Eine Biographie. München 2001.

Grebing, Helga: *Konservative Republik oder soziale Demokratie? Zur Bewertung der Novemberrevolution in der neueren westdeutschen Historiographie*, in: Vom Kaiserreich zur Weimarer Republik. Hg. von Eberhard Kolb, aus: Neue Wissenschaftliche Bibliothek Geschichte. Hg. von Hans-Ulrich Wehler, Bd. 49, Köln 1972, S. 386–403.

Haffner, Sebastian: Die deutsche Revolution 1918/19. Hamburg 2010 (zuerst erschienen unter dem Titel: Die verratene Revolution. Bern 1969).

Heydecker, Joe J.: Der große Krieg 1914/18. Von Sarajewo bis Versailles. Frankfurt am Main und Berlin 1988.

Höller, Ralf: Der Anfang, der ein Ende war. Die Revolution in Bayern 1918/19. Berlin 1999.

Hoffroge, Ralf: Richard Müller. Der Mann hinter der Novemberrevolution. Berlin 2008.

Hofmann, Robert: Geschichte der deutschen Parteien. Von der Kaiserzeit bis zur Gegenwart. München 1993.

Huber, Ernst Rudolf: Die Weimarer Reichsverfassung, aus: Deutsche Verfassungsgeschichte seit 1789. Bd. 6, Stuttgart 1993.

Hunt, Richard N.: *Friedrich Ebert und die deutsche Revolution 1918*, in: Vom Kaiserreich zur Weimarer Republik. Hg. von Eberhard Kolb, aus: Neue Wissenschaftliche Bibliothek Geschichte. Hg. von Hans-Ulrich Wehler, Bd. 49, Köln 1972, S. 120–137.

Kachulle, Doris: Waldemar Pabst und die Gegenrevolution. Vorträge, Aufsätze, aus dem Nachlass. Hg. von Karl Heinz Roth, aus: Bulletin für Faschismus- und Weltkriegsforschung, Beihefte. Hg. von Werner Röhr, Bd. 5, Berlin 2007.

Karl, Michaela: Die Münchener Räterepublik. Porträts einer Revolution. Düsseldorf 2008.

Kluge, Ulrich: Soldatenräte und Revolution. Studien zur Militärpolitik in Deutschland 1918/19. Göttingen 1975.

Kluge, Ulrich: Die deutsche Revolution 1918/19. Staat, Politik und Gesellschaft zwischen Weltkrieg und Kapp-Putsch. Frankfurt am Main 1985.

Kolb, Eberhard: Die Arbeiterräte in der deutschen Innenpolitik 1918–1919. Düsseldorf 1962.

Kuckuk, Peter: Bremen in der Deutschen Revolution 1918–1919. Revolution, Räterepublik, Restauration, aus: Bremen im 20. Jahrhundert. Hg. von Karl-Ludwig Sommer, Bd. 1, Bremen 1986.

Kuckuk, Peter: *Revolution, Rätebewegung und Räterepublik in Bremen*, in: Die Revolution 1918/1919 in Bremen. Aufsätze und Dokumente. Hg. von Peter Kuckuk, aus: Beiträge zur Sozialgeschichte Bremens. Begr. von Wiltrud Drechsel, Heide Gerstenberger und Christian Marzahn, Heft 27, Bremen 2010, S. 61–86.

Leidinger, Hannes: »*Das war der Funke, der ins Pulverfaß fliegen mußte*«. *Der Kieler Aufstand und die deutsche Revolution*, in: Moritz, Verena/ Leidinger, Hannes: Die Nacht des Kirpitschnikow. Eine andere Geschichte des Ersten Weltkriegs. Wien 2006, S. 206–241.

Lönne, Karl-Egon: Politischer Katholizismus im 19. und 20. Jahrhundert. Frankfurt am Main 1986.

Lösche, Peter: *Rätesysteme im historischen Vergleich*, in: Die deutsche Revolution 1918/19. Hg. von Helga Grebing, Berlin 2008, S. 103–125.

Lucas, Erhard: Die Sozialdemokratie in Bremen während des Ersten Weltkrieges. Bremen 1969.

Machtan, Lothar: Die Abdankung. Berlin 2008.

Machtan, Lothar: *Der erstaunlich lautlose Untergang von Monarchie und Bundesfürstentümern – ein Erklärungsangebot*, in: Die vergessene Revolution von 1918/19. Hg. von Alexander Gallus, Göttingen 2010, S. 39–56.

Machtan, Lothar: Prinz Max von Baden. Der letzte Kanzler des Kaisers. Eine Biographie. Berlin 2013.

Malanowski, Wolfgang: Novemberrevolution. Die Rolle der SPD 1918. Hamburg 1968.

Matthias, Erich: Zwischen Räten und Geheimräten. Die deutsche Revolutionsregierung 1918–1919. Düsseldorf 1970.

Matthias, Erich: *Der Rat der Volksbeauftragten. Zu Ausgangsbasis und Handlungsspielraum der Revolutionsregierung*, in: Vom Kaiserreich zur Weimarer Republik. Hg. von Eberhard Kolb, aus: Neue Wissenschaftliche Bibliothek Geschichte. Hg. von Hans-Ulrich Wehler, Bd. 49, Köln 1972, S. 103–119.

Miller, Susanne: Burgfrieden und Klassenkampf. Die deutsche Sozialdemokratie im Ersten Weltkrieg, aus: Beiträge zur Geschichte des Parlamentarismus und der politischen Parteien. Hg. von der

Kommission für Geschichte des Parlamentarismus und der politischen Parteien, Bd. 53, Düsseldorf 1974.

Miller, Susanne: Die Bürde der Macht. Die deutsche Sozialdemokratie 1918–1920, aus: Beiträge zur Geschichte des Parlamentarismus und der politischen Parteien. Hg. von der Kommission für Geschichte des Parlamentarismus und der politischen Parteien, Bd. 63, Düsseldorf 1978.

Miller, Susanne: *Die Entscheidung für die parlamentarische Demokratie*, in: Die deutsche Revolution 1918/19. Hg. von Helga Grebing, Berlin 2008, S. 187–206.

Möhle, Sylvia: *»Unblutig und geräuschlos«. Die Novemberrevolution 1918 in Duderstadt im Spiegel der ›Zeitung fürs Eichsfeld‹*, in: 1918. Die Revolution in Südhannover. Red. Hans-Georg Schmeling, Göttingen 1988, S. 83–98.

Müller, Bertram (Hg.): Philosophen. Deutschsprachige Denker in Einzelportraits. Düsseldorf 2011.

Müller, Werner: *Die KPD in ihrem ersten Jahr*, in: Die vergessene Revolution von 1918/19. Hg. von Alexander Gallus, Göttingen 2010, S. 160–186.

Niess, Wolfgang: Metamorphosen einer Revolution. Das Bild der deutschen Revolution von 1918–19 in der deutschen Geschichtsschreibung. Stuttgart 2011.

Nipperdey, Thomas: Machtstaat vor der Demokratie, aus: Deutsche Geschichte, Bd. 2, München 1998.

Oertzen, Peter von: Betriebsräte in der Novemberrevolution. Eine politikwissenschaftliche Untersuchung über Ideengehalt und Struktur der betrieblichen und wirtschaftlichen Arbeiterräte in der deutschen Revolution 1918/19, aus: Beiträge zur Geschichte des Parlamentarismus und der politischen Parteien. Hg. von der Kommission für Geschichte des Parlamentarismus und der politischen Parteien, Bd. 25, Düsseldorf 1963.

Oertzen, Peter von: *Die großen Streiks der Ruhrbergarbeiterschaft im Frühjahr 1919*, in: Vom Kaiserreich zur Weimarer Republik. Hg. von Eberhard Kolb, aus: Neue Wissenschaftliche Bibliothek Geschichte. Hg. von Hans-Ulrich Wehler, Bd. 49, Köln 1972, S. 185–217.

Opel, Fritz: Der deutsche Metallarbeiterverband während des Ersten Weltkrieges und der Revolution, aus: Schriftenreihe des Institutes für wissenschaftliche Politik in Marburg/Lahn. Hg. von Wolfgang Abendroth, Bd. 4, Hannover und Frankfurt am Main 1965.

Potthoff, Heinrich: Gewerkschaften und Politik zwischen Revolution und Inflation, aus: Beiträge zur Geschichte des Parlamentarismus und der politischen Parteien. Hg. von der Kommission für Geschichte des Parlamentarismus und der politischen Parteien, Bd. 66, Düsseldorf 1979.

Potthoff, Heinrich: *Verfassungsväter ohne Verfassungsvolk? Zum Problem von Integration und Desintegration nach der Novemberrevolution*, in: Die deutsche Revolution 1918/19. Hg. von Helga Grebing, Berlin 2008, S. 207–228.

Regulski, Christoph: Klippfisch und Steckrüben. Die Lebensmittelversorgung der Einwohner Frankfurts am Main im Ersten Weltkrieg 1914–1918, aus: Studien zur Frankfurter Geschichte, Bd. 60, hg. von Evelyn Brockhoff, Frankfurt am Main 2012.

Regulski, Christoph: »Lieber für die Ideale erschossen werden, als für die sogenannte Ehre fallen.« Albin Köbis, Max Reichpietsch und die deutsche Matrosenbewegung 1917. Wiesbaden 2014.

Richter, Werner: Gewerkschaften, Monopolkapital und Staat im ersten Weltkrieg und in der Novemberrevolution. Berlin 1959.

Ritter, Gerhard A.: *Kontinuität und Umformung des deutschen Parteiensystems 1918–1920*, in: Vom Kaiserreich zur Weimarer Republik. Hg. von Eberhard Kolb, aus: Neue Wissenschaftliche Bibliothek Geschichte. Hg. von Hans-Ulrich Wehler, Bd. 49, Köln 1972, S. 244–275.

Rohe, Karl: Wahlen und Wählertraditionen in Deutschland. Kulturelle Grundlagen deutscher Parteien und Parteiensysteme im 19. und 20. Jahrhundert. Frankfurt am Main 1992.

Rosenberg, Arthur: Entstehung und Geschichte der Weimarer Republik. Hg. von Kurt Kersten, Frankfurt am Main 1961.

Rürup, Reinhard: Probleme der Revolution in Deutschland 1918/19. Wiesbaden 1968.

Rürup, Reinhard: *Entstehung und Grundlagen der Weimarer Verfassung*, in: Vom Kaiserreich zur Weimarer Republik. Hg. von Eberhard Kolb, aus: Neue Wissenschaftliche Bibliothek Geschichte. Hg. von Hans-Ulrich Wehler, Bd. 49, Köln 1972, S. 218–243.

Rürup, Reinhard: *Die Revolution von 1918/19 in der deutschen Geschichte*, in: Die deutsche Revolution 1918/19. Hg. von Helga Grebing, Berlin 2008, S. 305–328.

Ruge, Wolfgang: Novemberrevolution. Die Volkserhebung gegen den deutschen Imperialismus und Militarismus 1918/19. Berlin 1983.

Scharrer, Manfred: *Diktatur ist die wahre Demokratie. Rosa Luxemburg in der November-Revolution*, in: Die deutsche Revolution 1918/19. Hg. von Helga Grebing, Berlin 2008, S. 239–263.

Schiek, Hans: *Die Behandlung der Sozialisierungsfrage in den Monaten nach dem Staatsumsturz*, in: Vom Kaiserreich zur Weimarer Republik. Hg. von Eberhard Kolb, aus: Neue Wissenschaftliche Bibliothek Geschichte. Hg. von Hans-Ulrich Wehler, Bd. 49, Köln 1972, S. 138–164.

Schneider, Dieter/Kuda, Rudolf: Arbeiterräte in der Novemberrevolution. Ideen, Wirkungen, Dokumente. Frankfurt am Main 1978.

Schulz, Gerhard: Revolutionen und Friedensschlüsse 1917–1920. München 1967.

Schulze, Hagen: Weimar. Deutschland 1917–1933. Berlin 1982.

Sontheimer, Kurt: Antidemokratisches Denken in der Weimarer Republik. Die politischen Ideen des deutschen Nationalismus zwischen 1918 und 1933. München 1962.

Ullrich, Volker: Die nervöse Großmacht. Aufstieg und Untergang des deutschen Kaiserreiches. Frankfurt am Main 1997.

Ullrich, Volker: Die Revolution von 1918/19. München 2009.

Weber, Thomas: Hitlers erster Krieg. Der Gefreite Hitler im Weltkrieg – Mythos und Wahrheit. Berlin 2011.

Wette, Wolfram: Gustav Noske. Eine politische Biographie. Düsseldorf 1987.

Wette, Wolfram: Militarismus in Deutschland. Geschichte einer kriegerischen Kultur. Frankfurt am Main 2008.

Wette, Wolfram: Gustav Noske und die Revolution in Kiel 1918. Heide 2010.

Wehler, Hans-Ulrich: Deutsche Gesellschaftsgeschichte. Bd 4: Vom Beginn des Ersten Weltkriegs bis zur Gründung der beiden deutschen Staaten 1914–1949. München 2003.

Winkler, Heinrich August: Die deutsche Sozialdemokratie und die Revolution von 1918/19. Ein Rückblick nach sechzig Jahren. Berlin 1979.

Winkler, Heinrich August: Von der Revolution zur Stabilisierung. Arbeiter und Arbeiterbewegung in der Weimarer Republik 1918–1924, aus: Geschichte der Arbeiter und der Arbeiterbewegung in Deutschland seit dem Ende des 18. Jahrhunderts. Hg. von Gerhard A. Ritter, Bd. 9, Berlin ²1985.

Winkler, Heinrich August: Weimar 1918–1933. Die Geschichte der ersten deutschen Demokratie. München 1993.

Witt, Peter-Christian: *Konservatismus als »Überparteilichkeit«. Die Beamten der Reichskanzlei zwischen Kaiserreich und Weimarer Republik 1900–1933*, in: Deutscher Konservatismus im 19. und 20. Jahrhundert. Hg. von Dirk Stegmann, Bernd-Jürgen Wendt und Peter-Christian Witt, Bonn 1983, S. 231–280.

Wolz, Nicolas: »Und wir verrosten im Hafen«. Deutschland, Großbritannien und der Krieg zur See 1914–1918. München 2013.

8. BILDNACHWEIS

S. 22, oben: Wikimedia Commons ArtMechanic

S. 22, unten: akg-images / Pictures From History

S. 51: Wikimedia Commons Kuhl-k

S. 53: Bundesarchiv, Bild 183-R72520

S. 57: akg-images

S. 73: Bundesarchiv, B 285 Bild-01448

S. 79: akg-images / Imagno

S. 83: Wikimedia Commons Drdoht

S. 93 oben: akg-images

S. 93 unten: Wikimedia Commons Richard Arthur Norton (1958-)

S. 99: Bundesarchiv, Bild 146-1972-038-36 / Robert Sennecke

S. 101: Bundesarchiv. Bild 183-J0910-0600-004

S. 105: akg-images

S. 107: Bundesarchiv, Bild 146-1976-067-30A

S. 119: akg-images

S. 123: Bundesarchiv, Bild 183-R28262

S. 131: Bundesarchiv, Bild 146-2016-0045

S. 141: akg-images

S. 171: akg-images

S. 173: Bundesarchiv, Bild 183-R10512 / Schäfer

S. 177: akg-images

S. 181: Bundesarchiv, B 145 Bild-P011501

S. 183: Bundesarchiv, Bild 146-1982-092-29

S. 203: akg-images

FSC
www.fsc.org
MIX
Papier aus ver-
antwortungsvollen
Quellen
FSC® C083411

Bibliografische Information der Deutschen Nationalbibliothek
Die Deutsche Nationalbibliothek verzeichnet diese Publikation in der Deutschen
Nationalbibliografie; detaillierte bibliografische Daten sind im Internet über
http://dnb.d-nb.de abrufbar.

© by marixverlag in der Verlagshaus Römerweg GmbH, Wiesbaden 2018
Lektorat: Stefan Gücklhorn
Covergestaltung: Anja Carrà, Weimar
Bildnachweis: Demonstrationen am 09.11.1918 in Berlin, Unter
den Linden, © Bundesarchiv, Bild 183-18594-0045
Satz und Bearbeitung: Medienservice Feiß, Burgwitz
Der Titel wurde in der Palatino gesetzt.
Gesamtherstellung: CPI books GmbH, Leck – Germany

ISBN: 978-3-7374-1081-6

www.verlagshaus-roemerweg.de